EDITORIALE

Tutto quello che sai dell'Ohio è fa

di Frances

Fate una prova: andate su Google e cercate «Ohio d'Italia», con le virgolette. Poi divertitevi a scorrere i titoli dei risultati. La città di Firenze è «l'Ohio d'Italia», scriveva un importante quotidiano italiano prima delle ultime comunali. Ma un altro giornale aveva scritto lo stesso di Napoli, prima di un'altra elezione. Perché fermarsi lì? L'intera Campania si può considerare «l'Ohio d'Italia», si leggeva prima delle ultime regionali. Sui nostri media «l'Ohio d'Italia» era già stata la Lombardia nel 2013, l'Umbria nel 2019, la Toscana nel 2020. A un certo punto toccò anche al Molise. Succede per la nota propensione giornalistica a spiegarsi con i luoghi comuni, ma è molto chiaro cosa intenda chi utilizza questa espressione: sta parlando di un luogo decisivo, rappresentativo, in bilico fra destra e sinistra, capace di indicarci dove soffia il vento. Qual è il problema? Che l'Ohio non è più quella roba lì. Era il 2012 quando per l'ultima volta il risultato in Ohio fu effettivamente esemplare e deciso da un minimo scarto, e allora le cose stavano già cambiando. Alle presidenziali del 2016, poi, il candidato del partito Repubblicano vinse in Ohio di ben otto punti, non un risultato da stato «in bilico». Lo stesso accadde nel 2020. Come se non bastasse, malgrado il vecchio detto secondo cui «dove va l'Ohio, va il resto del paese», all'ultimo giro il candidato vincente in Ohio... ha perso le presidenziali. Il paese è andato dalla parte opposta. Ci hanno mentito sull'Ohio. Ma non è questa la cosa più interessante. La cosa più interessante è perché l'Ohio non sia più l'Ohio. La fine della grande espansione economica seguita alla Seconda guerra mondiale ha coinciso con l'inizio della globalizzazione, tra gli anni Ottanta e Novanta, e col trasferimento all'estero di fabbriche e posti di lavoro. La classe operaia bianca, che aveva trainato l'economia della regione che comprende anche l'Ohio, all'epoca di gran lunga la più sviluppata, era stata creata e difesa anche dall'alleanza strategica fra i sindacati e il partito Democratico. Improvvisamente si ritrovò a fare i conti con la disoccupazione, l'abbandono di interi quartieri, la tossicodipendenza. Nell'arco di una o due generazioni, le trasformazioni economiche e sociali del paese hanno ribaltato i rapporti di forza: oggi la regione più forte è il Sud, un tempo povero e spopolato. Stati come l'Arizona e la Georgia, città come Dallas, Austin, Denver, Miami e Las Vegas crescono a ritmi da metropoli asiatica e accolgono ogni anno centinaia di migliaia di persone in fuga dal Nord. L'aumento della distanza tra le città e la provincia si è saldato ai meccanismi confermativi prodotti dai nuovi media, frammentando la popolazione in comunità che si guardano in cagnesco. Nel frattempo il paese diventa sempre meno bianco e il parametro più efficace per prevedere le opinioni politiche di ciascuno è diventato il titolo di studio: più del reddito, più del colore della pelle. A fronte del radicale cambiamento delle proprie condizioni di vita, la classe operaia bianca dell'Ohio ha smesso di essere un segmento rappresentativo del paese e ha cambiato altrettanto radicalmente il proprio sguardo sulla realtà. Un nuovo partito Repubblicano, molto meno interessato ai tagli al welfare rispetto al passato e molto più ostile alla globalizzazione, irritato dalla polizia del linguaggio e spaventato dall'immigrazione, ha adottato strategie e retoriche sempre più aggressive e demagogiche, facendosi sobillatore, catalizzatore e amplificatore di rivendicazioni rabbiose e sempre più estremiste. Ecco spiegato perché l'Ohio non è più l'Ohio. Ma soprattutto, ecco spiegate quante cose possono cambiare negli Stati Uniti in una manciata di decenni. Pensate a quella notizia di qualche anno fa secondo cui a Firenze le stesse famiglie controllano da seicento anni il grosso delle risorse della città (era uno studio della Banca d'Italia, possiamo fidarci). Poi pensate a come in meno di mezzo secolo negli Stati Uniti siano state messe in discussione alcune delle caratteristiche fondative della nazione, dal predominio assoluto dei bianchi sugli altri gruppi etnici fino a quello dei conservatori nella borghesia bianca di provincia; dalla subalternità economica del Sud al Nord fino alla sacralità delle istituzioni. Gli Stati Uniti vanno avanti veloce, come si faceva con le videocassette, sia quando si ergono che quando sprofondano: e tra una puntata e l'altra cambiano più di quanto possa farci intuire tutto il loro *content*. Una volta un politico americano disse che «ci sono le cose che sappiamo di sapere e quelle che sappiamo di non sapere; poi ci sono le cose che non sappiamo di non sapere». Era una frase contorta ma vera. Questo numero di *COSE* prova a metterci qualche toppa, ne vale la pena: hai visto mai qualcuno un giorno provi a vendervi quella dell'Ohio d'Italia.

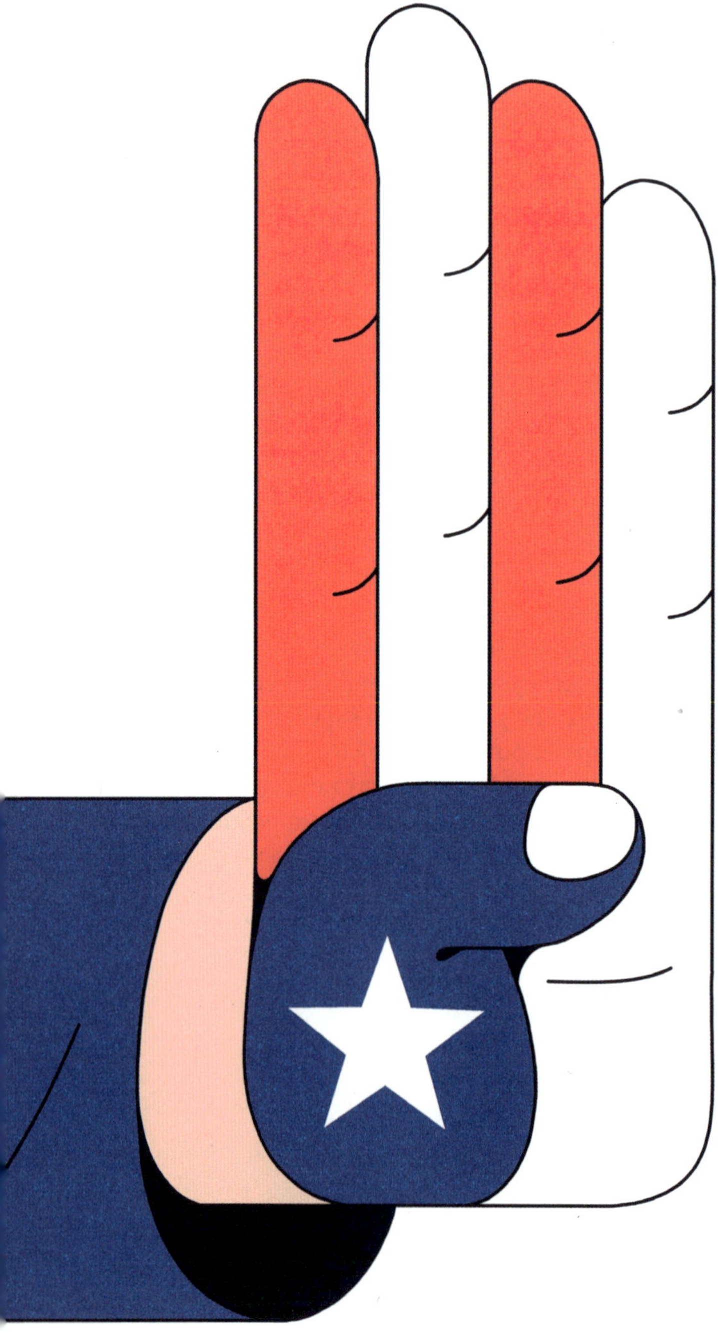

SOMMARIO

Ogni quattro anni

A cura di
Nicola Sofri

LE ILLUSTRAZIONI

Simon Landrein è un illustratore e animatore francese. I suoi lavori, audaci, minimalisti e irriverenti, sono stati pubblicati su pubblicazioni come *The New York Times*, *The New Yorker*, *Wired*. Talvolta traduce le sue illustrazioni in animazioni al limite dell'assurdo.

LE AUTRICI E GLI AUTORI

- Laura Loguercio
- Valerio Clari
- Viola Stefanello
- Gabriele Gargantini
- Giulia Siviero
- Antonio Russo, Stefano Vizio
- Antonio Carnevale

Com'è che Democratici e Repubblicani si adattano ai tempi

Sono da sempre le due forze politiche principali degli Stati Uniti: oggi hanno identità ben distinte, ma in secoli di storia sono cambiate molte cose

Da secoli la politica statunitense gira intorno a due partiti, Democratico e Repubblicano, ai quali oggi può sembrare facile attribuire posizioni ben precise: i Repubblicani sono conservatori e difendono i valori tradizionali, mentre i Democratici sono più aperti e progressisti. Siamo abituati a pensare, per esempio, che chi è favorevole al possesso di armi e contrario all'immigrazione dai paesi dell'America Latina voterà per i Repubblicani, mentre chi sostiene il diritto all'aborto o appartiene alla comunità Lgbtq+ sia vicino ai Democratici. In molti casi è vero, ma non sempre, e non è sempre stato così.

Cambiamenti politici e sociali hanno trasformato i due grandi partiti statunitensi, che inizialmente sostenevano posizioni praticamente opposte rispetto a quelle attuali: nella seconda metà dell'Ottocento il partito Democratico era di gran lunga il più conservatore, mentre i Repubblicani volevano abolire la schiavitù ed erano favorevoli alla creazione di un governo centrale forte e molto presente nella vita dei cittadini (oggi è il contrario).

La storia dei partiti politici statunitensi si intreccia inevitabilmente a quella degli Stati Uniti, e comincia nella seconda metà del Settecento. I primi abitanti che dal Regno Unito si insediarono sulla costa orientale del paese erano contrari alla creazione di un sistema politico basato sui partiti, consapevoli delle difficoltà e del caos che questo aveva creato in Europa. Nel corso del XVII secolo infatti nelle isole britanniche si erano combattute diverse guerre civili tra i tre regni di Inghilterra, Scozia

«Nella seconda metà dell'Ottocento il partito Democratico era di gran lunga il più conservatore, mentre i Repubblicani volevano abolire la schiavitù ed erano favorevoli alla creazione di un governo centrale forte.»

e Irlanda, che ebbero al centro i rispettivi poteri, la persistenza o meno delle monarchie e il ruolo della Chiesa: fu un periodo molto sanguinoso e turbolento, che iniziò proprio a causa delle divisioni tra parlamentaristi e monarchici sulla forma di governo da adottare e sul ruolo della religione. Quell'esperienza fu tra i fattori per cui da allora e ancora oggi la questione centrale che attraversa ogni questione politica americana è: quanto potere al governo centrale, quanto potere ai singoli stati.

La Costituzione degli Stati Uniti, scritta nel 1787, non contiene alcun riferimento all'eventuale formazione di partiti politici.

Il passaggio però si rivelò inevitabile, e anzi le prime divisioni nacquero proprio in merito all'approvazione della Costituzione: da un lato si posero i Federalisti, favorevoli alla ratifica del testo e alla creazione di un forte governo centrale, e dall'altro gli anti-Federalisti, poi diventati Democratici-Repubblicani, che invece chiedevano di modificarlo in modo da attribuire maggiori poteri ai singoli stati.

Il partito Democratico-Repubblicano prevalse presto, facendo scomparire quello Federalista, e nella prima metà dell'Ottocento subì una scissione che creò i presupposti del sistema moderno. Andrew Jackson, eletto presidente nel 1828 e poi nel 1832, fondò il partito Democratico, mentre dall'altro lato nacque il Whig Party, il predecessore del partito Repubblicano, che fu fondato ufficialmente nel 1854. In quel momento i Democratici, radicati soprattutto negli stati del Sud, sostenevano l'autonomia degli stati e la schiavitù, fondamentale per le grandi economie agricole. I Repubblicani invece, presenti in gran parte al Nord, erano a favore del sistema federalista e di un governo centrale che sostenesse l'industria capitalista locale e contrari allo schiavismo.

Nel corso della campagna elettorale per le elezioni del 1828, gli oppositori di Jackson iniziarono a riferirsi a lui con il termine dispregiativo *jackass*, traducibile con «asino» o «somaro». Arriva da qui quello che ancora oggi è il simbolo del partito Democratico: un asino. Il partito Repubblicano invece iniziò a essere associato al proprio simbolo, un elefante, durante la Guerra civile, dato che alcuni suoi esponenti adottarono il modo di dire «vedere l'elefante», usato per riferirsi a esperienze impegnative o combattive. La rappresentazione fu interpretata come ufficiale solo a partire dal 1874, quando venne usata per la prima volta in una vignetta pubblicata sulla rivista *Harper's Weekly*: nel disegno si vede un elefante, indicato come simbolo del «voto repubblicano», che sta per cadere da un dirupo. Thomas Nast, l'autore della vignetta, continuò a usare l'elefante come simbolo del partito Repubblicano in altre vignette, trasformandolo così nel simbolo del partito.

I due partiti si sfidarono per la prima volta nelle elezioni del 1856, vinte dai Democratici. Quattro anni dopo, però, fu eletto un Repubblicano che avrebbe cambiato per sempre la storia degli Stati Uniti: Abraham Lincoln, ricordato per aver formalmente abolito la schiavitù e messo fine alla Guerra civile che divise il paese tra il 1861 e il 1865.

Dopo la fine della Guerra civile iniziò un lungo periodo di predominanza del partito Repubblicano. Tra il 1860 e il 1932 i suoi candidati vinsero quasi tutte le elezioni presidenziali, con le sole eccezioni dei mandati di Grover Cleveland, alla fine dell'Ottocento, e Woodrow Wilson, durante la Prima guerra mondiale. I Repubblicani erano radicati nelle città del Nord, che stavano attraversando un periodo di forte sviluppo urbano e industriale, e il partito divenne presto il difensore degli interessi delle imprese e delle attività commerciali. I Democratici, presenti soprattutto a Sud, rimasero invece un partito sostanzialmente rurale, che voleva difendere le persone comuni dalla crescente influenza delle grandi industrie e continuava a sostenere i princìpi dello schiavismo e la necessità di separare i neri dai bianchi nella società.

Era un periodo storico molto particolare, in cui prevaleva una generale ostilità all'integrazione tra gruppi etnici diversi: nonostante la schiavitù fosse stata formalmente abolita nel 1865, molte altre forme di discriminazione razziale rimasero in vigore. Nel 1896 la Corte suprema statunitense emanò una tra le sue sentenze più controverse: stabiliva il concetto di *separate but equal*, secondo cui i bianchi e i neri dovevano rimanere separati, pur mantenendo gli stessi diritti. Nella pratica, la prima parte della frase fu molto più rispettata della seconda. Gli abusi continuarono per quasi un secolo e negli stati del Sud si diffusero le leggi chiamate «Jim Crow» dal nome di un personaggio di fantasia usato con accezioni razziste, che contribuirono a sistematizzare la segregazione razziale per i neri e per i membri di altri gruppi etnici diversi dai bianchi.

Nei primi anni Trenta la storia dei due partiti statunitensi cambiò. Era il periodo della Grande Depressione, iniziata nel 1929 e ancora oggi considerata la più grande crisi economica dell'Occidente moderno. Nel 1932 fu eletto presidente il Democratico Franklin Delano Roosevelt: il suo New deal, un enorme pacchetto di riforme pensato per rilanciare l'economia, favorì una forte espansione del governo federale, promuovendo la costruzione di nuove infrastrutture e la creazione di moltissimi posti di lavoro. Il partito Democratico venne associato a un pensiero molto più progressista, basato sullo sviluppo del *welfare state* e sulla regolamentazione delle attività delle imprese. Roosevelt rimane tuttora l'unico presidente a essere stato rieletto per ben quattro volte (il limite di due mandati fu introdotto nel 1951).

A partire dagli anni Trenta del Novecento il partito Democratico riuscì quindi a imporsi sulla scena politica nazionale, ma presto avrebbe dovuto affrontare una nuova divisione interna, relativa questa volta ai diritti civili. La società statunitense continuava a trasformarsi, e l'arrivo della Seconda guerra mondiale cambiò ancora la situazione, soprattutto per quanto riguarda la composizione demografica del paese: nella seconda metà del secolo molti afroamericani si trasferirono dal Sud al Nord, sia per cercare nuove opportunità lavorative nelle fabbriche delle grandi città del Midwest che per sfuggire all'oppressione delle leggi Jim Crow.

Nel 1954 un'importante sentenza della Corte suprema, la *Brown v. Board of Education of Topeka*, ordinò la desegregazione delle scuole. Iniziò il periodo delle lotte per i diritti civili, guidate da persone diventate note in tutto il mondo, come Martin Luther King Jr., uno tra i più importanti e influenti attivisti politici del Novecento, e Rosa Parks, la donna afroamericana che nel 1955 si rifiutò di cedere il suo posto su un autobus a una persona bianca a Montgomery, in Alabama, provocando molte proteste.

In quel momento i Repubblicani continuavano a essere il partito più vicino agli afroamericani, e i Democratici si ritrovarono in una posizione scomoda: da un lato le proteste per i diritti civili erano diventate troppo grandi per essere ignorate, dall'altro il loro elettorato al Sud era ancora in gran parte formato da persone bianche, conservatrici e favorevoli alla segregazione. Alcuni Democratici del Sud, contrari alla svolta tollerante verso la quale il partito si stava indirizzando, si separarono e fondarono il partito dei Dixiecrat, che però ebbe vita breve e non influì in modo significativo sulla scena politica nazionale.

Il 2 luglio del 1964 il presidente Democratico Lyndon Johnson firmò il Civil rights Act, che tra le altre cose dichiarava illegale la segregazione razziale nelle strutture pubbliche. L'approvazione del testo divise il partito, la discussione fu complicata da un tentativo di ostruzionismo durato sessanta giorni e guidato proprio da esponenti dell'ala più intransigente dei Democratici. Alcuni senatori sfruttarono lo strumento del cosiddetto *filibuster*, con cui un membro del Congresso può continuare a parlare a oltranza durante una discussione in aula in modo da bloccare, o perlomeno rallentare, i lavori e impedire di fatto l'approvazione del testo in questione. L'iniziativa fu avviata dal Democratico Robert Byrd, che la sera del 9 giugno commentò il Civil rights Act per 14 ore e 13 minuti di seguito (da giovane Byrd si era iscritto anche al gruppo razzista del Ku klux klan, salvo poi pentirsene).

Alla fine 21 senatori Democratici votarono contro il Civil rights Act, insieme a soli sei Repubblicani. Oggi il partito Democratico presenta l'approvazione della legge come una grande vittoria politica e un simbolo della propria identità tollerante e progressista, ma al tempo il tema fu molto più controverso.

Mentre il partito Democratico si spostava su posizioni più progressiste e attente ai cambiamenti degli anni Sessanta, i Repubblicani fecero la mossa opposta e adottarono princìpi più conservatori e reazionari, spinti anche dall'aumento della criminalità e dai movimenti della contestazione giovanile. Alle elezioni presidenziali del 1964, vinte da Johnson con un enorme vantaggio, il candidato Repubblicano era Barry Goldwater, che in campagna elettorale si disse apertamente contrario al Civil rights Act e alla fine della segregazione razziale. Vinse però solo in sei stati del Sud, che a lungo avevano votato per i Democratici ma non erano d'accordo con le loro nuove politiche tolleranti.

Nel 1968 il candidato Repubblicano alla presidenza, Richard Nixon, affinò la retorica inaugurata da Goldwater e la trasformò in quella che oggi viene definita la *Southern strategy*: una strategia comunicativa che aveva l'obiettivo di ottenere i voti degli elettori bianchi e conservatori facendo leva sulla loro ostilità nei confronti delle persone nere, ma senza presentarsi esplicitamente come razzisti o troppo radicali.

Nacque così il motto del *law and order*, un approccio che divenne molto popolare tra gli anni Sessanta e gli anni Ottanta, fondato soprattutto sulla persecuzione di crimini minori legati alla violenza e allo spaccio di droga, nel tentativo di ripristinare un senso di sicurezza tra i cittadini e guadagnare consensi nella maggioranza bianca. Di fatto era una politica implicitamente razzista, e le persone nere o ispaniche furono prese di mira molto più di quelle bianche.

A partire dagli anni Settanta, il partito Repubblicano diventò una forza politica conservatrice che attirava soprattutto persone bianche e che si opponevano ai cambiamenti, mentre il partito Democratico si spostò su posizioni molto più egualitarie, a partire dal rispetto delle minoranze. Sono posizioni mantenute ancora oggi, anche se in alcuni casi iniziano a confondersi.

I grossi sconvolgimenti degli ultimi anni, tra cui lo sviluppo della tecnologia e di nuove sensibilità più attente ai temi dell'inclusività, hanno creato una società estremamente sfaccettata, a cui un sistema politico bipolare comincia a stare stretto. I due principali partiti non sono entità monolitiche, ma al loro interno coesistono diverse «correnti» che rappresentano le tante sfumature del pensiero progressista da un lato e conservatore dall'altro.

Nel partito Repubblicano nel 2009 nacque il movimento Tea party, basato sui princìpi del conservatorismo fiscale, che proponeva genericamente di tagliare le tasse e ridurre il debito e la spesa pubblica, ma che sfociò anche nel complottismo. Nel 2015 alcuni deputati Repubblicani del movimento Tea party fondarono il Freedom caucus, un gruppo parlamentare estremamente conservatore che ancora oggi influenza molto le decisioni della Camera degli Stati Uniti.

Oggi il Freedom Caucus conta circa quaranta esponenti Repubblicani, tutti fedeli sostenitori dell'ex presidente Donald Trump. I membri del Freedom Caucus si riferiscono agli esponenti più moderati del partito con l'acronimo Rino, che significa *Republicans in name only* (ossia «Repubblicani solo a parole»), un'allusione al fatto che le loro idee non siano abbastanza radicali.

Il partito Democratico è diviso tra una posizione maggioritaria, rappresentata tra gli altri dal presidente Joe Biden, e un'al-

«La ragione per la quale la politica americana continua a essere basata su due grandi partiti dipende principalmente dal sistema elettorale, che negli Stati Uniti è prettamente maggioritario.»

tra più radicale e socialista che si è formata solo nell'ultimo decennio, soprattutto con la candidatura alle primarie di Bernie Sanders. Ne fa parte la popolare deputata Alexandria Ocasio-Cortez, che proviene da una famiglia portoricana e nel 2019 fu eletta in un distretto multietnico di New York City. Nel 2020 Ocasio-Cortez disse in un'intervista che il partito Democratico era ormai diventato «una tenda troppo grande»: il riferimento è al concetto della *big tent*, cioè ai partiti che ospitano al loro interno posizioni politiche anche molto diverse. Ocasio-Cortez disse: «In qualunque altro paese, io e Joe Biden non saremmo nello stesso partito, ma in America è così.»

Nonostante le divisioni interne, la ragione per la quale la politica americana continua a essere basata su due grandi partiti dipende principalmente dal sistema elettorale, che negli Stati Uniti è prettamente maggioritario: in inglese viene spesso definito con la formula *first past the post*, ossia il candidato che prende più voti vince tutto e gli altri partiti non ottengono alcun seggio. Nel caso delle elezioni presidenziali, per esempio, vince in ogni stato il candidato del partito che prende anche un solo voto più dell'altro: votare un partito piccolo, che non ha alcuna possibilità di ottenere più voti degli altri, è praticamente inutile. La stessa Ocasio-Cortez ha poi infatti insistito pubblicamente sul sostegno a Biden.

In passato ci sono stati alcuni tentativi di mettere fine al predominio dei grandi partiti statunitensi e al sistema bipolare che rappresentano, senza grande successo. Ci provò nel 1912 Theodore Roosevelt, che era già stato presidente con il partito Repubblicano tra il 1901 e il 1909: tentò di ricandidarsi ma non riuscì a ottenere la nomina e fondò un nuovo partito, noto come partito Progressista o Bull Moose party. Alle elezioni del 1912 si sfidarono quindi il candidato Repubblicano William Howard Taft, il Democratico Woodrow Wilson, il Progressista Roosevelt e anche Eugene V. Debs, esponente del partito Socialista. Vinse Wilson, ma Roosevelt ottenne più voti rispetto a Taft: fu l'unica elezione in cui uno dei due principali partiti venne superato da un'altra forza politica.

Negli anni Novanta l'imprenditore e milionario texano Ross Perot si candidò come indipendente in due elezioni, quelle del 1992 e del 1996 (vedi pag. 189). Nel 1992 ottenne il 19 per cento dei voti, il miglior risultato di un indipendente dai tempi di Roosevelt. Quattro anni dopo si fermò all'8,4 per cento dei voti, un risultato comunque non trascurabile.

Un altro caso che viene spesso ricordato è quello di Ralph Nader, avvocato e politico di sinistra, che nel 2000 si candidò alle presidenziali con il Green Party (si era già candidato prima e si sarebbe candidato ancora). Gli altri due contendenti erano George W. Bush, con i Repubblicani, e Al Gore, con i Democratici. Fu un'elezione molto contestata, tanto che per oltre un mese il risultato rimase incerto, soprattutto a causa di continui problemi con il conteggio dei voti in Florida. Bush e Gore erano distanziati da poche centinaia di voti, ma Nader ne prese più di 97mila nello stato: una quota complessivamente molto piccola, ma data l'incertezza dei risultati gli analisti fecero notare che se non ci fosse stato Nader il risultato finale avrebbe potuto essere diverso, e forse Gore avrebbe vinto. Ma per tornare al titolo di questo articolo, i due grandi partiti americani sono non solo delle «*big tents*», ma sono capaci – grazie alla loro fluidità e al sistema delle primarie – di adattarsi ai cambiamenti sociali e alle domande dell'elettorato, e alle leadership che ottengono maggiore consenso, come dimostrano appunto il recente spostamento a sinistra del partito Democratico e soprattutto l'adeguamento al potere e al successo di Donald Trump da parte del partito Repubblicano. Sviluppi nati all'esterno di ciascuno dei due partiti. —

Come Donald Trump è arrivato fin qui

In pochi anni ha saputo trasformarsi da personaggio televisivo a riferimento della destra americana, tra molte controversie, molti processi, e una presidenza

Quando Donald Trump annunciò ufficialmente la sua prima candidatura alle elezioni presidenziali, il 15 giugno del 2015, i sondaggi gli attribuivano il tre o quattro per cento dei voti alle primarie del partito Repubblicano: era il decimo candidato per gradimento sui dodici aspiranti alla nomination del partito (che diventarono poi 17). Trump parlava di una sua possibile candidatura fin dagli anni Ottanta, e nel 1999 aveva organizzato un comitato elettorale per sondare la possibilità di candidarsi con il piccolo Reform Party, fondato qualche anno prima dall'imprenditore Ross Perot. Cambiò presto idea e si registrò come elettore Democratico, ma nel 2009 tornò nel partito Repubblicano, continuando a evocare un suo possibile ingresso in politica: ne parlò nel 2004, nel 2008 e nel 2011, ma fu solo quattro anni dopo, verso la fine del secondo mandato del Democratico Barack Obama, che si decise.

Presentò la sua candidatura dalla Trump Tower, nel pieno centro di New York: era lì che tra il 2004 e il 2014 erano state girate le varie edizioni del reality show televisivo *The Apprentice*, con cui Trump era diventato un personaggio televisivo molto noto anche tra le fasce più giovani della popolazione. Oltre alle attività in tv, per anni aveva guidato le imprese del padre, un ricco imprenditore nel settore immobiliare, e le aveva diversificate con l'intenzione di trasformare il suo cognome in un marchio noto per gli hotel, i casinò, i campi da golf e i resort, ma anche per le bistecche, la vodka, i giochi da tavolo e i viaggi.

Il discorso con cui annunciò la sua candidatura fece notizia per gli attacchi nei confronti degli immigrati che arrivavano dall'America Latina, definiti «criminali» e «stupratori», termini che poi usò varie volte negli anni successivi. In pochi pensarono che partendo così avrebbe potuto fare molta strada in quelle primarie, e in generale nel mondo della politica.

Nessuno avrebbe immaginato che la sua scelta, che ha sconvolto la politica statunitense, avrebbe contribuito a un cambio radicale nella natura del partito Repubblicano e avrebbe determinato un evento già considerato storico, l'assalto al Congresso del 6 gennaio del 2021. Secondo alcuni analisti una sua rielezione nel 2024 e il suo disprezzo per le regole istituzionali e democratiche potrebbero compromettere la democrazia statunitense stessa, consolidata da secoli.

Nel gennaio del 2016, quando cominciarono le primarie del partito Repubblicano, Trump si fece notare fin da subito. Dichiarazioni, comizi e messaggi sui social network particolarmente aggressivi e sopra le righe gli garantirono una copertura mediatica con pochi precedenti, soprattutto sulle reti televisive vicine alla destra, in particolare *Fox News*. Negli affollati dibattiti Repubblicani attaccò e in certi casi trattò con ben poco rispetto i suoi avversari e lo stesso partito.

Il suo messaggio politico si concentrò sul successo delle sue attività da imprenditore («Sono davvero molto ricco»), sul contrasto all'immigrazione («Costruirò un grande, grande muro con il Messico, e lo pagheranno loro») e poi sull'ipotesi di un divieto di ingresso nel paese per i musulmani, proposto dopo gli attacchi terroristici a Parigi del novembre del 2015, rivendicati dall'Isis.

Nei caucus in Iowa Trump arrivò secondo e accusò il vincitore, il senatore texano Ted Cruz, di aver «rubato le elezioni», anticipando una teoria del complotto che usò in molte occasioni negli anni successivi e che ripete ancora oggi. Vinse poi in New Hampshire e in South Carolina, diventando presto il candidato favorito nella competizione interna al

«Nessuno avrebbe immaginato che la sua traiettoria, che ha sconvolto la politica statunitense, avrebbe contribuito a un cambio radicale nella natura del partito Repubblicano.»

partito. A maggio si ritirò anche l'ultimo avversario rimasto in corsa, Cruz.

Dopo essersi assicurato la nomina a candidato del partito Repubblicano per le presidenziali del 2016, Trump cominciò una serie di cambi nel suo staff, un comportamento che divenne una costante anche durante la sua presidenza, piena di licenziamenti e dimissioni. Fra i nuovi ingressi ci fu Steve Bannon, un aggressivo politologo di destra accusato già allora di essere estremista, razzista e antisemita.

Trump condusse una campagna elettorale aggressiva: nei suoi comizi era comune la violenza verbale, e talvolta si arrivò anche a quella fisica contro i contestatori. Partecipò ai dibattiti televisivi con la candidata Democratica Hillary Clinton, in cui però non riuscì mai a presentarsi come chiaro vincitore. La attaccò molto sulla questione delle email: tra il 2009 e il 2013, quando era segretaria di Stato per l'amministrazione Obama, Clinton aveva usato il suo indirizzo privato di posta elettronica anche per le cose di lavoro, e poi aveva cancellato circa la metà di quelle email. Non aveva violato alcuna legge, ma furono aperte varie inchieste che indebolirono molto la sua candidatura.

Clinton arrivò al giorno delle elezioni da favorita ed effettivamente vinse il voto popolare complessivo con un margine di circa 2,9 milioni di voti. Trump però vinse in alcuni stati decisivi, come Pennsylvania, Michigan e Wisconsin, ottenendo complessivamente 304 grandi elettori, contro i 227 di Clinton (ne servono 270 per essere eletti). Negli Stati Uniti infatti non vince il candidato che ottiene più voti complessivi: l'importante è assicurarsi la maggioranza assoluta dei grandi elettori, che sono attribuiti in base alle vittorie nei singoli stati.

La sua presidenza cominciò con un'indagine dell'Fbi sulle interferenze della Russia nelle elezioni appena concluse, mentre la sua prima grande iniziativa legislativa, il divieto di ingresso negli Stati Uniti per i cittadini di sette paesi a maggioranza islamica (il cosiddetto *travel ban*), venne sospesa in seguito a vari ricorsi e alle decisioni di due tribunali federali. Servì una terza versione della legge e una sentenza della Corte suprema per permetterne l'adozione.

Nei primi 18 mesi di mandato Trump scatenò enormi polemiche e monopolizzò il dibattito pubblico, anche a causa della continua pubblicazione di messaggi polemici sul social network Twitter (oggi X). Prese tre decisioni molto importanti e contestate. Nel 2017 ritirò gli Stati Uniti dagli accordi sul clima di Parigi, firmati due anni prima e ancora oggi considerati il più importante trattato per contrastare il riscaldamento globale. Gli Stati Uniti aderirono nuovamente agli accordi nel 2021, dopo l'insediamento del presidente Democratico Joe Biden.

Trump ritirò il paese anche dall'accordo sul programma nucleare iraniano, firmato da Obama nel 2015 con l'obiettivo di ridurre significativamente la capacità dell'Iran di arricchire l'uranio, un passaggio fondamentale per la produzione di armi nucleari. Con quell'accordo, gli Stati Uniti e gli altri paesi firmatari si erano impegnati a rimuovere alcune delle sanzioni imposte all'economia iraniana negli anni precedenti, che però furono reintrodotte in seguito alla decisione di Trump.

A inizio dicembre del 2017 Trump riconobbe formalmente Gerusalemme come capitale di Israele, con l'intenzione di spostare lì l'ambasciata statunitense, rendendo chiaro ed esplicito l'appoggio incondizionato alle politiche repressive nei confronti della popolazione palestinese da parte del governo israeliano. Sempre nell'ambito della politica estera, Trump impose dei dazi commerciali su alcuni prodotti cinesi, si avvicinò molto al dittatore russo Vladimir Putin e ordinò l'uccisione del generale Qassem Suleimani, uno degli uomini più potenti dell'Iran, avvenuta nel gennaio del 2020 con un'operazione delle forze armate statunitensi.

A livello economico promosse una serie di sgravi fiscali che favorirono soprattutto le fasce benestanti della popolazione, mentre in politica interna la questione dell'immigrazione dall'America Latina restò centrale: il grande muro promesso durante la campagna elettorale fu realizzato solo in minima parte, ma le politiche repressive furono notevoli e venne particolarmente criticata la decisione di separare le famiglie di migranti arrivate irregolarmente, allontanando bambini anche molto piccoli dai loro genitori.

Il confronto politico interno divenne più duro e le contrapposizioni più radicali. Ad agosto del 2017 ci furono violenti scontri tra un gruppo di militanti neonazisti e alcuni loro contestatori a Charlottesville, in Virginia. Una manifestante venne uccisa, travolta da un'auto, e ci furono decine di feriti: Trump si limitò a condannare le violenze di «tutte le parti», senza sottolineare come una delle due fosse composta da suprematisti bianchi. All'interno del partito Repubblicano isolò e progressivamente sostituì la componente più moderata con esponenti del movimento Maga, un acronimo del suo slogan *Make America great again* («Rifacciamo grande l'America»).

Durante il mandato di Trump, i Repubblicani accentuarono il loro spostamento verso destra e bloccarono ogni genere di collaborazione con l'opposizione: ci fu anche il più lungo *shutdown* della storia statunitense, ossia il blocco delle attività del governo federale dovuto alla mancata approvazione della legge di bilancio, spesso a causa dell'incapacità dei partiti di trovare un accordo.

Trump nominò anche tre giudici alla Corte suprema, dando alla più importante istituzione giudiziaria del paese un indirizzo fortemente conservatore, destinato a durare per decenni: scelse Neil Gorsuch nel 2017, Brett Kavanaugh nel 2018 e Amy Coney Barrett nel 2020. A queste nomine si aggiunsero quelle di 234 giudici federali, tutti di orientamento conservatore. Negli ultimi anni la Corte suprema ha preso diverse decisioni controverse, a partire dall'eliminazione del diritto federale all'aborto nell'estate del 2022, rivendicato da Trump come un successo reso possibile dalla sua scelta dei giudici.

Trump fu anche messo due volte sotto *impeachment*, la procedura politica che serve per rimuovere da un incarico la persona che lo ricopre. La prima fu nel settembre del 2019, quando venne accusato di abuso di potere e intralcio al Congresso. La questione era relativa alle pressioni esercitate da Trump per spingere il governo ucraino e il suo nuovo presidente, Volodymyr Zelensky, ad aprire un'indagine per trovare materiale imbarazzante su Joe Biden, suo possibile avversario alle elezioni presidenziali del 2020. Trump aveva minacciato l'Ucraina di bloccare aiuti per 400 milioni, ma il Senato votò per assolverlo. Fu il terzo presidente sottoposto all'impeachment, dopo Andrew Johnson nel 1868 e Bill Clinton nel 1998.

Durante la sua presidenza si ritrovò anche a dover affrontare la pandemia di Covid-19, che fu gestita in modo piuttosto contradditorio, con molte dichiarazioni e decisioni apertamente antiscientifiche. Fu un evento enorme e condizionò molto l'ultimo anno di mandato e la campagna per la rielezione, che si tenne perlopiù a distanza, con comizi e appuntamenti online.

«Negli ultimi anni la Corte suprema ha preso diverse decisioni controverse, a partire dall'eliminazione del diritto federale all'aborto nell'estate del 2022, rivendicato da Trump come un successo reso possibile dalla sua scelta dei giudici.»

Biden, diventato nel frattempo il candidato del partito Democratico e quindi l'avversario politico di Trump, fu fin da subito indicato come favorito dai sondaggi. A partire dalla primavera del 2020 Trump iniziò a sostenere che le elezioni presidenziali sarebbero state falsate da brogli, concentrando i suoi attacchi soprattutto sul voto per posta, che lui presentava come particolarmente esposto al rischio di frodi (una tesi infondata).

Il 5 novembre del 2020 la vittoria di Biden alle elezioni fu netta, con 81 milioni di voti contro i 74 milioni di Trump, e soprattutto con 306 grandi elettori contro 232. Trump però si rifiutò di riconoscere la sconfitta, e anzi intensificò le sue denunce di presunti brogli, senza mai portare alcuna prova a sostegno di questa tesi. Con l'aiuto dei suoi più stretti collaboratori cercò di ribaltare l'esito del voto popolare, facendo pressioni su governatori e pubblici ufficiali per «trovare altri voti» che dimostrassero la sua vittoria, e invitando il vicepresidente Mike Pence a bloccare la normale transizione democratica rifiutandosi di riconoscere la vittoria di Biden.

Il 6 gennaio del 2021, il giorno in cui Pence avrebbe dovuto certificare i risultati del voto, Trump tenne un animato comizio e poco dopo una folla di suoi sostenitori assaltò il Congresso degli Stati Uniti, nella capitale Washington (vedi pag. 88). Nei giorni seguenti i principali social media sospesero gli account di Trump, mentre il 13 gennaio la Camera votò per metterlo nuovamente sotto impeachment, stavolta per incitamento all'insurrezione. Prima di lasciare l'incarico concesse la grazia a 170 persone, tra cui diversi suoi collaboratori che erano stati condannati durante il suo mandato.

A quel punto Trump sembrava politicamente finito: alcuni esponenti del partito Repubblicano iniziarono timidamente a distanziarsene e sembrò abbandonarlo anche *Fox News*, la televisione di Rupert Murdoch che aveva contribuito alla sua ascesa e sposato le sue proposte politiche, arrivando anche a riproporre molte teorie del complotto sulle elezioni del 2020. Nel processo di impeachment però Trump fu nuovamente assolto e alcuni senatori Repubblicani giustificarono il loro voto contrario alla condanna con l'esigenza di «non restare ancorati al passato». Ma in un partito Repubblicano sempre più spostato verso destra non riuscì a emergere alcun leader capace di presentarsi come un'alternativa convincente a Trump, che non cessò nessuna delle sue bellicose battaglie.

Il suo potere sul partito si vide già alle primarie per le elezioni di metà mandato di novembre del 2022, quando i candidati Repubblicani vicini a lui vinsero quasi sempre contro quelli meno estremisti (le elezioni di metà mandato sono quelle in cui si vota per rinnovare la Camera e parte del Senato). Al voto di novembre sembrò che qualcosa potesse cambiare, perché non arrivò la grande vittoria Repubblicana che molti si aspettavano, e ad avere i risultati peggiori nel partito furono proprio i candidati sostenuti da Trump, che però riuscì a distanziarsi rapidamente da quell'insuccesso elettorale e annunciò con largo anticipo la sua candidatura alle presidenziali del 2024.

L'annuncio precoce fu in parte legato anche ai tanti processi contro di lui cominciati dopo la fine della sua presidenza.

Il 30 marzo del 2023 Trump diventò il primo ex presidente a essere sottoposto a un processo penale nella storia degli Stati Uniti, nel caso relativo a un pagamento illecito all'attrice di film porno Stormy Daniels. Fu incriminato di nuovo il 9 giugno, questa volta per avere conservato nella propria villa di Mar-a-Lago, in Florida, alcuni documenti governativi riservati. La terza incriminazione, di inizio agosto, riguardò l'attacco al Congresso del gennaio 2021 e il tentativo di sovvertire l'esito delle elezioni presidenziali del 2020. La quarta, di qualche settimana dopo, fu relativa alle interferenze sul voto in Georgia, volte anche in questo caso a modificarne l'esito.

A questi processi penali se ne aggiunsero altri in sede civile, fra cui uno per frode nello stato di New York, che metteva in discussione i bilanci e il presunto successo delle sue aziende e che ha portato all'inizio del 2024 a una multa nei suoi confronti di oltre 400 milioni di dollari.

Anche soltanto una di queste incriminazioni sarebbe sufficiente per mettere fine alla carriera di molti politici, ma la popolarità di Trump all'interno del suo elettorato è sembrata invece crescere dopo l'inizio dei procedimenti penali, anche grazie al suo continuo uso vittimistico di queste inchieste e all'evocazione di complotti ai suoi danni.

La strategia difensiva di Trump in tutti questi casi sembra sia quella di presentare le accuse come motivate politicamente e di rinviare il più possibile i processi: anche le partecipazioni in aula come imputato si sono trasformate in occasioni per fare comizi.

Durante la sua presidenza, il quotidiano statunitense *Washington Post* istituì un monitoraggio continuo delle sue dichiarazioni, sottoposte a costante *fact checking*: i giornalisti registrarono 30.573 dichiarazioni false in quattro anni, con una media di 21 al giorno. Furono 492 nei primi cento giorni, 503 solo il 2 novembre 2020, giorno prima delle elezioni. Quel lavoro giornalistico si è interrotto dopo la fine del mandato, ma l'approccio di Trump nella campagna elettorale del 2024 non è cambiato, continuando a proporre «fatti alternativi», la formulazione con cui nel 2017 una sua collaboratrice descrisse le sue bugie. — ☜

Come funzionano le elezioni americane

Ogni quattro anni, a inizio novembre, c'è un martedì in cui mezzo mondo guarda agli Stati Uniti. Nelle strade delle città americane capita di vedere capannelli di persone in coda davanti a edifici solitamente poco frequentati, le vie sono tappezzate di manifesti pieni di slogan e in giro si vedono più poliziotti del solito. Gruppi di volontari distribuiscono gli ultimi volantini, mentre i giornalisti si affannano per documentare quello che senza dubbio diventerà uno degli eventi più importanti dell'anno: è il giorno delle elezioni presidenziali.

Man mano che la data si avvicina si parla con sempre maggior frequenza di sondaggi, primarie, grandi elettori e voto per posta: tutti fattori importanti che fanno parte dell'articolato sistema elettorale statunitense, che può apparire complicato e caotico. I passaggi che portano all'elezione del presidente sono rimasti sostanzialmente uguali nei secoli, ma secondo alcuni esperti il meccanismo non ha saputo adattarsi in modo soddisfacente alle inevitabili trasformazioni storiche, politiche e sociali ed è ormai diventato obsoleto. Da tempo si discute della necessità di cambiarlo, per ora senza risultati concreti.

L'elezione del presidente inizia con una lunga stagione di elezioni primarie, competizioni interne ai partiti che servono per scegliere i candidati ufficiali alle presidenziali. I requisiti per candidarsi alle primarie, e quindi alla presidenza, non sono particolarmente stringenti: basta essere cittadini statunitensi dalla nascita, avere almeno 35 anni e aver risieduto negli Stati Uniti negli ultimi 14 anni. Anche per questo la lista iniziale dei candidati per ogni partito è spesso molto lunga: l'8 gennaio del 2024 c'erano oltre quattrocento candidati alla presidenza per il partito Repubblicano, e circa duecento per i Democratici.

I candidati che hanno qualche effettiva possibilità di vittoria sono molti meno, e corrispondono generalmente a esponenti politici già noti a livello nazionale o almeno statale. Fin dall'estate precedente all'anno elettorale i candidati più in vista iniziano a fare campagna in tutti gli stati in cui competono, e i comitati nazionali dei partiti organizzano una serie di dibattiti per dare loro l'opportunità di confrontarsi e farsi conoscere dagli elettori.

Le primarie iniziano a gennaio. Nel corso di circa sei mesi tutti i cinquanta stati americani e tutti i territori (tra cui il District of Columbia, quello della capitale Washington) organizzano le proprie elezioni primarie. Tradizionalmente i primi stati a votare sono l'Iowa e il New Hampshire. Sono due stati relativamente piccoli e poco influenti, ma il candidato che vince le prime fasi delle primarie gode di un grosso vantaggio in termini mediatici, che può essere facilmente tradotto in voti. Anche per questo, dal 2024 il partito Democratico ha deciso di far iniziare le sue primarie in South Carolina, uno stato ben più grande e rappresentativo.

La giornata più importante delle primarie è il cosiddetto *Super Tuesday* («super martedì»), durante il quale votano contemporaneamente molti stati. Le primarie si concludono verso giugno, con il voto nei territori di Guam e delle Isole Vergini. Tra luglio e agosto tutti i principali partiti organizzano la propria *convention* nazionale, ossia una grande riunione alla quale partecipano i cosiddetti delegati, scelti a sostegno di ciascun candidato con le primarie, un certo numero per ogni stato, di solito proporzionale alla sua popolazione e alla sua influenza politica. Il voto dei delegati decide il candidato presidente del partito, che deve ottenere la maggioranza assoluta dei voti.

Con la scelta dei candidati inizia la campagna elettorale per le presidenziali, durante la quale i candidati organizzano eventi in tutto il paese per incontrare gli elettori e convincerli a votare per loro. Visitano le fabbriche e le periferie, fanno comizi su grandi palchi e parlano a piccoli gruppi di curiosi, spendono milioni di dollari in campagne di comunicazione e spot elettorali: sono mesi intensi, nei quali è facile succedano cose imprevedibili.

Tutto si conclude un martedì di inizio novembre, quando oltre duecento milioni di cittadini statunitensi possono votare per decidere chi dovrà essere il loro prossimo presidente.

Nella pratica, il voto si svolge in modo simile all'Italia: gli elettori si presentano ai seggi che vengono loro assegnati in base alla residenza e a ognuno viene data una scheda su cui barrare il nome del candidato presidente che vogliono votare. Non si è però iscritti automaticamente nelle liste elettorali: per farlo bisogno registrarsi autonomamente. A turno si entra in piccole cabine e si vota sulla scheda, che poi viene inserita insieme alle altre in una grossa scatola, come da noi. Alcuni seggi prevedono un voto con macchine elettroniche, oppure schede da perforare lette da sistemi automatici. In alternativa è possibile votare in anticipo o per posta, spedendo la scheda elettorale entro date specifiche decise dai singoli stati: il voto per posta può cominciare anche mesi prima rispetto alla data delle elezioni.

A questo punto il processo elettorale è concluso e lo scrutinio dei voti porta all'annuncio del vincitore, ma la certificazione dei risultati richiede una serie di altri passaggi. È qui che entrano in gioco i «grandi elettori»: negli Stati Uniti non diventa presidente il candidato che ottiene più voti a livello assoluto, ma quello che ottiene la maggioranza dei voti dei grandi elettori, che in tutto sono 538.

Gli Stati Uniti sono un paese federale, diviso in cinquanta stati. Ogni quattro anni, a ogni stato viene assegnato un numero di grandi elettori pari alla somma dei suoi deputati e dei suoi senatori: dato che il numero di parlamentari espressi da ogni stato dipende dalla sua popolazione, lo stesso vale per i grandi elettori. Di conseguenza gli stati più popolosi esprimono più grandi elettori degli altri. La California, lo stato con più abitanti del paese, esprime 54 grandi elettori, altri, tra cui l'Alaska, il Wyoming e il Vermont hanno tre grandi elettori ciascuno.

Prima delle elezioni presidenziali, in ogni stato viene creata una lista di grandi elettori associata a ogni candidato. La Costituzione non indica criteri specifici per la selezione dei grandi elettori, che quindi possono essere scelti da ogni stato in modo diverso. Nella pratica, in moltissimi casi sono

I GRANDI ELETTORI PER OGNI STATO

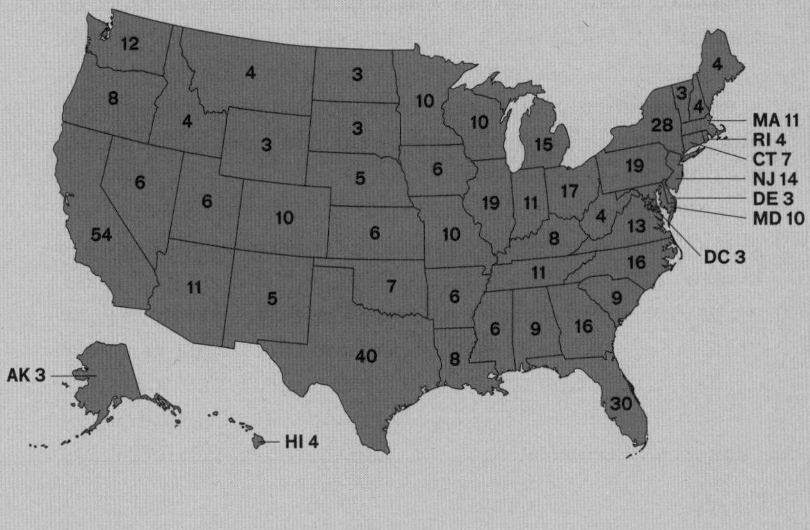

«Dalla fine del Settecento a oggi si stima che solo novanta grandi elettori abbiano votato diversamente rispetto a quanto indicato dal loro partito, su un totale di 23.507 voti espressi: una quota irrilevante.»

selezionati dai comitati elettorali tra i funzionari e gli esponenti locali dei partiti.

In 48 stati su 50 i grandi elettori vengono eletti con il sistema maggioritario: il candidato che prende anche solo un voto in più degli altri si assicura il sostegno di tutti i grandi elettori espressi dallo stato. In due stati – Maine e Nebraska – due grandi elettori vengono assegnati a chi prende un voto in più nell'intero stato, e un ulteriore grande elettore viene assegnato in ognuno dei collegi congressuali in cui è diviso lo stato (che sono due in Maine e tre in Nebraska).

Una volta eletti, i grandi elettori dovranno formalmente esprimere un voto per il candidato che vogliono eleggere presidente: per vincere bisogna ottenere la maggioranza assoluta dei loro voti, quindi almeno 270 su un totale di 538 grandi elettori. L'organo che riunisce i grandi elettori scelti con il voto dei cittadini si chiama «collegio elettorale» (*electoral college*), ma in realtà non si riunisce mai fisicamente. I grandi elettori si radunano nei rispettivi stati il martedì successivo al secondo mercoledì di dicembre, votano per un candidato alla presidenza e uno alla vicepresidenza e poi comunicano al Congresso la loro scelta.

I grandi elettori sono legalmente liberi di votare per chi vogliono, a prescindere dal candidato a cui erano collegati e alla lista di cui facevano parte. Di fatto però l'impegno politico dei grandi elettori nei confronti dei loro partiti è stato violato pochissime volte nella storia degli Stati Uniti, e mai in modo determinante per il risultato finale di un'elezione. Molti stati hanno inoltre introdotto delle leggi apposite per punire i cosiddetti *faithless electors*, ossia i grandi elettori che non votano come previsto: possono essere multati e sostituiti con un altro grande elettore fedele al proprio partito, in modo da non rischiare di falsare il risultato e la volontà dei cittadini.

Capita comunque che un grande elettore minacci di non votare per il candidato del proprio partito, per protesta o per attirare l'attenzione. Nelle elezioni del 2016, vinte da Trump, ci furono sette faithless electors, di cui cinque eletti con il partito Democratico (la cui candidata era Hillary Clinton) e due con il partito Repubblicano, che però non alterarono il risultato complessivo del voto. Dalla fine del Settecento a oggi si stima che solo novanta grandi elettori abbiano votato diversamente rispetto a quanto indicato dal loro partito, su un totale di 23.507 voti espressi: una quota irrilevante.

I voti espressi dai grandi elettori di tutti gli stati devono essere convalidati dal vicepresidente in carica. È un passaggio in gran parte formale e solitamente poco raccontato dai media, ma che di recente ha creato non pochi problemi. Il 6 gennaio del 2021 i sostenitori di Trump assaltarono la sede del Congresso, a Washington, proprio per chiedere al vicepresidente Mike Pence di non ratificare la vittoria di Joe Biden sancita dal collegio elettorale, un evento senza precedenti che fu seguito da centinaia di denunce e processi. Fu incriminato anche Trump, con l'accusa di aver cercato di sovvertire il risultato di una regolare elezione (vedi pag. 88).

Dopo la ratifica da parte del Congresso e del vicepresidente si arriva, infine, all'insediamento del nuovo presidente degli Stati Uniti, il 20 gennaio dell'anno successivo a quello del voto (a meno che non sia di domenica, in quel caso si tiene il lunedì 21).

Il processo elettorale statunitense è piuttosto lungo e complesso, ma di fatto nella maggior parte dei casi i risultati di un'elezione diventano chiari poco dopo la chiusura dei seggi. La sera tutte le principali reti televisive statunitensi (e non solo) organizzano maratone elettorali che seguono minuto per minuto lo spoglio dei risultati, con l'intenzione di capire il prima possibile chi abbia vinto. Si seguono i vari risultati statali per calcolare quanti grandi elettori vengono man mano attribuiti a ogni candidato, e annunciare subito la vittoria di chi raggiunga la soglia dei 270. Uno stato viene spesso «chiamato» per un candidato (cioè assegnato a quel candidato) prima che lo spoglio ufficiale sia completo (operazione per cui possono servire anche alcuni giorni): le redazioni delle televisioni valutano con l'aiuto di esperti risultati parziali e proiezioni e assegnano la vittoria quando ritengono che il vantaggio non sia più colmabile, in attesa dell'ufficialità del risultato.

Tranne rari casi in cui qualche incertezza si è protratta, sinora i media non hanno praticamente mai sbagliato: gli annunci fatti la notte delle elezioni sono quasi sempre corretti. Tutte le fasi successive del processo elettorale, con il voto dei grandi elettori e la ratifica del Congresso, sono passaggi formali che generalmente si svolgono senza grosse sorprese.

Possono però verificarsi almeno due scenari in cui nessun candidato raggiunga la soglia minima dei 270 grandi elettori necessari per essere eletto. È possibile che il voto finisca in parità, quindi che due candidati ottengano esattamente 269 grandi elettori a testa, oppure che i voti dei grandi elettori vengano spartiti tra i candidati di più partiti (non solo Democratico e Repubblicano), senza che nessuno raggiunga la soglia dei 270 voti. In entrambi i casi, l'elezione del presidente e del vicepresidente degli Stati Uniti diventerebbero competenza del Congresso. La procedura prevede che il presidente sia eletto dalla Camera e il vicepresidente dal Senato. Sono circostanze molto improbabili, ma non impossibili: è capitato tre volte nella storia degli Stati Uniti, l'ultima delle quali nel 1837.

Da tempo esperti e accademici discutono della possibilità o della necessità di modificare il sistema elettorale statunitense e soprattutto il ruolo del collegio elettorale, che esiste ormai da più di due secoli in funzione della condizione del paese come federazione di stati, ma il cui funzionamento può portare a interpretazioni distorte della volontà popolare. Secondo i suoi critici, i meccanismi usati per eleggere il presidente sono ormai obsoleti, polarizzanti e antidemocratici. Una delle principali contraddizioni sta nel fatto che le regole attuali rendono possibile la situazione in cui il candidato più votato finisca comunque per perdere l'elezione: vince il voto *popolare* (quello dei cittadini) ma non quello *elettorale* (quello dei grandi elettori). È uno scenario che finora si è verificato cinque volte, di cui due nella storia recente: nel 1824, 1876, 1888, 2000 e 2016.

Nel 2000 il Repubblicano George W. Bush vinse ottenendo i voti di 271 grandi elettori (vedi pag. 96). Allo stesso tempo però ottenne oltre mezzo milione di voti in meno del Democratico Al Gore, e perse quindi il voto popolare. Nel 2016 ci fu una situazione simile: Trump ottenne 304 grandi elettori, ma prese quasi tre milioni di voti in meno di Clinton.

Negli anni si provò molte volte a cambiare il sistema elettorale, ma finora nessun tentativo è andato a buon fine. La proposta più concreta risale al 1968, quando alle elezioni presidenziali si sfidarono tre candidati: il Repubblicano Richard Nixon, che poi venne eletto, il Democratico Hubert Humphrey e George Wallace, storico governatore dell'Alabama che si candidò come indipendente ottenendo il 13,5 per cento dei voti e 46 grandi elettori, un risultato notevole. Wallace era un ex politico Democratico, che appoggiava apertamente politiche razziste e segregazioniste in un momento in cui la discussione sui diritti civili era estremamente accesa.

Perse, ma i suoi voti misero comunque in grossa difficoltà gli altri due candidati. Nel 1969 la Camera approvò un emendamento alla Costituzione che chiedeva di eliminare del tutto il collegio elettorale e decidere il risultato finale dell'elezione esclusivamente sui risultati del voto popolare, come succede oggi in altri paesi. La proposta però si arenò al Senato, dove molti parlamentari del Sud vedevano l'eliminazione del collegio elettorale come una minaccia al loro potere sulle decisioni del Congresso: e il sistema continua quindi a rispettare maggiormente il ruolo dei singoli stati. —

IL GERRYMANDERING

Alle elezioni presidenziali del 2012 il presidente uscente degli Stati Uniti Barack Obama vinse nello stato della Pennsylvania con un vantaggio di cinque punti percentuali sullo sfidante Repubblicano Mitt Romney. Ma il giorno delle elezioni gli americani votarono come di consueto anche per il rinnovo della Camera dei rappresentanti: e in Pennsylvania, nonostante il grosso vantaggio del loro presidente, i Democratici vinsero invece soltanto cinque dei 18 seggi in palio, mentre i Repubblicani ne conquistarono tredici. Risultati simili ci furono in Ohio, North Carolina e Michigan. Negli Stati Uniti molti pensano che di risultati contraddittori come questi sia responsabile il sistema chiamato *gerrymandering*.

Il gerrymandering è la progettazione strumentale dei confini di un collegio elettorale allo scopo di distribuire gli elettori a cui si attribuisce una probabile preferenza e di ottenere così la maggioranza dei seggi in assenza di una maggioranza di voti. Il metodo è piuttosto controverso ma è usato negli Stati Uniti da oltre duecento anni, approfittando di un sistema elettorale prevalentemente di tipo maggioritario uninominale: un sistema in cui ogni collegio elegge un solo rappresentante e *the winner takes all*, il vincitore prende tutto.

Per capire come funziona il gerrymandering, si può immaginare una regione composta da una città circondata dalla campagna. Nella città, dove abita circa metà della popolazione totale, ipotizziamo che si voti soprattutto a sinistra; nella campagna, dove abita l'altra metà, si vota a destra. Se chi ha il potere di ridisegnare i collegi elettorali della regione volesse far vincere la destra, potrebbe disegnare i vari collegi in modo che la maggior parte di quelli cittadini comprenda anche una fetta di campagna tanto grande da far sì che le persone di sinistra siano quasi sempre inferiori in numero a quelle di destra. Con questo sistema, anche se ci fosse una parità numerica tra gli elettori dei due partiti, dai collegi della regione uscirebbe una maggioranza di eletti di destra.

La pratica oggi conosciuta come gerrymandering fu messa in atto per la prima volta nel 1812 da Elbridge Gerry, al tempo governatore dello stato del Massachusetts. Il partito di Elbridge Gerry cercò di modificare i confini dei distretti elettorali dello stato per favorire la sua rielezione. In particolare i confini di un distretto della contea di Essex vennero ridefiniti e modificati a tal punto da assumere una forma particolarmente irregolare e difficilmente spiegabile. Un giornale sostenitore del partito Federalista (contrapposto, in quegli anni, al partito Democratico-Repubblicano di Elbridge Gerry) pubblicò una caricatura in cui il distretto, con alcune piccole modifiche, assumeva la forma di una salamandra. Unendo il cognome del governatore (Gerry) e la parola *salamander* il giornale, la *Boston Gazette*, creò il nome «gerrymander». Nonostante la messa in atto del primo gerrymandering della storia, Gerry perse quelle elezioni. Ma il gerrymandering continuò a essere praticato, permettendo al nome di diffondersi nella lingua e nella cultura americana. La pratica si è anche affinata nel tempo, soprattutto grazie alle maggiori conoscenze demografiche e ai nuovi strumenti tecnologici di previsione del voto. Nel corso degli anni è stata utilizzata da quasi tutti i partiti che si sono trovati col potere di ridisegnare i distretti elettorali (un compito che spetta alle assemblee legislative dei singoli stati).

Il gerrymandering, studiato e classificato, può avvenire in diversi modi. Il *cracking* (rottura) consiste nella divisione di un rilevante gruppo di elettori dello stesso partito (o che si ipotizza possano esserlo soprattutto per ragioni razziali) in tanti diversi distretti (per esempio segmentando una grande area urbana in molti distretti con prevalenza di zone rurali). Il *packing* (impacchettamento) è l'esatto opposto e mira a confinare in un unico territorio i votanti di un partito, sacrificando quel seggio per vincere però tutti gli altri. La pratica dell'*hijacking* (dirottamento) disegna i confini in modo tale da obbligare due importanti e temuti candidati di partiti rivali a sfidarsi tra di loro, con la certezza che almeno uno dei due risulterà sconfitto. Il *kidnapping* (rapimento) cambia i confini obbligando un temuto candidato avversario a candidarsi in un territorio diverso da quello in cui si trova la sua più consistente base elettorale.

Il gerrymandering fu parzialmente limitato da due articoli contenuti nel Voting rights Act del 1965. Il primo dei due obbliga gli stati americani (in particolare quelli con un passato segregazionista) a sottoporre a revisione ogni modifica dei loro collegi elettorali; il secondo permette ai cittadini di fare ricorso se ritengono che una modifica dei confini dei collegi potrebbe causare la dispersione del voto di una minoranza (per esempio dividendo in vari collegi un quartiere con prevalenza di cittadini afroamericani). Nonostante questo il gerrymandering continua a essere praticato: a prescindere dalla legge del 1965, tra l'altro modificata nel 2013 da una decisione della Corte suprema, non esistono leggi che vietino la modifica del confine di un distretto elettorale.

Com'è fatta Washington, DC

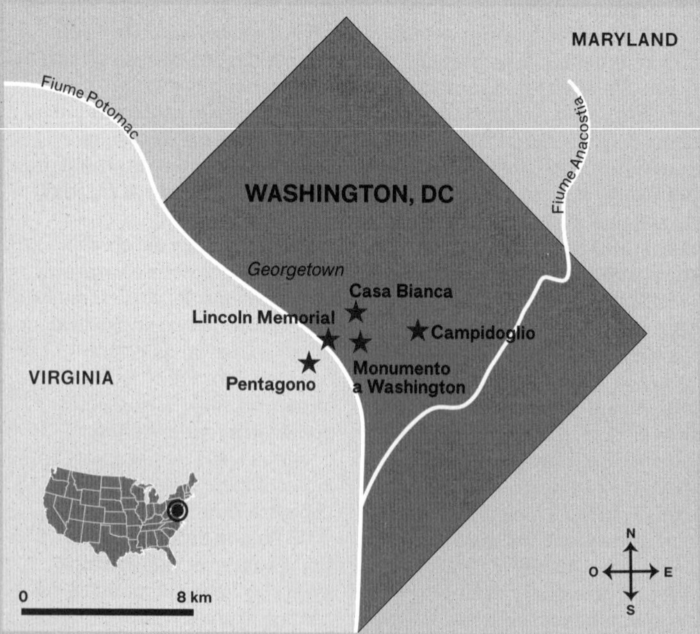

Washington è una città dalla strana conformazione, oltre che dalla strana storia. Non è esattamente «attraversata» dal fiume Potomac, perché la definizione dei suoi confini è un po' sfuggente e il Potomac ne segna una lunga parte. Quando i «padri fondatori» degli Stati Uniti, come vengono chiamati i firmatari della Dichiarazione d'indipendenza, decisero nel 1790 di insediare in quell'area la nuova capitale, ritennero che dovesse avere uno status territoriale particolare e si inventarono quella cosa che poi tutti presero a chiamare «DC», *disì*: il District of Columbia, un distretto con proprie e particolari forme di governo e autonomia, che non è uno stato ed è dipendente dal parlamento. Negli Stati Uniti di solito chi vive a Washington si presenta dicendo «*I live in DC*», piuttosto che «a Washington», o addirittura «*in the District*». Il District è piccolo, la sua superficie è di poco maggiore di quella del comune di Bologna, e nel tempo la conurbazione della città di Washington è traboccata fuori dai suoi confini, ha incluso insediamenti che esistevano già e ha raggiunto città al di fuori dei confini del distretto: se attraversate un ponte sul Potomac, che è parte del confine a ovest, siete in Virginia, per esempio. Se vi allontanate soltanto tre chilometri dalla cattedrale di Washington siete in Maryland. Sono poi in Virginia, pur essendo a distanza di poche fermate dei mezzi pubblici dalla Casa Bianca, sia il Pentagono che il cimitero militare di Arlington, che la Cia. Non che i dipendenti della Casa Bianca vadano al Pentagono con i mezzi pubblici, ma per capirsi.

La parte centrale della città ha una topografia molto regolare, fatta di strade verticali indicate da numeri e di strade orizzontali indicate in gran parte da lettere: questa griglia è spezzata da grandi rotatorie stradali verdi e collegate tra loro da stradoni diagonali che prendono i nomi degli stati degli Stati Uniti, come per esempio Pennsylvania Avenue, che è l'indirizzo ufficiale della Casa Bianca: benché la Casa Bianca e il suo giardino occupino una parte così grossa del centro della città da beneficiare potenzialmente di una decina di indirizzi.

«Barack Obama è rimasto a vivere a Washington dopo gli otto anni di presidenza, ma nell'ancora più elegante e ricco quartiere di Kalorama, in una zona di ville storiche e giardini.»

Sulla mappa DC è un quadrato ruotato di 45 gradi, di cui però un lato occidentale è come rosicchiato e rimpiazzato dal percorso del Potomac che scende da nord a sud e dopo un centinaio di chilometri sfocerà nella baia di Chesapeake e nell'Oceano Atlantico. La Casa Bianca e la sede del parlamento stanno proprio al centro di questo quadrato. Il parco della Casa Bianca è un rettangolo che si allunga verticalmente verso sud fino a incontrare un altro lungo rettangolo verde orizzontale che si chiama il Mall, quello in cui vediamo le manifestazioni o le folle per gli insediamenti dei presidenti, e che a est si conclude al Campidoglio, la sede del Congresso (ovvero il parlamento), e a ovest al Lincoln Memorial, il monumento con la grande statua di Lincoln seduto. Letteralmente alle spalle di Lincoln ci sono il Potomac e sull'altra riva la Virginia. Sulla riva di qua, circa un chilometro più a nord, c'è il Watergate, uno dei nomi più famosi di Washington, che è un toponimo: il nome di un posto.

Il nome Watergate, che ci è tanto familiare ed è diventato il capostipite delle pigre denominazioni giornalistiche di decine e decine di scandali politici che abbiamo preso a chiamare tutti col suffisso -gate, non è niente di originale o di esotico. Significa semplicemente «porta sull'acqua» e nel 1942 era stato chiamato così il Water Gate Inn, con Water e Gate staccati: era un ristorante in quel punto della riva del Potomac, che divenne familiare per gli abitanti e gli impiegati della zona. Quando una grande società immobiliare italiana decise di costruire un nuovo complesso lì vicino, si impadronì del nome e il complesso di edifici lo chiamò Watergate. Ci mise un po' di anni a costruirlo, perché le commissioni urbanistiche locali si misero di traverso: il progetto dei grandi edifici che si sarebbero affacciati sul fiume era giudicato troppo grande e fuori scala, e anche troppo anomalo – con i suoi creativi andamenti curvilinei – rispetto alle pesanti e rigide architetture pubbliche di Washington. Ma la società italiana aveva molte forze: una sua cospicua quota era del Vaticano, il suo investimento era attraente per la città, e il progetto era stato disegnato da Luigi Moretti, uno dei più importanti e rispettati architetti dell'Italia fascista e anche dell'Italia post fascista. Il Watergate, insomma, fu fatto dagli italiani: e fu concluso nel 1965.

Il quartiere si chiama Foggy Bottom, ospita le sedi di molte importanti istituzioni nazionali e internazionali, e prende probabilmente il nome dalle antiche strutture industriali che si trovavano una volta vicino al fiume. Superando un paio di stradoni verso nord dal Watergate, sempre a ridosso del fiume, c'è invece Georgetown, che adesso è un quartiere della città, ma fu in realtà la prima cittadina intorno a cui venne costruita Washington stessa. Essendo appunto l'insediamento storico, è la zona con le costruzioni più antiche (tra la fine del Settecento e la prima metà dell'Ottocento) e ha sempre ospitato le abitazioni delle classi più ricche e dei cittadini più importanti (ci abitavano John e Jacqueline Kennedy prima di traslocare alla Casa Bianca), oltre alla Georgetown University, illustre università frequentata da studenti spesso diventati importanti politici, diplomatici o professionisti in vari ambiti: l'ex presidente Bill Clinton ha studiato a Georgetown (l'altra più importante università, la George Washington University, è nel quartiere di Foggy Bottom). Barack Obama, invece, è rimasto a vivere a Washington dopo gli otto anni di presidenza, ma nell'ancora più elegante e ricco quartiere di Kalorama, in una zona di ville storiche e giardini poco più a est, già abitata in passato da diversi presidenti e che ospita anche diverse ambasciate e residenze di ambasciatori. A nord di Kalorama c'è lo zoo, quello famoso soprattutto per i panda che vennero donati dalla Cina durante gli anni dei rinnovati rapporti diplomatici gestiti dal presidente Nixon (poco prima che iniziasse lo scandalo Watergate): gli ultimi successori di quegli ospiti hanno lasciato lo zoo nel 2023 per tornare in Cina.

A parte Georgetown, che è il più affollato dai turisti, i quartieri più vivaci e «centrali» della città sono invece a nord e a est della Casa Bianca. Subito a nord del Campidoglio, la sede del Congresso, c'è la monumentale stazione dei treni, la Union Station: da qui si arriva a New York in meno di tre ore. Anzi, diciamo anche dove si trova Washington, a questo punto: a 170 chilometri in linea d'aria dalla costa dell'Atlantico e a sud-ovest di New York, sul percorso verso la quale si trovano Baltimora e Filadelfia (e Wilmington, la città di Joe Biden).

L'aeroporto maggiore di Washington si chiama Dulles e si trova a ovest della città, in Virginia, mentre un aeroporto nazionale è proprio a ridosso del centro dall'altra parte del Potomac, sempre in Virginia, vicino al Pentagono (sede del ministero della Difesa, il colossale edificio fatto appunto a forma di pentagono). L'aereo che colpì il Pentagono la mattina dell'11 settembre 2001 era partito da Dulles verso Los Angeles prima che i dirottatori lo facessero tornare indietro: morirono 184 persone tra passeggeri e persone nell'edificio, oltre ai cinque attentatori.

Vicino al confine orientale del distretto, invece, scende il fiume Anacostia, che entra nel Potomac vicino al vertice inferiore del quadrato. L'Anacostia fa anche da confine e da barriera con i quartieri più poveri e a grande maggioranza nera: a est del fiume la percentuale di popolazione nera supera il 95 per cento e oltre un quarto degli abitanti è sotto la soglia di povertà. Dalla parte opposta, nella zona dei parchi e dei quartieri più eleganti, la quota di popolazione nera arriva a scendere sotto il due per cento. Nel complesso a Washington, DC vive circa la stessa quota di bianchi e di neri o afroamericani (il quaranta per cento), insieme a un undici per cento di *la-*

tinos e un cinque per cento di asiatici: per una popolazione complessiva di 680mila persone, che ha uno status elettorale del tutto particolare e spesso contestato.

Washington, DC non ha infatti una rappresentanza parlamentare al Congresso degli Stati Uniti; i suoi residenti, pur essendo soggetti agli stessi obblighi di tutti gli altri cittadini statunitensi, possono solo eleggere un rappresentante alla Camera che non ha però diritto di voto. L'amministrazione locale è invece affidata a un sindaco e a un Consiglio, ma tutti gli atti e la legislazione locale, compreso il bilancio, sono sottoposti all'approvazione da parte del Congresso degli Stati Uniti. Il District of Columbia partecipa invece all'elezione del presidente degli Stati Uniti, con tre grandi elettori assegnati al suo territorio.

La scuola non è come nei film

Il sistema educativo funziona diversamente rispetto all'Italia e ha diversi problemi: i più grossi sono il debito studentesco e le forti disuguaglianze

La scuola superiore di Benton Harbor, una piccola città statunitense sulla sponda est del lago Michigan, è da tempo in grosse difficoltà: nel 2019 rischiò di chiudere a causa di problemi finanziari, in generale gli studenti raggiungono risultati mediocri e hanno quindi poche possibilità di entrare in università prestigiose e ottenere un lavoro ben retribuito. Il comune immediatamente più a sud, St. Joseph, è invece molto più ricco e le sue scuole offrono agli studenti tutti gli strumenti necessari per costruire una carriera brillante. Le due cittadine sono a sei minuti di distanza in auto, ma il divario tra i servizi offerti dai due distretti scolastici è evidente. C'è anche un'altra differenza importante: a Benton Harbor la maggior parte della popolazione è afroamericana, mentre a St. Joseph sono quasi tutti bianchi.

È una situazione comune a moltissime città e quartieri degli Stati Uniti, dalle grandi metropoli come New York e Los Angeles alle periferie del Midwest e degli stati del Sud.

Le scuole statunitensi sono state, e continuano a essere, l'ambientazione di moltissimi film e serie tv, ed è facile considerarle un mondo familiare. Il sistema scolastico però è molto più articolato rispetto alle sue rappresentazioni romanzate, e negli ultimi anni due temi in particolare si sono imposti nel dibattito pubblico e politico americano: le disuguaglianze causate dalla divisione del territorio in distretti scolastici, e l'enorme problema del debito studentesco.

Il sistema scolastico statunitense ha la stessa impostazione generale di quello italiano, quindi i cicli di istruzione sono divisi in scuole elementari, medie e superiori, per arrivare poi all'università. La scuola dell'obbligo può cominciare dai cinque ai sette anni e arrivare fino a 18 anni, in base alle leggi statali. Gli anni di studio sono organizzati sulla base del sistema K-12: partono dal *kindergarten*, un anno che si fa prima dell'inizio delle elementari in cui i bambini imparano a leggere, scrivere e contare, e arrivano al *grade 12*, l'ultimo anno di scuole superiori. A differenza dell'Italia, la numerazione degli anni di studio prosegue in modo continuo dalle elementari alle superiori: la quinta elementare è il *grade 5* e la prima media il *grade 6*, mentre la prima superiore è il *grade 9*. Le scuole superiori durano quattro anni, ognuno dei quali viene colloquialmente indicato con un nome che capita spesso di sentire nei film o nelle serie tv: il primo anno è noto come *freshman year*, seguito da *sophomore*, *junior* e *senior year*.

Le elementari funzionano in modo simile all'Italia, mentre il sistema cambia alle scuole medie e soprattutto alle superiori. Non esiste infatti la divisione tra licei, istituti tecnici e professionali: tutti gli studenti di una certa zona vanno nella stessa scuola, e lì potranno costruire un curriculum di studi basato sui propri interessi e aspirazioni future. Per questo alle superiori non ci sono dei veri e propri compagni di classe, bensì dei compagni di corso, dato che tutti gli studenti hanno orari diversi in base alle materie scelte. Di conseguenza nelle scuole sono gli insegnanti ad avere delle aule fisse, attrezzate per la materia che insegnano, mentre gli studenti si spostano ogni ora in base alle proprie lezioni.

Ci sono alcune materie obbligatorie, tra cui letteratura, matematica e scienze, e molte facoltative, da fotografia fino a falegnameria e meccanica. Per alcune materie poi sono previste classi diverse in base ai livelli di preparazione: per esempio gli studenti saranno divisi tra corsi di matematica basilari, intermedi e avanzati, con il sistema chiamato *tracking*. Si fanno molti lavori di gruppo e presentazioni orali, ma le verifiche vere e proprie sono quasi tutte scritte.

Oltre alle lezioni classiche sono molto partecipate anche le attività extrascolastiche, soprattutto sportive. Per tanti studenti e studentesse gli sport sono una parte fondamentale del percorso formativo, e alcuni studenti particolarmente talentuosi puntano proprio sui risultati sportivi per provare a ottenere una borsa di studio per il college, ossia l'università.

Sebbene il sistema di base sia uguale in tutto il paese, le scuole pubbliche non funzionano sempre nello stesso modo. Alcune sono considerate ottime dal punto di vista didattico, organizzano molte attività extrascolastiche e offrono quindi buone possibilità di essere ammessi a università prestigiose. Altre invece sono scadenti, e gli studenti raggiungono in media risultati mediocri.

In parte il divario dipende dall'organizzazione del sistema scolastico e dal suo legame con le dinamiche abitative. Tutto il territorio degli Stati Uniti è suddiviso in distretti scolastici, e a tutti gli studenti che abitano in un certo distretto viene assegnata una scuola vicina alla propria casa. A meno di eccezioni, ci si aspetta che i bambini e poi i ragazzi frequentino la scuola che viene loro assegnata. Ogni distretto scolastico è governato da uno *school board*, una sorta di consiglio i cui membri non ricevono uno stipendio e sono quasi sempre eletti dai cittadini tramite delle vere campagne elettorali.

Il finanziamento dei distretti scolastici è di competenza degli stati e delle città, che possono decidere quali entrate destinare alle scuole pubbliche. Quella più comune è la *property tax*, la tassa sugli immobili: questo però crea delle grosse storture, dato che gli abitanti dei quartieri più ricchi pagano tasse più alte, e quindi le scuole di quella zona potranno beneficiare di più fondi. Al contrario gli abitanti dei quartieri più poveri, che magari vivono in case popolari o ricevono sussidi abitativi, hanno tasse più basse, e quindi le scuole avranno meno fondi. È una dinamica che aumenta le disu-

«È una dinamica che aumenta le disuguaglianze, creando distretti scolastici molto ricchi, frequentati dai figli di persone già benestanti, e distretti poveri, frequentati da studenti che al contrario provengono da contesti svantaggiati.»

guaglianze, creando distretti scolastici molto ricchi, frequentati dai figli di persone già benestanti, e distretti poveri, frequentati da studenti che al contrario provengono da contesti svantaggiati.

Il sistema influisce molto anche sull'andamento del mercato immobiliare, dato che non è raro che una famiglia decida di trasferirsi in un certo quartiere proprio in base alle scuole che offre. Questo però contribuisce a far aumentare la richiesta per gli immobili di quella zona e quindi a far salire ulteriormente i prezzi e attirare solo abitanti benestanti.

Negli anni il sistema dei distretti scolastici è stato al centro di varie cause legali. Una delle più influenti fu la *class action* (un'azione legale intrapresa collettivamente) avviata nel 1968 da Demetrio Rodriguez, il padre di un bambino che frequentava la scuola elementare di un distretto molto povero della città texana di San Antonio. Con altri sette genitori della scuola, Rodriguez fece causa allo stato del Texas sostenendo che il modo in cui le scuole venivano finanziate (ossia attraverso le tasse sulle proprietà) fosse incostituzionale, poiché non rispettava il principio di uguaglianza tra i cittadini: il distretto di Edgewood, dove abitava Rodriguez e con una forte presenza di persone latine, riceveva appena 37 dollari per studente, mentre il distretto di Alamo Heights, a 15 minuti di distanza e abitato principalmente da famiglie bianche, ne riceveva 413.

Il caso fece molto scalpore e arrivò fino alla Corte suprema. I giudici decisero che la Costituzione americana non contenesse alcuna indicazione riguardo alle modalità con cui finanziare le scuole: il sistema in vigore era quindi del tutto legittimo. Di fatto, la causa *San Antonio Independent School District v. Rodriguez* giustificò l'esistenza di un sistema che produce chiare disuguaglianze e decise che non era necessario fare nulla per cambiarlo.

La divisione in distretti scolastici e l'assegnazione di una scuola in base all'indirizzo di residenza hanno creato distretti scolastici molto omogenei dal punto di vista etnico: è facile infatti che nelle scuole più ricche, che si trovano in quartieri ricchi, ci siano in prevalenza studenti bianchi, e in quelle più povere studenti afroamericani o ispanici. Secondo un rapporto dello U.S. Government accountability office (Gao), nell'anno accademico 2021/2022 più di un terzo degli studenti statunitensi iscritti alla scuola dell'obbligo frequentava una scuola in cui la maggior parte della popolazione studentesca apparteneva alla stessa etnia.

La mancanza di diversità culturale nelle scuole è diventata un problema anche in zone note proprio per la loro eterogeneità demografica.

Un esempio è il distretto 28 della città di New York, che include diversi quartieri nella zona centrale del Queens. Tra questi ci sono Forest Hills, a maggioranza bianca, e Jamaica, dove il 55 per cento degli abitanti è afroamericano e solo l'1,4 per cento bianco. La composizione dei quartieri si riflette sull'organizzazione delle scuole del territorio, con la conseguenza che le scuole di Forest Hills sono notevolmente migliori rispetto a quelle di Jamaica. Nel 2019 fu avviato un processo per creare un Piano per la diversità (*Diversity plan*) che favorisse l'integrazione tra le scuole del distretto, ma qualcosa andò storto: molti genitori che abitavano nei quartieri più benestanti si opposero, temendo che qualsiasi cambiamento potesse compromettere la qualità delle scuole frequentate dai loro figli, e il progetto venne sospeso.

In alcuni casi è possibile iscrivere i propri figli a una scuola pubblica diversa rispetto a quella assegnata in base all'indirizzo di residenza, ma si tratta di eccezioni regolamentate da leggi statali o cittadine. Secondo il rapporto del Gao, circa il settanta per cento degli studenti va a scuola nel proprio quartiere. In alternativa, per evitare i vincoli imposti dai distretti scolastici, è possibile frequentare scuole private, a pagamento, oppure le *charter school*, scuole gratuite che ricevono fondi pubblici ma sono gestite da enti privati. Proprio per il loro uso di risorse pubbliche negli ultimi anni si è creato un ampio dibattito riguardo alla possibilità o all'opportunità di aprirne di nuove.

Un discorso a parte va fatto per le università, che non seguono le logiche distrettuali ma subordinano l'ammissione a processi di selezione molto competitivi. Il percorso universitario è diviso tra studi *undergraduate*, che corrispondono più o meno alla laurea triennale italiana ma durano quattro anni, e *postgraduate*, ossia i master. In seguito si accede eventualmente ai dottorati, noti come PhD poiché conferiscono il titolo di *doctor of Philosophy* (la sigla riprende l'espressione latina *philosophiae doctor*).

Molte università hanno organizzato la vita accademica e studentesca all'interno dei propri campus, che somigliano a piccole città con studentati, biblioteche, campi sportivi e in alcuni casi negozi: la vita nei campus universitari americani è al centro di moltissimi film e serie tv ed è ormai entrata nella cultura universale. Uno degli aspetti più caratteristici è quello delle confraternite, associazioni studentesche frequentate generalmente dagli studenti più giovani (undergraduate) e note soprattutto per le grandi feste che organizzano regolarmente. Le confraternite hanno però vari aspetti problematici, tanto che alcune sono state accusate di incoraggiare una cultura misogina, prevaricatrice ed elitaria: ci si è spesso chiesti se non sarebbe meglio abolirle del tutto.

Sono statunitensi alcune delle università più prestigiose del mondo. Otto di queste fanno parte della cosiddetta *Ivy league:* Harvard, Brown, Columbia, Cornell, Dartmouth, Princeton, University of Pennsylvania e Yale. Si trovano tutte vicine alla

costa Est, sono tra le più antiche degli Stati Uniti e ogni anno si posizionano ai primi posti di molte classifiche internazionali.

Il termine *Ivy* («edera») iniziò a essere associato all'ambito universitario nell'Ottocento, quando alcuni atenei cominciarono a piantare l'edera una volta all'anno per celebrare i successi accademici, un gesto che divenne presto una tradizione. La Ivy league fu fondata formalmente nel 1954 come un campionato sportivo a cui potevano partecipare le otto università della costa orientale, ma il termine era già ampiamente usato. Oggi non è più legato allo sport, ma è diventato un simbolo di prestigio ed eccellenza accademica.

Negli anni anche altre università si sono guadagnate un'ottima reputazione, da Berkeley e Stanford, in California, al Massachusetts institute of technology (Mit) di Boston.

Proprio a causa della loro fama e del rigore accademico, le università statunitensi più note sono anche estremamente selettive: generalmente solo il tre o il quattro per cento degli studenti che fanno domanda viene ammesso. Nel 2023 Yale ha ammesso 2.275 studenti, su oltre 52mila domande ricevute.

Per riuscire a entrare bisogna avere ottimi risultati scolastici, ma anche fare moltissime attività extracurriculari negli anni delle superiori, tra sport, dibattiti e volontariato, e conoscere le lingue. Non guasta provenire da una famiglia facoltosa, dato che le università private statunitensi hanno costi di gran lunga superiori rispetto alla media italiana. Nel 2023 la retta media annuale per un'università privata era di 40mila dollari, e l'importo può salire anche molto nel caso di scuole particolarmente prestigiose: a Harvard la retta media per gli studenti dei corsi undergraduate era di 57.246 dollari all'anno, a cui ovviamente vanno aggiunte tutte le spese per vitto e alloggio.

Solo una minoranza degli studenti paga però autonomamente l'intero importo degli studi. Molti dipendono dalle borse di studio, che possono coprire del tutto o in parte i costi delle rette e della vita in campus, e altri chiedono prestiti a banche private oppure al governo, che offre programmi a tassi agevolati. In alcuni casi si tratta di prestiti molto ingenti, da decine o centinaia di migliaia di dollari, che vengono estinti dopo decenni oppure che non vengono mai ripagati: negli Stati Uniti il debito studentesco è un problema enorme, che nessuna amministrazione è finora riuscita a risolvere. La Federal reserve (la banca centrale statunitense) stima che a settembre del 2023 il debito studentesco in attesa di essere ripagato ammontasse a 1.600 miliardi di dollari.

Alcuni storici ed esperti raccontano che il sistema dei prestiti federali agli studenti iniziò a causa di un satellite lanciato in orbita dalla Russia. Era il 1957 e gli Stati Uniti si trovavano nel pieno della Guerra fredda e della «corsa allo spazio», il periodo di competizione tecnologica che portò Stati Uniti e Unione Sovietica a raggiungere eccezionali successi nell'ambito dell'esplorazione spaziale. A ottobre la Russia lanciò in orbita il primo satellite artificiale, lo *Sputnik 1*, e meno di un anno dopo il Congresso statunitense approvò il National defense education Act, una legge studiata appositamente per permettere alle università di offrire agli studenti dei prestiti agevolati, finanziati dal governo, per incoraggiare lo studio di materie matematiche e scientifiche e permettere lo sviluppo dell'industria spaziale del paese.

Qualche anno dopo il programma fu esteso dal presidente Democratico Lyndon Johnson, che proveniva da una famiglia umile del Texas e aveva dovuto fare sacrifici economici per potersi permettere gli studi universitari. Nel 1965 Johnson firmò l'Higher education Act, con l'obiettivo di fornire più risorse alle università e rendere gli studi accessibili a tutti i cittadini statunitensi. Tra le altre cose, la legge allargò notevolmente il sistema di prestiti per gli studenti, che iniziarono a essere gestiti dalle banche ma garantiti dal governo.

Negli anni successivi il numero di studenti iscritti all'università crebbe moltissimo, ma lo stesso fece l'inflazione: i prezzi iniziarono ad aumentare e molte persone si ritrovarono impossibilitate a ripagare i debiti contratti per studia-

«La Federal reserve stima che a settembre del 2023 il debito studentesco in attesa di essere ripagato ammontasse a 1.600 miliardi di dollari.»

re. Intanto le banche continuavano a offrire prestiti a sempre più persone, approfittando del fatto che le somme erano garantite dal governo e che quindi si trattava di operazioni praticamente a rischio zero. Inoltre quello per gli studi era visto – e in parte continua a esserlo – come un debito «positivo», un investimento a lungo termine che dovrebbe permettere di ottenere un lavoro migliore e un più alto tenore di vita.

Con il passare del tempo e il peggiorare della situazione economica l'iniziativa di Johnson, partita con le migliori intenzioni, si trasformò in un guaio.

Finora nessuna amministrazione è riuscita e interrompere la spirale che lega l'aumento dell'inflazione a quello delle rette, e quindi del debito studentesco. Nel 2012 l'allora presidente Democratico Barack Obama disse che anche lui e la moglie Michelle si erano dovuti indebitare per pagarsi gli studi universitari: «Pensateci, sono il presidente degli Stati Uniti e ho finito di ripagare i debiti studenteschi solo otto anni fa», disse in un discorso all'Università dell'Iowa. Oggi oltre 43 milioni di persone sono indebitate e devono ripagare in media 35mila dollari ciascuno.

Negli ultimi anni alcuni presidenti hanno provato a risolvere, o perlomeno ridurre, la portata del problema, senza grossi risultati. Nel 2019 per esempio il Repubblicano Donald Trump firmò un ordine esecutivo per cancellare i debiti studenteschi contratti dai veterani con disabilità, mentre nel 2022 il Democratico Joe Biden annunciò un piano per cancellare prestiti per 430 miliardi di dollari, che però fu bloccato dalla Corte suprema. A ottobre del 2023 Biden, in carica dal 2020, ha detto che la sua amministrazione aveva approvato fino a quel momento la cancellazione di debiti per 127 miliardi di dollari, a carico di quasi 3,6 milioni di persone. —

Italoamericani nel Duemila

Claudia Durastanti

58

Claudia Durastanti è scrittrice e traduttrice. Scrive di critica letteraria e culturale su diversi giornali, dal 2020 è autrice della rubrica «Canzoni» su *Internazionale* ed è la curatrice editoriale della casa editrice La Tartaruga. Ha pubblicato i romanzi *Un giorno verrò a lanciare sassi alla tua finestra* (Marsilio, 2010), *A Chloe, per le ragioni sbagliate* (Marsilio, 2013), *Cleopatra va in prigione* (minimum fax, 2016), *La straniera* (La Nave di Teseo, 2019) e *Missitalia* (La Nave di Teseo, 2024).

Nel 2022 *Il padrino* di Francis Ford Coppola ha fatto cinquant'anni, e anche se sono cambiate molte cose in chi si sente e riconosce come italoamericano, un fenomeno è rimasto indiscusso: nelle famiglie americane di origini italiane *Il padrino* è un film natalizio che si guarda tra un cannolo e l'altro. Una specie di *Love Actually* fatto di sparatorie invece che di tradimenti o ricongiungimenti romantici all'aeroporto. Ho ribadito questo concetto davanti a un gruppo di studenti di Italian American Studies, una materia che resta vivace per la sua capacità di ibridarsi con altre discipline, dalla traduzione agli studi postcoloniali, a differenza di dipartimenti di Italianistica che negli Stati Uniti faticano a trovare iscritti. Loro mi hanno fissato alquanto smarriti. Ma è vero: per me, come per tante persone con cui mi sono confrontata negli anni per capire cosa è rimasto dei nostri accenti e della nostalgia verso un certo familismo romantico, *Il padrino* non è mai stato un capolavoro e neanche un film retorico, tossico e machista, ma una cosa che si guardava a Natale insieme ai nonni.

Il fatto è che pochi di quegli studenti provengono da famiglie italoamericane come la mia, oggi: sono ragazze e ragazzi di ascendenza latinoamericana o asiatica, e più che a Marlon Brando e a Mario Puzo pensano ad Antonio Gramsci e a Silvia Federici, quando decidono di iscriversi a Italian American Studies. Oppure a Ocean Vuong, che nel suo romanzo *Brevemente risplendiamo sulla terra* racconta di aver seguito un corso di Letteratura italoamericana al Brooklyn College e di essersi imbattuto in *Cristo fra i muratori* di Pietro Di Donato, un classico del 1939 incentrato sulla piccola epica operaia di alcuni migranti italiani. Per chi appartiene a linee migratorie più recenti, l'arrivo degli italiani negli Stati Uniti rappresenta un mito fondativo in cui provare a riconoscersi, a furia di film e di romanzi. Sarà una storia che io e i miei simili ci siamo raccontati o ci siamo fatti raccontare per trovare un posto più comodo al mondo, ma sta di fatto che la migrazione degli italiani negli Stati Uniti ha lottato duramente contro quella irlandese per imporsi come la madre di tutte le migrazioni e alla fine ha vinto: perché più povera, più sporca, più romantica, ma anche più politicizzata e in fondo più sexy. Eppure anche da queste parti le cose non vanno più come prima e si abbattono le statue di un passato polveroso e patriarcale: oggi nessuno ha voglia di vantarsi che Cristoforo Colombo era italiano e neanche di ricordare quanto sia stato bravo il governatore Andrew Cuomo durante i giorni della pandemia, quando si è imposto come il vero presidente della nazione con i suoi dispacci giornalieri, mentre Donald Trump ci invitava a bere la candeggina. A dire il vero, mentre Colombo è stato pienamente abbattuto perché colonialista e razzista, Cuomo ha avuto qualche difensore in più dopo gli scandali legati al *metoo* che lo hanno destituito tra il 2020 e il 2021.

Una sera ero da Bamonte a Williamsburg, uno di quei ristoranti che provano a difendere un'idea di italianità rimasticata dai *Soprano*, dove i clienti fingono di ignorare i camerieri messicani per illudersi che sia un posto frequentato da allibratori e amici di Martin Scorsese, e ho sentito un signore a un tavolo accanto dichiarare con una certa spavalderia che Cuomo sarebbe tornato presto: non si poteva punire «un vecchio signore italiano solo perché era troppo affettuoso».

Il signore aveva torto, si poteva. Già, ma quante volte lo avevo fatto io? Prima di sviluppare una coscienza femminista e di ammettere che sì, *Il padrino* è pieno di problemi, i *Soprano* sono pieni di problemi, per non parlare della scena dello stupro in *C'era una volta in America*, non sono sicura di aver punito i vecchi signori che frequentavano la casa di mio nonno o tutti gli ambigui zii acquisiti per le loro battute inopportune e gli abbracci troppo calorosi. Era una cosa che veniva con la cultura. Andavano tollerati. E ammetto che persino dinanzi allo scandalo sulle molestie di Andrew Cuomo una parte di me ha avvertito una fastidiosa forma di protezione verso uomini come lui, che appartengono a una fascia anagrafica morente e sulla soglia della sparizione. Uomini con una spavalderia ridicola che non li ha salvati dalle malattie, dalla bancarotta o dall'essere dimenticati. Non l'ho mai detto ad alta voce o messo per iscritto, ma so che nel valutare l'operato di Cuomo non sono stata immune da una specie di indulgenza: è un piccolo obolo che verso per un mondo che non frequenterò mai più, che non è più statisticamente rilevante e che adesso somiglia più all'italianità residua e superficiale di Carmen Berzatto, lo chef quasi anaffettivo della serie *The Bear*. *The Bear* è l'ultima manifestazione di successo dell'italoamericanità, ma non ne fa un motivo centrale o identitario. C'è uno zio che presta dei soldi al protagonista per tenere in piedi un ristorante e ha degli ovvi legami criminali, ma è una circostanza bonaria, non preoccupante, un residuo di «intelligenza da strada» di cui quasi non c'è più bisogno: in *The Bear* si parla di *fine dining*, non di teste di cavallo da far trovare nei letti. E Carmen Berzatto dirà pure «brasciol'» con l'intonazione giusta, ma sembra pronto a perdere gli accenti.

Questa diluizione di identità è quasi una salvezza, tanto da far sperare che i tempi siano maturi per superare un altro dei pilastri dell'identità italoamericana nella cultura di massa: e cioè l'idea che dopo aver tanto trafficato, guadagnato e risalito la scala sociale, la maggior parte degli italoame-

«PER OGNI AUTRICE O AUTORE CHE SI VUOLE "FINGERE" ITALOAMERICANO O CONTINUARE A RACCONTARE I SOGNI SBIADITI DI QUELLA IDENTITÀ, C'È UN ROMANZIERE CHE INVECE VUOLE AFFRANCARSENE.»

ricani diventa inevitabilmente Repubblicana. Pure Andrew Cuomo, anche se in quota Democratica, era Repubblicano nella sua retorica da padre di famiglia col giubbotto di pelle ma dal cuore tenero. Bill de Blasio, il penultimo sindaco di New York, è di origini italiane quel tanto che basterebbe per parlarne sul palco del Festival di Sanremo, e non ha manifestato una grande personalità politica. Un italoamericano non Repubblicano era George Moscone, il sindaco di San Francisco che venne ucciso contemporaneamente all'attivista per i diritti degli omosessuali Harvey Milk nel 1978, ma il suo destino personale ne ha occultato quello politico. La lotta è stata impari ed è andata a vantaggio dei loschi figuri che rivendicano le proprie origini italiane come garanzia di autenticità e di attaccamento ai valori tradizionali, salvo dedicarsi ad attività di corruzione. Come Rudy Giuliani.

Da anni Rudy Giuliani è diventato una nemesi per la parte di me che coltiva la fantasia di scrivere il ritratto romanzesco di una figura politica di spicco. Una fantasia sostenuta da un mio amico convinto che io debba scrivere la mia brutta copia di *Libra*, il capolavoro di Don DeLillo dedicato a Lee Oswald e all'assassinio di JFK, basandomi completamente su Rudy Giuliani, come figura chiave per raccontare cosa diamine è successo agli Stati Uniti dagli anni Novanta in poi. La storia c'è tutta: il ripulitore delle strade dal crimine, l'indipendente diventato Repubblicano più o meno favorevole all'aborto, il padre della nazione e uomo dell'anno in seguito all'11 settembre, il declino come avvocato di Trump, le frequentazioni ambigue, la tinta dei capelli che gli cola sul viso, la disastrosa conferenza stampa davanti a un negozio di giardinaggio il giorno in cui la gang di Trump ha perso le elezioni. Le credenziali le avrei tutte, in teoria: un po' italoamericana, femminista, pronta a prendere congedo da tutto quello che veniva con una cultura e a sbarazzarmi della mia fastidiosa indulgenza. Per ogni autrice o autore che si vuole «fingere» italoamericano (ormai si tratta quasi solo di finzione, per me) o continuare a raccontare i sogni sbiaditi di quella identità, c'è un romanziere che invece vuole affrancarsene: nel mondo letterario è nota la riluttanza di Don DeLillo a farsi ascrivere alla piccola comunità degli autori italoamericani. DeLillo ha sempre sostenuto di essere un romanziere americano senza troppe contaminazioni etniche o preoccupazioni parrocchiali. Nel mondo letterario si sa anche che DeLillo non ama rilasciare interviste o fare presentazioni dei suoi libri, ma all'epoca dell'uscita l'editore gli versò un anticipo stellare per *Underworld* e lo costrinse a fare qualche evento. DeLillo si prestò alla cosa, ma disse che avrebbe letto e basta. E quali pagine di *Underworld* scelse per l'occasione? Solo quelle che parlavano della sua infanzia italoamericana nel Bronx, ovviamente. L'ultima volta che ho festeggiato il Natale negli Stati Uniti non ho visto *Il padrino*, ma sono andata a fare hot yoga dopo essermi mangiata un cannolo da due chili, e mentre sudavo e faticavo a tenere la posizione mi sono messa a ridere e ho pensato che se fossi una delle protagoniste dei *Soprano* oggi morirei così: non per un crimine o un atto passionale, ma per un semplice, comune e banale infarto americano.

La lunga storia della questione razziale

Che prosegue e condiziona la vita
e la politica di tutto il paese

La sera del 25 maggio 2020 Darnella Frazier, una ragazza di 17 anni di Minneapolis, pubblicò sui suoi profili Facebook e Instagram un video di dieci minuti. Mostrava un uomo afroamericano con i polsi ammanettati dietro la schiena, bloccato al suolo da tre poliziotti: uno di loro, poi identificato come Derek Chauvin, gli premeva il ginocchio sul collo. Il video faceva vedere chiaramente che Chauvin aveva mantenuto quella posizione, approvata dal regolamento della polizia locale soltanto in caso di forte opposizione da parte della persona arrestata, anche dopo che l'uomo che stava trattenendo, il 46enne George Floyd, aveva detto chiaramente più volte di non riuscire a respirare. Nel video lo si sentiva dire, tra le altre cose: «Così mi ammazzi.»

Il video dell'omicidio di Floyd da parte di Chauvin, avvenuto di fronte ad altri tre agenti, smentiva la ricostruzione che la polizia di Minneapolis aveva fatto dell'accaduto e, soprattutto, era una rara testimonianza di un abuso mortale della forza da parte degli agenti di polizia. Nell'arco di poche ore fu condiviso milioni di volte: le proteste, iniziate a Minneapolis e accompagnate da alcuni episodi di rabbia e violenza, tra cui l'incendio di un commissariato, si estesero rapidamente nel resto degli Stati Uniti e in diverse città in giro per il mondo, dando inizio a un'estate di proteste che non avevano precedenti nella storia americana recente.

Per la prima volta si cominciò a parlare pubblicamente, e

non solo in piccoli ambienti politicamente radicali, di definanziare, riformare e addirittura abolire la polizia, e per vari mesi il tema delle ingiustizie strutturali subite dalla popolazione afroamericana e dovute a precise scelte e processi storici e politici fu al centro del dibattito nazionale. Nell'arco di 15 giorni dall'omicidio di Floyd aumentò enormemente il sostegno pubblico nei confronti del movimento Black lives matter, che era nato inizialmente nel 2013 come hashtag per protestare apertamente contro gli omicidi delle persone nere da parte della polizia, ma anche contro questioni più ampie come la profilazione razziale, la brutalità della polizia e la disuguaglianza razziale nel sistema giuridico americano. A Seattle i manifestanti arrivarono ad autogestire per settimane la zona attorno a una centrale di polizia occupata. La fondazione Black lives matter, creata per centralizzare le donazioni ricevute da aziende, celebrità e persone comuni, raccolse 90 milioni di dollari soltanto nel 2020.

Il candidato Democratico alla presidenza Joe Biden, che era stato vice del primo presidente afroamericano della storia del paese, si espresse apertamente a favore del movimento. Il suo avversario, il presidente uscente Donald Trump, era stato votato invece nel 2016 da tantissimi elettori bianchi anche come reazione alla sensazione che stesse diminuendo la loro condizione di privilegio e protezione. Trump si schierò altrettanto apertamente contro le proteste, definì Black lives matter «un simbolo d'odio» e disse spesso nei suoi discorsi che lo riteneva un gruppo violento, e dannoso per la comunità afroamericana.

Il problema del razzismo sistemico, che cioè si manifesta attraverso le leggi e i funzionamenti consolidati della società, diventò un tema centrale della campagna elettorale statunitense. Secondo vari studi molti elettori giovani, sia afroamericani che non, decisero di andare a votare per Biden motivati proprio dalla speranza che concretizzasse politiche favorevoli alla popolazione nera del paese. Nella campagna per le

«La percentuale di popolazione che si considera bianca è in diminuzione da decenni: solo tra il 2010 e il 2020 è calata di quasi nove punti percentuali.»

presidenziali del 2024 i Democratici si sono impegnati molto per informare e coinvolgere i potenziali elettori neri, incontrando le comunità e comunicando cosa abbia fatto per loro la presidenza Biden negli ultimi tre anni.

Riavvicinarsi agli afroamericani per i Democratici è fondamentale, perché sono una delle categorie di elettori che negli ultimi anni hanno cominciato a votare un po' meno per loro e un po' più per i Repubblicani. Se nel 2012 il 97 per cento degli elettori neri aveva votato per Barack Obama e nel 2016 il 93 per cento per Hillary Clinton, nel 2020 la percentuale era scesa al 90 per cento. Una diminuzione ancora maggiore si può osservare tra gli elettori che hanno origini centro e sudamericane, l'altra principale minoranza etnica degli Stati Uniti. Nel 2012 il 70 per cento di loro aveva votato per Obama. Nel 2020, solo il 63 per cento ha preferito Biden a Trump.

Dal punto di vista italiano può sembrare strano dare una così grande importanza alla componente etnica nell'analisi dei flussi elettorali: da noi, che abbiamo una popolazione etnicamente molto più omogenea di quella statunitense, non succede mai di andare a guardare le tendenze elettorali della comunità cinese o di quella marocchina. La situazione negli Stati Uniti è molto diversa perché le minoranze non bianche sono molto meno minoranze rispetto a quelle italiane, e il loro radicamento è molto più antico e profondo. L'occupazione dei territori nordamericani, abitati in origine dalle tribù e dalle nazioni indiane, poi la tratta delle persone imprigionate e rese schiave in Africa, e infine le massicce ondate di immigrazione che hanno interessato il Nord America negli ultimi secoli hanno reso gli Stati Uniti un paese molto più eterogeneo del nostro.

I molti gruppi etnici presenti includono persone che vengono da vari paesi, talvolta con storie politiche anche assai diverse tra loro, e non è affatto detto che le persone votino soltanto in base alla propria origine o al colore della propria pelle. Ma per vari motivi storico-culturali, spesso capita che persone della stessa minoranza abbiano un vissuto simile e condividano valori simili, spesso legati alla religione professata, e che alle elezioni votino in modo piuttosto omogeneo.

Nel corso del tempo le classificazioni (utili principalmente a fini statistici e politici) su base etnica della popolazione sono cambiate di frequente. Il più recente censimento, per esempio, ha dato agli intervistati la possibilità di identificarsi in moltissime sottocategorie etniche diverse, ma ha anche chiesto agli intervistati di identificarsi come parte di uno di sette gruppi principali. Il 60 per cento della popolazione intervistata si è dichiarata bianca, il 18 per cento *hispanic or latino* (ovvero con origini di un paese dell'America Centrale o meridionale), il 12 per cento nera o afroamericana, il 6 per cento asiatica, lo 0,6 per cento nativa americana o dell'Alaska, lo 0,2 per cento nativa delle Hawaii o di altre isole del Pacifico, e il 3,3 per cento di due o più etnie.

La percentuale di popolazione che si considera bianca è in diminuzione da decenni: solo tra il 2010 e il 2020 è calata di quasi nove punti percentuali, mentre nello stesso periodo di tempo gli ispanici e gli asiatici sono molto aumentati in proporzione, e gli afroamericani sono rimasti più o meno gli stessi. Secondo alcune proiezioni, per la prima volta nella storia del paese i bianchi smetteranno di essere la maggioranza assoluta della popolazione entro il 2040, e questo è un dato che molte persone bianche vivono con una crescente preoccupazione, in un modo che influenza senza dubbio le loro tendenze elettorali. I Repubblicani ce l'hanno ben presente quando lavorano a leggi volte più o meno esplicitamente a ostacolare il voto delle minoranze etniche, come accade dai tempi dell'abolizione della schiavitù.

La popolazione nera negli Stati Uniti oggi non discende tutta dalle persone deportate dall'Africa come schiavi, ma in larghissima parte sì. Dal XVI secolo in poi si stima che tra i dodici e i tredici milioni di persone africane furono vendute ai commercianti di schiavi europei e trasportate attraverso l'Atlantico per essere acquistate dai coloni europei che si trovavano lì. La maggior parte di loro arrivò in America centrale e meridionale, mentre poco meno di quattrocentomila furono portate direttamente nel Nord America: il primo gruppo di schiavi africani arrivò nella Virginia, allora una colonia inglese, nel 1619.

Inizialmente i coloni trattarono queste persone come servi a contratto, liberandoli dopo un certo numero di anni di lavoro: questa pratica fu però gradualmente sostituita da un sistema in base a cui gli schiavi venivano considerati un «bene mobile», e quindi una diretta e totale proprietà di un padrone, che poteva anche essere lasciata in eredità dopo la morte. La prima colonia a legalizzare la schiavitù fu il Massachusetts, nel 1641, seguita negli anni successivi dalle altre.

Il numero di schiavi – che vivevano in larga parte in condizioni disumane, tra stupri, violenze di ogni tipo, libertà estremamente limitate e lavori pesantissimi – continuò a crescere nel corso del secolo successivo, man mano che le colonie si espandevano verso ovest e che le malattie tropicali venivano debellate. Molti schiavi vennero acquistati nelle isole comprese tra Mar dei Caraibi, Golfo del Messico e Oceano Atlantico (le cosiddette «Indie Occidentali»); moltissimi altri continuarono a essere trasportati dall'Africa alle colonie meridionali (soprattutto Virginia, South Carolina, Georgia e Louisiana); altri ancora nacquero sul continente americano. Al momento della nascita, per legge, erano già schiavi, e in quanto tali erano considerati una proprietà che poteva essere regalata, scambiata, data in pegno, oltre che chiaramente venduta e acquistata.

Già prima della Rivoluzione americana esistevano persone nere che vivevano liberamente nel Nord America: alcune di loro, come Prince Hall, divennero anche intellettuali impegnati attivamente per chiedere l'abolizione della schiavitù, e le discussioni attorno all'etica di possedere schiavi non erano rare. Ciononostante, molti dei cosiddetti padri fondatori del paese, considerati tuttora grandi statisti, possedevano schiavi. Thomas Jefferson, principale autore della Dichiarazione d'indipendenza, ne possedeva oltre duecento. George Washington ne possedeva personalmente 123. Lo stesso si può dire di 17 dei 55 delegati che contribuirono alla stesura dell'attuale Costituzione del paese durante la convenzione di Filadelfia del 1787. Nella Costituzione fu inclusa, non a caso, una clausola che richiedeva alle forze dell'ordine che trovassero uno schiavo fuggito di restituirlo al padrone. Fu invece esclusa l'idea di concedere il diritto di voto agli schiavi, considerati effettivamente alla stregua di proprietà, e non esseri umani, da chi li possedeva.

L'economia delle colonie del Sud – diventate poi stati con la Rivoluzione americana, iniziata nel 1775 e conclusa con la sconfitta dell'impero britannico nel 1783 – dipendeva fondamentalmente dal lavoro degli schiavi, che azzeravano quasi i costi della produzione agricola a scapito della libertà di milioni di persone. Gli stati del Nord, più urbanizzato e industrializzato, ne facevano invece un uso molto inferiore, principalmente come domestici. La convinzione che la schiavitù dovesse essere abolita per il bene dei neri, ma anche dei bianchi e del paese nel suo insieme, cominciò a diffondersi tra gli americani che vivevano negli stati del Nord fin dalla metà del XVIII secolo: il primo stato ad abolirla fu la Pennsylvania, nel 1780. L'importazione di schiavi dall'Africa fu resa invece illegale a livello federale nel 1808.

Negli stati del Sud, invece, la dipendenza dalla schiavitù non fece che aumentare dopo che nel 1790 l'invenzione della sgranatrice permise la coltivazione del cotone a fibra corta, richiestissimo in Europa e nel New England, uno degli stati sulla costa orientale dove stava prendendo piede la Rivoluzione industriale. La richiesta di nuovi schiavi per sostenere questo aumento della produzione portò a un enorme, nuovo mercato interno di schiavi: anche persone nere che avevano ottenuto la libertà vennero rapite e schiavizzate di nuovo.

La schiavitù continuò a essere un tema centrale del rapporto politico tra gli stati americani, tra compromessi e reciproche minacce, fino all'elezione come presidente di Abraham Lincoln nel 1860. La necessità di abolire la schiavitù era una posizione politica ormai molto diffusa sia in Europa che negli stati del Nord, anche grazie alla pubblicazione nel 1852 di *La capanna dello zio Tom*, libro di Harriet Beecher Stowe che fece conoscere per la prima volta a centinaia di migliaia di persone le condizioni di vita brutali della popolazione schiavizzata. Tra la popolazione bianca, però, non era un tema risolto: nel 1857, per esempio, la Corte suprema statunitense sancì l'incostituzionalità di qualsiasi legge federale che vietasse o limitasse la schiavitù, dichiarando tra le altre cose che gli schiavi non erano esseri umani, ma proprietà privata.

Durante la campagna per le elezioni presidenziali del 1860 i Repubblicani guidati da Lincoln sostennero comunque fermamente che la schiavitù avrebbe dovuto essere abolita in tutto il paese. All'epoca, e ancora per un secolo fino agli anni Sessanta del Novecento circa, i Repubblicani e i Democratici avevano una posizione sulle questioni razziali opposta a quella che mostrano oggi, il che può confondere pensando a quanto il razzismo sia più spesso visibile vicino al partito Repubblicano contemporaneo. All'epoca la divisione sul tema della schiavitù era legata essenzialmente alle diverse aree del paese in cui i due partiti erano più radicati: i Repubblicani al Nord, i Democratici al Sud.

Gli stati del Sud interpretarono la volontà di abolire la schiavitù come una violazione dei loro diritti costituzionali: dopo la vittoria dei Repubblicani, sette stati si separarono dall'Unione, formando la cosiddetta Confederazione, che non fu mai riconosciuta da alcun altro paese, nonostante diversi paesi europei dipendessero dalle sue esportazioni di cotone. La guerra civile tra Confederazione e Unione cominciò il 12 aprile 1861 con l'attacco confederato di Fort Sumter, e terminò nel 1865, non prima che Lincoln emettesse un Proclama di emancipazione con cui dichiarò ufficialmente liberi tre milioni di schiavi che vivevano negli stati della Confederazione.

Circa 200mila afroamericani combatterono per l'Unione, guadagnando un diritto alla piena cittadinanza che sarebbe stato poi garantito anche al resto degli afroamericani maschi con il quattordicesimo emendamento, del 1868. Nel 1870, con il quindicesimo emendamento, il diritto al voto di tutti i maschi afroamericani fu sancito a livello federale, con l'esplicita intenzione di proteggerlo da eventuali leggi future che potessero eroderlo. La vittoria dell'Unione creò le condizioni per un breve periodo di progresso per gli afroamericani del Sud, che in stati come il Mississippi e il South Carolina erano la maggioranza della popolazione, e portò anche all'elezione di alcuni uomini neri nel parlamento nazionale: è un periodo noto come *Reconstruction*, «ricostruzione». Ulysses S. Grant, che aveva guidato l'esercito dell'Unione durante la guerra civile, fu eletto presidente nel 1868 anche grazie al voto di settecentomila afroamericani.

La reazione dei bianchi fu però violentissima: nel Sud spuntarono varie organizzazioni paramilitari come il Ku klux

«Fino agli anni Sessanta del Novecento circa, i Repubblicani e i Democratici avevano una posizione sulle questioni razziali opposta a quella che mostrano oggi.»

klan, formate da persone ben armate che avevano partecipato alla guerra dalla parte della Confederazione e condividevano gli obiettivi dei Democratici al punto da essere talvolta definiti il loro esercito privato. Per un decennio, tra il 1868 e la metà degli anni Settanta, usarono tattiche intimidatorie, violenza diffusa, linciaggi e omicidi per allontanare gli afroamericani dalle urne e impedire loro di esercitare i diritti civili e politici. Le loro azioni in alcune aree erano talmente allineate alla volontà dei politici bianchi che, quando nel 1870 il governatore Repubblicano del North Carolina William W. Holden tentò di approvare una legge per far chiudere il Kkk, fu sottoposto a impeachment e rimosso dal suo ruolo.

Dopo le travagliate e contestate elezioni del 1876, i Democratici ripresero il controllo politico degli stati del Sud e approvarono una serie di leggi (dette leggi «Jim Crow» dal nome di un personaggio afroamericano caricaturale del tempo) che annullarono i progressi politici fatti dagli afroamericani negli anni precedenti e implementarono un rigido sistema di segregazione razziale. Uno degli obiettivi centrali di queste leggi era rendere difficilissimo, se non impossibile, votare per i neri, che continuavano a rappresentare una buona percentuale degli stati del Sud e avrebbero quindi avuto una forte influenza sui risultati elettorali. Erano leggi scritte appositamente per aggirare il quindicesimo emendamento; non erano esplicitamente razziste, ma stabilivano comunque dei criteri in base ai quali la popolazione nera sarebbe stata inevitabilmente più colpita.

Gli effetti furono duraturi: alle elezioni del 1910 in Louisiana votarono solo 730 persone nere, ovvero lo 0,5 per cento dei neri che avevano formalmente il diritto di voto. Il partito Repubblicano non vinse una sola elezione in gran parte degli stati del Sud per decenni, dato che i bianchi conservatori del Sud tendevano a votare in blocco per i Democratici, spingendo il partito a destra su vari temi a livello nazionale e formando un potente blocco conservatore nel Congresso, ovvero il parlamento statunitense. Gli afroamericani furono a lungo sottorappresentati nel Congresso, e furono costretti per un periodo altrettanto lungo in condizioni economiche e sociali estremamente svantaggiate. Inoltre, furono vittime di periodici picchi di violenza razziale che sfociava in linciaggi lasciati impuniti e, più raramente, in grossi massacri, come a Colfax e a Coushatta, in Louisiana, tra il 1873 e 1874 e a Tulsa, in Oklahoma, nel 1921, dove un intero quartiere nero particolarmente ricco e autosufficiente venne del tutto distrutto, con case e negozi dati alle fiamme.

La situazione sarebbe cambiata soltanto dopo il Voting rights Act del 1965, con cui il governo federale cominciò a monitorare e modificare le leggi elettorali e le pratiche di registrazione dei voti delle zone in cui gli afroamericani erano stati storicamente sottorappresentati. A rendere possibile l'approvazione di questa legge, quarant'anni dopo il massacro di Tulsa, furono due sviluppi politici importanti.

Il primo è che il partito Democratico e quello Repubblicano cominciarono a «scambiarsi». Storicamente i Democratici, trainati appunto dagli stati del Sud, erano fortemente contrari all'intervento federale e all'estensione di politiche sociali che permettessero alle classi più povere di accedere a programmi federali di assistenza sociale. I Repubblicani invece avevano tendenzialmente sostenuto la necessità dello Stato federale di intervenire sull'economia, soprattutto quando serviva ad andare incontro alle necessità delle grandi aziende, per esempio investendo in grandi infrastrutture pubbliche che rendessero più facile il commercio.

Questo cominciò a cambiare dopo il crollo della Borsa di Wall Street del 1929, da cui scaturì il peggior periodo di crisi economica nella storia degli Stati Uniti, la Grande Depressione. Il presidente Repubblicano Herbert Hoover si oppose all'idea di introdurre degli aiuti federali, ritenendo che i privati fossero più adatti del governo a risolvere la situazione. Quando il suo approccio si rivelò fallimentare, una massa di elettori scontenti – tra cui molti appartenenti a classi sociali e posizioni politiche che fino a quel momento non avevano trovato rappresentazione – votò per il Democratico Franklin Delano Roosevelt, che durante un celebre discorso in campagna elettorale aveva detto di voler «sancire un nuovo patto (New deal) con il popolo americano». Nelle elezioni del 1936, gli afroamericani che potevano votare lo fecero in stragrande maggioranza per Roosevelt: per la prima volta un candidato Democratico alla presidenza vinse con il voto dei neri.

Nel corso di due mandati Roosevelt introdusse il cosiddetto New deal, ovvero un insieme di riforme radicali come un sistema fiscale progressivo più pesante per i ricchi che per i poveri, durato fino agli anni Ottanta, programmi di pensionamento, assistenza e protezione sociale e un rafforzamento dei sindacati. Da una parte queste riforme convinsero diversi elettori Repubblicani a cominciare a votare per i Democratici, e dall'altra allargarono la base degli elettori Democratici a categorie di persone molto diverse dai bianchi razzisti del Sud, tra cui gli appartenenti ai sindacati, che cominciavano a essere piuttosto diffusi.

Questo anche se il New deal non era necessariamente favorevole agli interessi degli afroamericani: quando il governo federale si impegnò a sostenere il mercato immobiliare attraverso i mutui garantiti dallo Stato, per esempio, stabilì che queste agevolazioni non sarebbero arrivate ovunque. I quartieri abitati in gran parte da afroamericani vennero evidenziati in rosso nelle mappe e non avrebbero percepito niente. Ancora oggi, i quartieri esclusi dal cosiddetto *redlining* sono più poveri degli altri, e abitati in larga parte da minoranze etniche.

Ad accentuare ulteriormente lo «scambio» tra Democratici e Repubblicani fu il presidente Democratico Harry Truman, che nel 1948 decise di porre fine alla segregazione razziale nelle forze armate e alla discriminazione all'interno delle agenzie federali con due ordini esecutivi fatti apposta per aggirare l'opposizione del Congresso. Questo portò diversi Democratici del Sud a lasciare il partito, che non si era comunque emancipato formalmente dalle proprie storiche tendenze segregazioniste: nel 1956, per esempio, 101 membri del Congresso tra senatori e deputati sottoscrissero la Dichiarazione dei princìpi costituzionali, promettendo che si sarebbero opposti con ogni mezzo legale a loro disposizione all'integrazione razziale nei luoghi pubblici. 99 dei firmatari erano Democratici. Al contempo, i Repubblicani cominciarono a sviluppare delle strategie, note come *Southern strategy*, per convincere gli elettori bianchi e conservatori del Sud che tradizionalmente avevano sostenuto i Democratici a votare per loro.

Altro fenomeno centrale di quel periodo fu l'emergere di un crescente movimento per i diritti civili, inizialmente animato da una decisione della Corte suprema, il *Brown v. Board of education of Topeka*, che nel 1954 stabilì l'incostituzionalità delle leggi che imponevano la segregazione razziale nelle scuole pubbliche, sostanzialmente ordinando agli stati di permettere agli studenti neri di frequentare le stesse scuole di quelli bianchi. Nei mesi successivi diversi gruppi non violenti per i diritti civili, come la Southern christian leadership conference guidata dal reverendo Martin Luther King Jr., cominciarono a organizzare azioni di massa, come boicottaggi, campagne per iscrivere gli afroamericani alle liste elettorali e marce per chiedere di ampliare e far rispettare i diritti civili dei neri. La polizia rispose spesso con la violenza, reprimendo i manifestanti con manganelli, pungoli elettrici usati normalmente per il bestiame, cani e arresti di massa.

Ciononostante, il 28 agosto 1963 più di 250mila persone parteciparono alla marcia su Washington per il lavoro e la libertà, per chiedere la fine della violenza razziale nel Sud e della brutalità della polizia, ma anche pari opportunità nel lavoro e nell'accesso all'istruzione e agli alloggi pubblici. La crescente pressione pubblica portò l'amministrazione di Lyndon

Johnson ad approvare diverse leggi dall'enorme importanza storica per la comunità afroamericana, tra cui il già citato Voting rights Act e, ancora prima, il Civil rights Act del 1964, che dichiarava illegale la segregazione razziale nelle scuole, sul posto di lavoro e negli alloggi pubblici. Il Voting rights Act ebbe un impatto immediato: entro la fine del 1965 250mila nuovi elettori neri si erano iscritti ai registri elettorali. Un anno dopo in buona parte degli stati del Sud oltre la metà dei potenziali elettori neri si era iscritta nelle liste.

Se l'approvazione di queste leggi cambiò la vita di milioni di persone, aprendo nuove opportunità per tantissimi afroamericani del Sud, non eliminò il risentimento e l'odio razziale di moltissimi bianchi. Né migliorò di molto le condizioni di svantaggio e povertà in cui molte persone nere vivevano anche nel Nord del paese, dove era in corso una «fuga verso i sobborghi» della popolazione bianca che lasciò molto più poveri i centri città, abitati in prevalenza da persone appartenenti a minoranze.

Le tattiche del movimento per i diritti civili si rivelarono inadatte a intaccare queste forme di discriminazione sistemiche. I gruppi più radicali che emersero nelle città anche per cercare di rispondere a questi problemi – come le Pantere nere, gruppo politico marxista-leninista che tra le varie cose organizzò programmi comunitari per fornire istruzione, cure mediche e pasti nutrienti a bambini e ragazzi afroamericani in povertà – vennero considerati dall'Fbi pericolosi per la tenuta interna del paese, e repressi spesso con la violenza.

Gli afroamericani continuarono a rimanere per il resto del Novecento un gruppo in larga parte marginalizzato e spesso attaccato dai politici e dai media conservatori, che descrissero la loro comunità come pericolosa, violenta, pigra e dipendente dagli aiuti statali. Questi stereotipi, uniti a una sottorappresentazione degli afroamericani nel sistema giudiziario e nelle forze di polizia e a varie leggi approvate dall'amministrazione Reagan in poi che criminalizzavano anche reati

«Secondo i dati di dicembre 2023, il 38,6 per cento di tutte le persone detenute negli Stati Uniti è di origine afroamericana, anche se gli afroamericani rappresentano il 12 per cento della popolazione totale.»

non violenti e poco importanti se legati allo spaccio di droga, inaugurarono un periodo di incarcerazione di massa che continua tuttora. Secondo i dati di dicembre 2023 dell'agenzia federale che gestisce le prigioni, il 38,6 per cento di tutte le persone detenute negli Stati Uniti è di origine afroamericana, anche se gli afroamericani rappresentano il 12 per cento della popolazione totale.

Questo ha un effetto diretto sul diritto di voto di migliaia di persone: soltanto in Florida 775mila persone, soprattutto appartenenti alle minoranze, non possono votare perché hanno delle spese giudiziarie in sospeso e non hanno i soldi per ripagarle. In 48 stati, poi, le persone che hanno una condanna penale alle spalle perdono automaticamente il diritto di voto: nella pratica questo vuol dire che nel 2022 4,6 milioni di persone, circa il due per cento dei potenziali elettori, non hanno potuto votare. Molti di loro, per i motivi già citati, sono afroamericani o ispanici.

Con l'elezione di Barack Obama – e prima di lui di Bill Clinton, che ebbe legami molto stretti con alcuni leader del movimento per i diritti civili – molti si convinsero comunque, un po' ingenuamente, che la questione razziale negli Stati Uniti fosse sulla via della risoluzione, e che nel paese si fosse finalmente sedimentata una cultura diffusa di multiculturalismo.

In realtà, quando nell'autunno del 2008 cominciò a diventare evidente che Obama sarebbe davvero potuto diventare il primo presidente nero della storia degli Stati Uniti, mol-

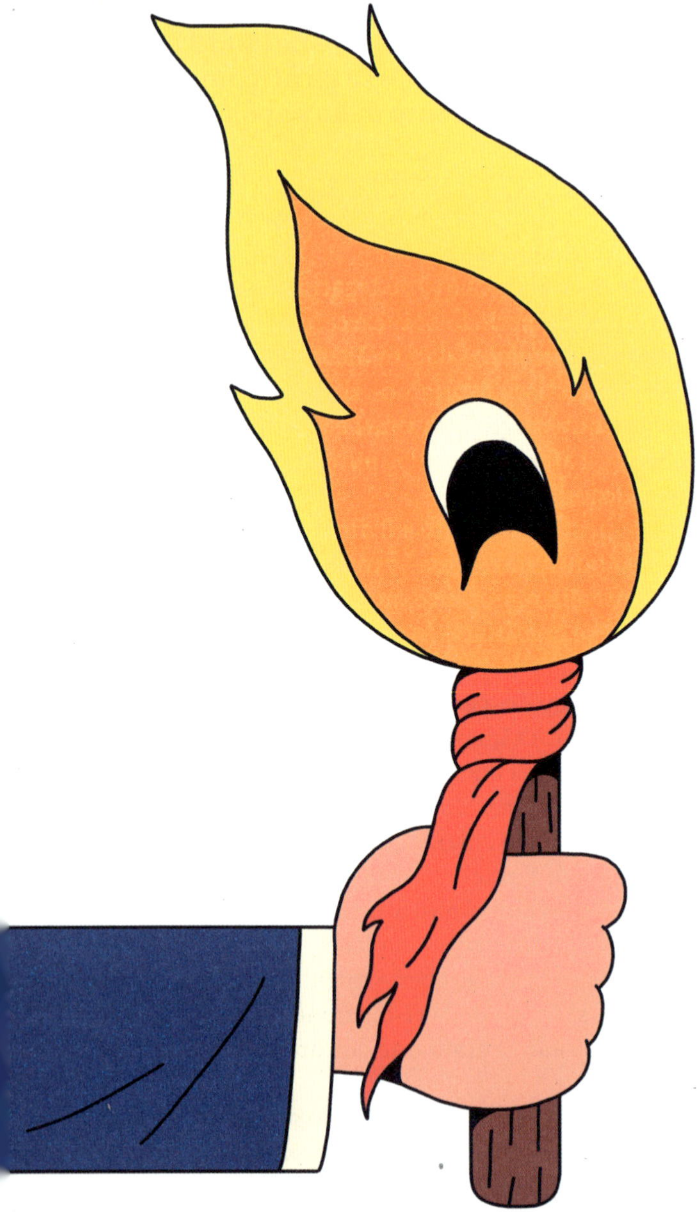

ti americani bianchi non la presero bene. In giro per il paese cominciarono ad apparire cartonati di Obama che penzolava da un cappio. Ai comizi del candidato Repubblicano John McCain e della sua vice Sarah Palin c'erano sostenitori arrabbiatissimi che urlavano loro: «Uccidetelo!», e le minacce di attentati furono molto frequenti.

La presidenza Obama – nato da padre kenyota-americano e madre bianca e statunitense – resta molto rimpianta da gran parte dei suoi elettori, ma deluse una parte di afroamericani che speravano in politiche più radicali per rispondere ai problemi specifici della comunità, a partire dalla violenza della polizia. Ma causò soprattutto una fortissima reazione di paura, odio e violenza da parte di una quota di elettorato bianco conservatore, preoccupato all'idea che i rapporti di potere negli Stati Uniti si stessero trasformando in una direzione contraria ai loro interessi. La crisi economica del 2008, d'altronde, aveva avuto i suoi effetti peggiori nelle zone popolate soprattutto da bianchi meno istruiti: una parte molto influente della classe politica e dei media decise di aiutarli a indirizzare la loro frustrazione verso i cambiamenti demografici in corso, facendo leva su una certa dose di ignoranza e di pregiudizi preesistenti.

L'ascesa di Donald Trump è stata letta in larga parte anche in questo contesto. Trump, un magnate newyorkese che aveva mostrato nel corso degli anni un interesse traballante per entrambi i partiti, inaugurò la sua carriera politica come potenziale candidato Repubblicano alla presidenza nel 2012, sostenendo ripetutamente una teoria del complotto secondo cui Obama non era davvero nato negli Stati Uniti e non era quindi un cittadino americano eleggibile come presidente. Nel 2012 Trump decise di non candidarsi, ma continuò a sviluppare una piattaforma politica fortemente razzista, basata su ripetuti attacchi non solo contro la comunità afroamericana ma anche contro le persone immigrate dall'America Centrale e Meridionale, definite «stupratori» e «criminali», e contro la popolazione di fede musulmana. Il motto della sua campagna per le elezioni presidenziali del 2016, *Make America great again* («Rifacciamo grande l'America»), fu interpretato da molti anche come un richiamo a un tempo in cui la popolazione bianca aveva più potere sulle minoranze.

Trump non ha mai detto esplicitamente di sostenere il nazionalismo bianco, l'ideologia di estrema destra il cui obiettivo è quello di costruire una nazione che tuteli soltanto le identità culturali e religiose della popolazione bianca, né il suprematismo bianco, ovvero quella che sostiene un'innata superiorità delle persone bianche rispetto a tutte le altre. Dopo che David Duke, storico leader del Ku klux klan e noto suprematista bianco, disse in un'intervista che il futuro dei bianchi statunitensi era in pericolo, e che gli sembrava che Trump la pensasse allo stesso modo, Trump prese pubblicamente le distanze da lui. Dopo la marcia di Charlottesville, un grande raduno di estremisti di destra durante il quale fu uccisa una contromanifestante, ci mise qualche giorno a pronunciare un discorso in cui diceva che «il razzismo è il male» e che «quelli che generano violenza nel suo nome sono criminali e delinquenti».

Durante la sua presidenza, ma anche prima e dopo, diversi commentatori fecero però notare che tantissimi dei suoi comportamenti e delle opinioni che esprimeva si allineavano molto bene con gli interessi sia dei nazionalisti bianchi che dei suprematisti bianchi, in un modo che suggeriva quanto meno che Trump sperasse di ottenere i loro voti. Durante l'assalto al Congresso del 6 gennaio 2021, quando una massa di manifestanti di estrema destra attaccò il parlamento di Washington per opporsi all'insediamento del Democratico Joe Biden, molti dei manifestanti vicini a Trump portarono con sé bandiere della Confederazione, furono fotografati nell'atto di fare gesti che inneggiavano al suprematismo bianco, e arrivarono a costruire una forca fuori dal Congresso «per i traditori della patria»: le maggiori condanne per quell'at-

«Il problema è che a scegliere i candidati è la base più fedele del partito, quella che partecipa alle primarie e che condiziona di più le scelte. E questa base del partito Repubblicano diventa invece sempre più conservatrice e sempre più razzista.»

tacco condotto nel nome di Trump riguardarono i leader dei movimenti suprematisti e neonazisti. Inoltre, Trump non ha mai smesso di usare un linguaggio molto razzista per parlare di immigrazione e altre questioni sociali.

Negli ultimi decenni i suprematisti bianchi, i politici che ne amplificano la retorica e gli elettori sensibili a questo genere di discorsi si sono rivolti molto di frequente anche contro altri gruppi etnici, ritenuti responsabili di «rubare il lavoro» agli statunitensi bianchi, di portare violenza, delinquenza e instabilità nel paese, di drenarne le risorse e, sostanzialmente, di trasformare il volto della «vera America».

Con l'aumento demografico di quelle che storicamente sono state minoranze etniche – e in particolare degli ispanici, che hanno il più alto tasso di crescita demografica del paese – e quindi con l'aumento di persone non bianche che hanno il diritto di voto, negli anni i Repubblicani avrebbero potuto cogliere l'opportunità di candidare personaggi moderati, che potessero attrarre anche il voto di afroamericani e ispanici che, per via della loro fede cristiana, potrebbero essere convinti a sostenere politiche conservatrici, ma non apertamente razziste o nativiste. All'interno del partito Repubblicano si discute di questa possibilità da tempo: il problema è che a scegliere i candidati è la base più fedele del partito, quella che partecipa alle primarie e che condiziona di più le scelte. E questa base del partito Repubblicano diventa invece sempre più conservatrice e sempre più razzista.

I politici Repubblicani scelti da elettori sempre meno moderati si sono accorti da tempo che per avere una maggiore probabilità di continuare a vincere qualche seggio, nonostante le loro posizioni politiche non siano molto popolari tra la popolazione generale, la via più sicura è quella di impedire al maggior numero possibile di persone di votare per gli avversari. E questo è reso possibile non solo dalla pratica del gerrymandering, ovvero la modifica strumentale dei confini di un collegio elettorale allo scopo di ottenere la maggioranza dei seggi di un territorio anche senza la maggioranza del consenso (vedi pag. 38), ma anche da una decisione della Corte suprema del giugno del 2013.

Nel caso *Shelby County v. Holder*, la Corte suprema decise infatti di annullare una sezione del Voting rights Act del 1965, quella che obbligava gli stati che hanno una storia di discriminazione razziale a sottoporre qualsiasi modifica alle proprie leggi elettorali ad approvazione federale, prima di metterla in atto. La decisione ebbe un effetto immediato: il giorno stesso il Texas, uno degli stati in questione, promulgò quella che fu definita la legge sull'identificazione degli elettori «più rigida del paese», in cui veniva considerato valido per il voto un numero molto limitato di documenti che includessero una foto.

Dato che nessuno stato emette carte d'identità per tutti i propri cittadini, come succede per esempio in Italia, negli Stati Uniti è molto frequente che qualcuno resti a lungo senza un documento identificativo, o che l'unico sia la patente di guida. Se qualcuno non ha mai preso la patente, perché è troppo povero per avere una macchina o perché vive in centro città (entrambe cose più probabili tra le minoranze etniche che tra i bianchi), è possibile che non abbia un documento di identificazione di alcun tipo. Nel caso del Texas, i documenti che venivano considerati validi per il voto erano una patente di guida o una carta d'identità statale, una licenza per il porto d'armi, un passaporto statunitense, una carta d'identità militare o un certificato di cittadinanza statunitense con una foto. Nel 2016 una corte federale decretò che la nuova legge texana violava il Voting rights Act.

Nel decennio successivo alla sentenza *Shelby County v. Holder*, il Texas, l'Arizona e la Georgia sono diventati i tre stati con il più alto numero di nuove leggi per restringere l'accesso al voto. A queste spinte legislative già esistenti Donald Trump ha cominciato ad affiancare, ancora prima di perdere le elezioni del 2020, una fortissima retorica sulla diffusione di brogli nelle elezioni presidenziali in città come Atlanta, Detroit, Milwaukee, Filadelfia e Pittsburgh, tutte con una grossa popolazione afroamericana. Il senatore Raphael Warnock, primo afroamericano a essere eletto come senatore nella storia della Georgia (nel 2021), l'ha definito «un massiccio e sfacciato attacco ai diritti di voto, come non se ne sono mai visti dai tempi delle leggi Jim Crow».

I Repubblicani sono peraltro diventati sempre più espliciti nell'ammettere che questo genere di leggi è necessario per poter vincere in un sistema bipartitico in cui alcune delle loro politiche non sono condivise dalla maggioranza della popolazione. Già nel 1980 Paul Weyrich, un influente attivista conservatore, disse: «Non voglio che tutti votino. Anzi, la nostra influenza nelle elezioni aumenta abbastanza palesemente quando il numero di elettori diminuisce.»

Ci sono altre tattiche: in Georgia nel 2020 il Repubblicano Brian Kemp ha vinto contro la sfidante Democratica Stacey Abrams, attivista afroamericana diventata nota a livello nazionale per i suoi sforzi per il diritto di voto, annullando i voti di 53mila elettori (il settanta per cento dei quali afroamericani) perché le loro firme non erano identiche a quelle registrate nei sistemi. E con gli stessi obiettivi i Repubblicani si sono opposti all'idea di rendere il giorno delle elezioni un giorno festivo, cosa che avrebbe permesso alle persone che hanno un lavoro dagli orari molto lunghi, o più di un lavoro, di andare più facilmente ai seggi. E hanno cercato di limita-

«Se l'andamento registrato negli ultimi vent'anni dovesse continuare, entro il 2050 gli ispanici potrebbero rappresentare oltre un quarto della popolazione statunitense.»

re il voto per posta, che rende più facile e flessibile votare alle persone che non ne avrebbero altrimenti avuto il tempo. Lo stesso Trump nel 2020 disse che se si fossero introdotte maggiori facilitazioni per votare «nessun Repubblicano sarebbe stato mai più eletto».

Ma oltre agli interessi nell'allargare le opportunità di voto per gli elettori neri, i Democratici sono ancora più attenti al consenso tra gli elettori ispanici, che rispetto agli afroamericani hanno ragioni storiche e sociali meno solide per votare in massa per i Democratici. Quella latina è una comunità dalla storia e dall'esperienza molto più variegata di quella afroamericana: ne fanno parte i discendenti di chi viveva già in territori ispanofoni quando furono annessi dagli Stati Uniti (come buona parte del New Mexico) fino a chi è arrivato nel paese come rifugiato politico (come molti venezuelani e cubani ostili ai governi comunisti nei loro paesi d'origine). Ma anche tantissime persone che sono emigrate negli ultimi decenni per ragioni economiche o per fuggire alla violenza che in certe regioni dell'America latina è endemica. Negli ultimi decenni, però, il forte aumento demografico tra gli ispanici è stato dovuto non tanto all'aumento dei flussi migratori, quanto alle nuove nascite. Se l'andamento registrato negli ultimi vent'anni dovesse continuare, entro il 2050 gli ispanici potrebbero rappresentare oltre un quarto della popolazione statunitense.

Ci sono tre tendenze comuni a livello nazionale. La prima è che gli elettori ispanici tendono a essere anagraficamente più giovani, dato che secondo il più recente censimento l'età media è trent'anni. Cercare di attirare il voto dei latinos vuol dire quindi anche cercare di attirare il voto giovanile e pensare alle generazioni che non possono ancora votare. La seconda è che gli ispanici storicamente tendono a votare meno di altre minoranze etniche, ma qualcosa sta cambiando: nel 2020 ha votato quasi un terzo in più degli ispanici che avevano diritto di farlo rispetto al 2016.

La terza, che è anche quella che interessa di più ai partiti oggi, è che gli ispanici sono una comunità dalle posizioni politiche tendenzialmente moderate e temono i candidati più radicali, sia a destra che a sinistra. Per questo motivo hanno una più alta probabilità di cambiare partito di elezione in elezione (il cosiddetto *swing vote*, «voto altalenante»). È comunque statisticamente più probabile che votino per i Democratici, ma il trenta-quaranta per cento degli ispanici può essere convinto a cambiare partito di fronte a un candidato che appaia più moderato sui temi che gli interessano.

I temi in questione sono soprattutto economici: alla maggioranza dei latinos, insomma, interessa che l'economia sia stabile o in crescita, ed è un'aspettativa su cui Trump aveva insistito molto per attirare il loro voto nel 2020. Ma secondo molti sondaggi, rispetto alle questioni socioeconomiche centrali – l'accesso all'aborto e alle cure sanitarie, la regolamentazione delle armi e il contrasto al cambiamento climatico – una forte maggioranza della comunità è allineata alle posizioni dei Democratici, tendenzialmente più progressiste. E i Repubblicani potranno fare sempre meno leva anche sul fatto che storicamente gli ispanici sono stati in maggioranza cattolici: tra il 2010 e il 2022 il numero di latinos che si professano di religione cattolica è infatti diminuito dal 67 al 43 per cento, e oggi il trenta per cento non segue nessuna religione.

Nel 2022 l'agente di polizia Derek Chauvin è stato condannato a 21 anni di carcere per l'omicidio di George Floyd. —

L'assalto al Congresso

Porte abbattute, folle che si accalcano su scale monumentali, gente comune mescolata a bizzarri personaggi con corna in testa, sparatorie, agenti di polizia aggrediti, deputati e senatori spaventati che vengono scortati al sicuro: le immagini del 6 gennaio 2021 sono già diventate un pezzo della storia di questo millennio degli Stati Uniti, e il «6 gennaio» si è aggiunto al più famigerato «11 settembre» tra le date che evocano un evento memorabile e un giorno particolare. Ma fino al 2021 il 6 gennaio americano era solo una data convenzionale per un evento politico quasi di routine, per quanto tradizionale e solenne.

Come ci viene spiegato ogni quattro anni nelle dirette televisive che seguono e cercano di spiegare le elezioni presidenziali americane, gli elettori degli Stati Uniti non votano direttamente per un candidato presidente o un altro: benché i nomi dei candidati si trovino sulle schede, il sistema elettorale prevede che in ciascuno stato vengano assegnate al vincitore delle quote prefissate di «grandi elettori», che poi a loro volta esprimeranno un voto per i candidati presidenti. Gli «elettori» hanno dichiarato in precedenza quella loro preferenza, che non è vincolante ma ha offerto rarissime sorprese storiche. Questa serie di passaggi è quindi nella pratica solo formale, ma è molto celebrata per il suo valore simbolico di applicazione della volontà popolare: a dicembre – dopo le elezioni di novembre – i 538 elettori scelti votano per i loro candidati presidente e vicepresidente; il risultato di quel voto viene poi tradizionalmente conteggiato e annunciato in una sessione congiunta di Camera e Senato – presieduta dal vicepresidente degli Stati Uniti, che è anche presidente del Senato – il 6 gennaio successivo; poi il 20 gennaio, se non è domenica, il presidente e il vicepresidente si insediano con la cerimonia pubblica del giuramento.

Il 6 gennaio 2021 la sessione era prevista per certificare l'elezione a presidente del candidato Democratico Joe Biden, che aveva prevalso nelle elezioni di due mesi prima sul presidente uscente Repubblicano Donald Trump. Le operazioni di spoglio iniziarono regolarmente intorno all'una, con la lettura dei risultati di ciascuno stato in ordine alfabetico: Alabama, Alaska, Arizona... Arrivati ad Arizona due parlamentari Repubblicani – un senatore e un deputato – presentarono un'opposizione formale alla conferma dei risultati: l'Arizona era uno dei cinque stati nei quali una campagna di disinformazione promossa dal presidente Trump aveva sostenuto ci fossero state delle irregolarità che avevano favorito Biden, e alcuni deputati vicini a Trump avevano annunciato che si sarebbero opposti alla validazione di quei risultati. In simili casi questo genere di opposizione viene messo ai voti in ciascuna delle due camere, e quindi già all'una e un quarto la sessione congiunta era stata sospesa e i parlamentari si erano separati per votare nelle rispettive camere.

La strategia di rallentare le operazioni di conteggio era stata progettata da collaboratori e politici vicini al presidente Trump. Trump aveva iniziato a contestare il risultato elet-

«La manifestazione del 6 gennaio iniziò come previsto la mattina nello spazio dell'"Ellissi", la grande area a prato che separa il giardino della Casa Bianca dal Mall.»

torale già la notte delle elezioni, formulando e rilanciando accuse di brogli in diversi stati, tutte dimostrate infondate: ma per tutte le settimane successive aveva dichiarato «rubato» il risultato, presentando decine di ricorsi alle più varie corti – tutti respinti, spesso con formulazioni molto severe rispetto alla loro pretestuosità –, mobilitando i suoi sostenitori in un'ininterrotta protesta e invitandoli a una manifestazione contro la ratifica il 6 gennaio a Washington. All'organizzazione e alla promozione della manifestazione si erano aggregati diversi protagonisti, da politici vicini a Trump stesso a suoi collaboratori, a suoi ricchi finanziatori, a gruppi radicali di estrema destra e suprematismo bianco, antisemiti e neonazisti. Questi in particolare iniziarono a progettare una partecipazione armata e militare, comunicando l'intenzione di impedire la ratifica dei risultati a ogni costo e con ogni mezzo, tra l'indulgenza di Trump e l'accoglienza degli altri coinvolti nella manifestazione. I progetti più clandestini organizzarono strategie militari e attacchi armati, ma nelle settimane precedenti il 6 gennaio le intenzioni di «attaccare il Congresso» e impedire il «furto delle elezioni» a costo di combattimenti e violenze furono estesamente promosse e pubblicate sui social network dai sostenitori di Donald Trump: comprese minacce nei confronti di molti politici, a cominciare dal vicepresidente Mike Pence a cui veniva chiesto di impedire la seduta del Congresso. A Washington ci si preparò alla possibilità di proteste violente e scontri: il sindaco e le autorità cittadine sconsigliarono agli abitanti di muoversi nelle aree intorno al Campidoglio, sede del Congresso, e della Casa Bianca. Ma molti dei corpi di polizia e degli uffici responsabili delle misure di sicurezza facevano capo a istituzioni governative, ovvero all'amministrazione Trump ancora in carica, che sarebbe poi stata accusata di non avere preparato adeguatamente una difesa contro quello che sarebbe successo e di avere invece provveduto a garantire la protezione dei manifestanti, accusa complementare a quella rivolta al presidente di avere personalmente incentivato le violenze e l'insurrezione.

La manifestazione del 6 gennaio iniziò come previsto la mattina nello spazio dell'«Ellissi», la grande area a prato che separa il giardino della Casa Bianca dal Mall, la lunga area verde che termina al Campidoglio, dove erano previste le operazioni di conteggio dei voti. Diversi politici Repubblicani intervennero con discorsi aggressivi che invitavano a «combattere» e a opporsi al risultato delle elezioni. A fine mattinata intervenne Trump, ancora negando il risultato delle elezioni, chiedendo al vicepresidente Pence di non permettere la sua ratifica e ai manifestanti di portare la protesta al Campidoglio, a due chilometri da lì, verso il quale si erano già diretti diversi di loro. Le parole di Trump espressero chiaramente il progetto di manifestare al Congresso per impedire il conteggio dei voti e intimidire i parlamentari, ma senza esplicitare l'uso della forza se non con espressioni ambigue, soprattutto quella di «combattere»: e questa ambiguità sarebbe poi divenuta centrale nei processi sulle responsabilità di Trump nell'istigare l'attacco.

Trump stava ancora parlando quando, poco dopo l'una, i primi manifestanti appartenenti alle organizzazioni fasciste e suprematiste Proud boys e Oath keepers cominciarono un attacco premeditato al palazzo del Campidoglio, sfondando transenne e recinzioni, spaccando porte e vetrate, arrampicandosi sull'edificio. Le poche e poco armate forze di polizia a difesa del Campidoglio – due bombe abbandonate nei dintorni avevano funzionato da diversivo – vennero rapidamente travolte e respinte con violenza dalla folla che dopo le due iniziò a entrare, centinaia di persone, dentro la parte dell'edificio che ospita il Senato degli Stati Uniti: poco dopo vennero sfondate altre entrate nei pressi degli spazi della Camera dei rappresentanti e sul lato opposto del Campidoglio.

Nei minuti successivi accadde di tutto, mentre mezzo mondo seguiva le impressionanti dirette televisive: appunto, le dirette televisive più incredibili e impressionanti provenienti dagli Stati Uniti dall'11 settembre 2001. Militanti in assetto da guerriglia, «normali» sostenitori di Trump, personaggi da circo (su tutti divenne famoso «lo sciamano», Jacob Chansley, un 33enne con la faccia dipinta e un copricapo di pelliccia con le corna) invasero gli uffici e le sale del parlamento come se fossero in gita, portando via oggetti e «ricordi», facendosi fotografie, distruggendo di tutto, e terrorizzando i parlamentari, che riuscirono a scappare o rifugiarsi al sicuro: alcuni dei manifestanti si aggirarono cercando in particolare il vicepresidente Pence. Un video tra i più famosi dei molti circolati di quelle ore mostra l'agente di polizia Eugene Goodman che avverte il senatore Mitt Romney di fuggire mentre riesce ad allontanare gli assalitori dall'aula del Senato. Circa 1.200 persone entrarono nell'edificio, mentre quasi diecimila parteciparono all'assedio intorno, secondo i calcoli dell'Fbi.

Commentatori e osservatori avevano iniziato a parlare di «insurrezione» e «colpo di Stato», e molti politici – anche Repubblicani, anche vicini a Donald Trump – cominciarono a rendersi conto della dimensione dell'attacco alle istituzioni democratiche e a chiedere al presidente Trump – che nel frattempo aveva continuato a diffondere proclami bellicosi su Twitter – di ordinare ai suoi sostenitori di ritirarsi. Trump diffuse un video dopo le quattro del pomeriggio ripetendo che l'elezione era stata rubata, ma chiedendo agli insorti di «tornare a casa», e aggiungendo *I know your pain* e *we love you*. Ma al Congresso erano ancora in corso attacchi contro la polizia e scontri; soltanto dopo le sei gli assalitori furono allontanati dal palazzo, e alle otto la seduta delle camere congiunte riprese. Dopo che fu completato il voto sulle opposizioni – che vennero respinte – il conteggio dei voti proseguì e terminò alle 3:39 del mattino, con la dichiarazione da parte del Congresso di Joe Biden come presidente degli Stati Uniti.

Una donna, Ashli Babbitt, era stata uccisa da un agente di polizia mentre cercava con altri assalitori di entrare nell'aula della Camera, dove i deputati non erano stati ancora messi in salvo. Un agente morì per un infarto il giorno dopo essere stato aggredito dagli insorti con uno spray urticante. Altre tre persone morirono durante l'attacco all'edificio, una per overdose e due per collasso cardiaco. Quattro agenti di polizia coinvolti negli scontri si uccisero nei mesi successivi. Donald Trump fu sottoposto a un impeachment – per la seconda volta – per il suo ruolo nell'attacco, ma il Senato lo assolse: la maggioranza votò per la condanna, ma non ottenne il sostegno necessario dei due terzi dei senatori. Trump è tuttora imputato in un'inchiesta federale per una serie di reati connessi al suo ruolo il 6 gennaio 2021. Più di 1.200 persone sono state accusate di vari reati legati all'attacco, e circa novecento condannate nei tre anni successivi: con decine di condanne tra i tre e i sette anni di carcere e anche oltre i dieci anni per alcuni leader dei gruppi fascisti e neonazisti e per le persone responsabili degli attacchi più violenti contro gli agenti di polizia.

COM'È FATTO IL CONGRESSO

Il Congresso, col suo nome un po' fuorviante per gli italiani, è l'assemblea legislativa degli Stati Uniti, il loro parlamento: e si compone di due organi, la Camera dei rappresentanti e il Senato. Entrambi hanno la sede a Washington nello stesso edificio, il Campidoglio, che trovandosi al limitare di un'area sopraelevata della città (Capitol Hill) deve apparentemente il suo nome al desiderio di citare il colle del Campidoglio romano, ma ci sono teorie con più sfumature. Ai suoi piedi c'è invece il Mall, il grande parco su cui si affacciano molti musei e dove si svolgono le più importanti manifestazioni e le cerimonie di insediamento dei presidenti.
Il Senato ha 100 senatori con diritto di voto, mentre la Camera ha 435 membri, che vengono chiamati anche «rappresentanti», *representatives*, o anche *congressmen* e *congresswomen* (malgrado il Congresso sia l'intero parlamento, questi termini non si usano per i senatori). Oltre a questi, può partecipare al voto al Senato, nel caso di un risultato in parità, il vicepresidente degli Stati Uniti, mentre la Camera ha 6 membri senza diritto di voto che rappresentano il District of Columbia e i territori degli Stati Uniti (Porto Rico, Isole Vergini Americane, Guam, Samoa Americane e Isole Marianne Settentrionali).
Il rinnovo del Congresso ha dei tempi un po' complicati: il mandato dei membri della Camera dura due anni e ogni due anni si svolgono le elezioni relative, in corrispondenza delle elezioni presidenziali o in quelle che sono chiamate elezioni di metà mandato (che si tengono appunto a metà del mandato presidenziale). L'incarico dei senatori dura invece sei anni, ma la composizione del Senato è aggiornata parzialmente ogni due anni, quando viene rinnovato un terzo dei componenti.
I 50 stati degli Stati Uniti sono divisi in 435 collegi elettorali (più propriamente chiamati Congressional district), che

eleggono con un sistema uninominale i 435 membri della Camera dei rappresentanti. Gli stati non hanno tutti lo stesso numero di collegi, ma il numero dipende dalla popolazione: in California per esempio ce ne sono 52, in stati poco abitati come l'Alaska o il Delaware solo uno. Ogni stato invece elegge due senatori, a prescindere da popolazione e dimensioni (e questo genera secolari discussioni sulla diseguale rappresentanza che ne consegue). I requisiti per essere eletti sono un'età superiore ai 25 anni alla Camera e ai 30 al Senato, che si abbia la cittadinanza statunitense da almeno 7 (Camera) o 9 anni (Senato), e che si risieda nello stato in cui si è candidati. Non esiste un limite al numero dei mandati dei membri del Congresso (il Democratico John Dingell si ritirò nel 2015 dopo 59 anni alla Camera), che tradizionalmente hanno quasi sempre fatto parte dei due partiti maggiori, Democratico e Repubblicano; ci sono solo rari casi di membri eletti come indipendenti e meno ancora di appartenenti ad altri partiti (nel 2024 sono tre, una indipendente che ha lasciato i Democratici e due eletti come indipendenti nelle primarie Democratiche).
Le leggi devono essere approvate da entrambi i rami del Congresso, e poi controfirmate dal presidente degli Stati Uniti, che ha il potere di veto, cioè di rinviare alle Camere provvedimenti sui quali non è d'accordo; se le Camere li confermano con la maggioranza dei due terzi entrano comunque in vigore malgrado il parere del presidente.
Camera e Senato hanno comunque alcune funzioni specifiche: il Senato ratifica i trattati internazionali e conferma le nomine di competenza presidenziale, mentre solo la Camera ha il potere di proporre nuove leggi in materia finanziaria e fiscale. La Camera può avviare la procedura di impeachment (la procedura con cui si può mettere in stato di accusa il presidente, il vicepresidente o membri del governo e giudici federali), con il voto della maggioranza semplice, mentre poi il processo di impeachment vero e proprio si tiene al Senato, dove è necessaria la maggioranza dei due terzi per arrivare a una condanna, ovvero alla rimozione dall'incarico.
Il Congresso ha poi poteri di governo sul District of Columbia, il distretto amministrativo che comprende la città di Washington, che ha un'amministrazione distinta da quelle degli stati.

Le incredibili elezioni presidenziali del 2000

Ci volle un mese perché Al Gore riconoscesse la vittoria dell'avversario Repubblicano George W. Bush, dopo molte contese legali

«Questa sera, per il bene della nostra unità come popolo e della forza della nostra democrazia, riconosco la sconfitta.» Il 13 dicembre del 2000 il candidato Democratico Albert Arnold Gore Jr., noto come Al Gore, riconobbe la vittoria dell'avversario Repubblicano George W. Bush con un discorso che mise fine a un lungo e convulso confronto sul risultato delle elezioni presidenziali. Il voto si era tenuto il 7 novembre, ma per oltre un mese i cittadini statunitensi erano rimasti senza sapere chi sarebbe stato il loro prossimo presidente.

Ancora oggi le elezioni statunitensi del 2000 sono ricordate come tra le più caotiche nella storia del paese, e vengono spesso citate quando si parla di problemi legati alle procedure di voto o di campagne elettorali molto combattute. I risultati di Bush e Gore erano vicinissimi e per stabilire un vincitore furono intentate decine di cause legali riguardo a quali schede elettorali potessero essere considerate valide e a come effettuare i conteggi. Terminarono solo grazie a una sentenza della Corte suprema. L'attenzione si concentrò fin da subito sullo stato della Florida, dove i due candidati erano separati da poche centinaia di voti. Alla fine Bush vinse nello stato con un margine di soli 537 voti, su oltre sei milioni di voti espressi.

Bush si era candidato da governatore del Texas. Proveniva da una famiglia con una lunga tradizione politica: il padre era

George H.W. Bush, vicepresidente nelle due amministrazioni di Ronald Reagan, tra il 1981 e il 1989, e poi presidente fino al 1993, suo fratello Jeb Bush era governatore della Florida. George W. Bush fu il primo governatore del Texas a essere rieletto per un secondo mandato, ma oggi viene ricordato soprattutto per i suoi turbolenti anni da presidente, caratterizzati da un forte impegno militare degli Stati Uniti in Medio Oriente dopo gli attacchi terroristici dell'11 settembre 2001 e segnati dal catastrofico uragano Katrina e dall'inizio della crisi finanziaria del 2008.

Gore invece era stato deputato per il Tennessee e dal 1993 era vicepresidente nell'amministrazione di Bill Clinton, che stava terminando il secondo mandato. L'amministrazione di Clinton e Gore aveva raggiunto risultati economici molto positivi: nel 2000 il governo aveva annunciato un surplus di bilancio – semplificando, una situazione in cui il governo «incassa» più di quello che spende – di 230 miliardi di dollari, un risultato davvero notevole. Clinton però era uscito molto indebolito dalla procedura di impeachment avviata a suo carico nel 1998 a causa della sua relazione extraconiugale con la stagista della Casa Bianca Monica Lewinsky, al tempo 22enne. L'impeachment è la procedura prevista dalla Costituzione americana per rimuovere un presidente in carica colpevole di gravi reati.

Alla fine Clinton non fu rimosso dall'incarico, ma la storia creò un grosso scandalo politico e occupò il dibattito pubblico per mesi (vedi pag. 182).

Gore aveva una personalità poco carismatica e a volte goffa. Durante la campagna elettorale fu spesso citata una sua intervista con la rete televisiva *CNN* del 1999, in cui aveva detto: «Durante i miei anni da senatore, presi l'iniziativa di creare internet.» I sostenitori di Bush sfruttarono la frase, mal formulata (Gore era stato un precoce esperto di computer e di innovazioni digitali, e aveva lavorato molto alla loro introduzione e promozione da parte delle istituzioni e della politica), per presentare Gore come un megalomane che sosteneva di avere «inventato internet».

Nel corso della sua carriera politica Gore fu anche molto attento ai temi ambientali e curò varie iniziative di sensibilizzazione sia prima che dopo le elezioni del 2000. Il suo vicepresidente sarebbe stato Joe Lieberman, senatore ed ex procuratore generale del Connecticut, noto per essere stato particolarmente critico nei confronti del presidente Clinton.

La campagna elettorale fu in gran parte basata su temi interni, come le pensioni, le tasse o il sistema sanitario, mentre la politica estera rimase sullo sfondo. Gore puntò sui risultati economici positivi dell'amministrazione Clinton, ma fu messo in difficoltà dall'ancora recentissimo impeachment del presidente. Bush invece fu accusato di non avere abbastanza esperienza politica per guidare il paese. Per mesi i sondaggi furono altalenanti, e nessuno dei due candidati riuscì a guadagnare un vantaggio stabile: il giorno prima del voto il *New York Times* definì l'elezione come «una delle più combattute dell'ultimo secolo».

Il 7 novembre Bush seguì lo spoglio dei voti da Austin, in Texas, mentre Gore era a Nashville, in Tennessee. Divenne subito chiaro che lo stato più importante da tenere d'occhio era la Florida, i cui 25 grandi elettori sarebbero stati fondamentali per entrambi i candidati.

Per capire perché la Florida fosse tanto importante è necessario ricordare come funziona il sistema elettorale negli Stati Uniti, piuttosto articolato. Non per forza il candidato che ottiene più voti a livello nazionale vince l'elezione: sem-

«Verso le 20 del 7 novembre, subito dopo la chiusura dei seggi, i principali network televisivi annunciarono che Gore aveva vinto in Florida, sulla base degli exit poll.»

plificando, ogni stato federale attribuisce al candidato che vince in quello stato un certo numero di grandi elettori, e alla fine viene eletto il candidato che ottiene la maggioranza assoluta di questi grandi elettori, ossia almeno 270. Lo stato con il maggior numero di grandi elettori è la California, che ne esprime 54 e negli ultimi trent'anni è sempre stata vinta dai Democratici. Altri stati meno popolosi, come il Vermont o il Delaware, esprimono solo tre grandi elettori.

Inoltre negli Stati Uniti i risultati delle elezioni sono annunciati dai media, quindi dai giornali e soprattutto dalle reti televisive sulla base delle proprie proiezioni, creando in alcuni casi un po' di confusione (quelli ufficiali si possono far attendere alcuni giorni o anche alcune settimane).

Verso le 20 del 7 novembre, subito dopo la chiusura dei seggi, i principali network televisivi annunciarono che Gore aveva vinto in Florida, sulla base degli exit poll. Poco dopo fu annunciata la vittoria di Gore anche in altri stati molto popolosi, come la Pennsylvania e il Michigan, rendendo praticamente certa la sua elezione. Nelle sedi del partito Democratico si iniziò a festeggiare.

Alcuni membri del comitato elettorale di Bush chiamarono però i propri contatti nelle redazioni televisive, sostenendo che il risultato in Florida fosse molto più incerto di come era stato presentato. Verso le 21 la Florida fu riportata tra gli stati ancora in bilico e poco dopo l'una di notte la vittoria fu attribuita a Bush, anche se i voti di alcune contee tradizionalmente Democratiche non erano ancora stati scrutinati. Gore, convinto di essere stato sconfitto, chiamò Bush per congratularsi.

Poco dopo però ci fu un'altra sorpresa: con il proseguire dei conteggi il vantaggio di Bush in Florida si ridusse moltissimo, tanto che le tv furono costrette a ritrattare di nuovo il risultato finale dell'elezione. Alle 2:30 Gore richiamò Bush per dirgli che la sua vittoria non era più sicura. «Mi state dicendo che ritirate le vostre congratulazioni?», disse Bush, incredulo, spiegando che suo fratello Jeb, governatore della Florida, gli aveva confermato la sua vittoria. «Ti spiego una cosa: non decide tuo fratello», rispose Gore.

L'8 novembre, al termine degli scrutini, Bush risultò il vincitore in Florida, ma con un vantaggio così piccolo da rendere necessario per legge un riconteggio elettronico, in seguito al quale Bush risultò di nuovo vincitore per poche centinaia di voti, troppo pochi per non implicare uno strascico legale. La situazione entrò in stallo, dato che il conteggio dei voti era sostanzialmente finito senza un vincitore: Gore aveva vinto il voto popolare, ossia aveva ottenuto più voti in termini assoluti rispetto a Bush, ma in mancanza di un verdetto sulla Florida nessuno dei due aveva raggiunto la soglia dei 270 grandi elettori necessari per essere eletto.

Gore chiese quindi che ci fosse un riconteggio manuale dei voti in quattro contee, dando inizio a una disputa giudiziaria tra le squadre dei due candidati che si sviluppò tra numerose sentenze e ricorsi. Si discusse anche delle modalità con cui valutare le schede, dato che non esistevano standard univoci per contare manualmente i voti.

In alcune contee per votare era necessario perforare uno spazio apposito posto vicino al nome del candidato scelto: durante i riconteggi questo causò molti problemi, dato che alcune schede non erano state completamente perforate (il pezzetto di carta che avrebbe dovuto essere rimosso era rimasto parzialmente attaccato alla scheda) e altre erano solo segnate, ma non perforate.

Si discusse molto anche delle «schede farfalla» usate nella contea di Palm Beach, dove è probabile che un difetto nell'impaginazione avesse portato molti elettori Democratici a votare per il candidato indipendente conservatore Pat Buchanan invece che per Gore.

La stampa si occupò a lungo di questi problemi, e improvvisamente molte persone divennero esperte di questioni tecniche legate alle schede elettorali. Il termine *chad*, ossia il pezzettino di carta che doveva staccarsi dalle schede, entrò nell'uso comune e si diffusero espressioni come *hanging chad* (quando solo un angolo rimane attaccato), *swinging door chad* (quando due angoli rimangono attaccati) e *pregnant chad* (quando il pezzo non si è staccato ma è solo rimasto segnato con una piccola escrescenza).

Oltre alle numerosissime cause legali ci furono molte proteste. Il 22 novembre centinaia di persone, in gran parte uomini bianchi in giacca e cravatta, si riunirono a Miami fuori dall'edificio in cui era in corso il riconteggio manuale dei voti. Chiedevano di fermare le operazioni, sostenendo che fossero illegittime, e ci riuscirono: il giorno successivo i funzionari annunciarono che avrebbero smesso di contare, anche a causa di problemi pratici e della mancanza di tempo.

La protesta è nota come Brooks Brothers riot, dal nome di un noto marchio di abbigliamento elegante da uomo. In seguito si scoprì che molti manifestanti erano dipendenti del partito Repubblicano che erano stati pagati appositamente per partecipare.

Il 26 novembre la segretaria di Stato della Florida, Katherine Harris – che nel frattempo era diventata molto nota al pubblico statunitense, ed era un'aperta sostenitrice di Bush – dichiarò che Bush aveva vinto con un margine di 537 voti, sugli oltre sei milioni di voti espressi dagli abitanti dello stato.

Le dispute però andarono avanti. L'8 dicembre la Corte suprema della Florida decise che sarebbe stato necessario ricontare almeno parte dei voti in tutte le contee dello stato, ma la decisione fu ritenuta incostituzionale dalla Corte suprema degli Stati Uniti, nel controverso caso *Bush v. Gore*. Si avvicinava intanto il termine ultimo consentito per stabilire il risultato finale dell'elezione, fissato per il 12 dicembre.

La decisione della Corte suprema di fermare il riconteggio mise fine alle contese e di fatto decise il risultato delle elezioni presidenziali. Venne confermata la vittoria di Bush per 537 voti: il 13 dicembre del 2000, oltre un mese dopo il giorno del voto, Gore telefonò a Bush e riconobbe la sconfitta. «Gli ho promesso che stavolta non l'avrei richiamato», disse nel suo discorso.

Negli anni successivi furono fatti molti studi e indagini giornalistiche per cercare di capire chi avesse davvero vinto in Florida: alcuni sostengono che, se fosse stato fatto un riconteggio completo di tutti i voti espressi nello stato, Gore avrebbe vinto. Ma un eventuale rovesciamento del risultato stabilito dalla Corte suprema non è mai stato davvero preso in considerazione.

Il primo mandato di Bush, iniziato con un'elezione a dir poco anomala, si rivelò molto turbolento. L'11 settembre del 2001 la sua presidenza dovette affrontare gli attacchi terroristici compiuti da al Qaida contro le Torri Gemelle di New York e il Pentagono, la sede del dipartimento della Difesa, a Washington. Negli attentati rimasero uccise quasi tremila persone: fu un evento che segnò profondamente l'opinione pubblica americana e internazionale e che ebbe conseguenze enormi e durature sulle scelte di politica estera degli Stati Uniti.

Nel giro di pochi mesi Bush iniziò la «guerra al terrore»: a ottobre del 2001 l'esercito avviò un'operazione militare in Afghanistan per combattere al Qaida e il suo capo Osama bin Laden, e nel 2003 invase l'Iraq per deporre il presidente Saddam Hussein, accusato di possedere un arsenale di armi chimiche, biologiche e forse nucleari che avrebbe potuto essere usato contro gli Stati Uniti (accuse che furono in gran parte smontate).

Il vicepresidente di Bush fu Dick Cheney, noto per il suo atteggiamento interventista: entrambe le guerre proseguirono per decenni e fallirono nell'instaurare dei regimi democratici solidi. Nel suo secondo mandato, tra il 2004 e il 2008, Bush dovette invece gestire le conseguenze dell'ura-

«Alcuni sostengono che, se fosse stato fatto un riconteggio completo di tutti voti espressi nello stato, Gore avrebbe vinto.»

gano Katrina, che nel 2005 travolse la parte sudorientale degli Stati Uniti e causò oltre 1.800 morti e danni per decine di miliardi di dollari, e l'inizio della grave crisi finanziaria del 2008.

Dopo la fine dell'incredibile elezione del 2000 Bush e Gore mantennero le distanze e non si fecero vedere insieme per un po'. Furono fotografati nuovamente insieme nel 2007 alla Casa Bianca, quando Gore ricevette il premio Nobel per la Pace insieme all'Intergovernmental panel on climate change (Ipcc) delle Nazioni unite, il principale organismo scientifico internazionale per la valutazione dei cambiamenti climatici. —

Oltre ai film che hanno fra i loro protagonisti i veri presidenti statunitensi, interpretati da attori famosi, ci sono, nella storia del cinema e delle serie televisive, centinaia di presidenti inventati, a volte ispirandosi alla realtà e a volte allontanandosene molto.

JAMES MARSHALL

È il presidente interpretato da Harrison Ford in *Air Force One*, uscito nel 1997. È un film d'azione, e quindi non viene detto granché sulle idee e sulla storia politica del presidente Marshall. Di lui sappiamo che ha combattuto in Vietnam, che parla il russo e che sembra piuttosto gradito agli statunitensi. Di ritorno dalla Russia dove, improvvisando un discorso diverso da quello preparato per lui, il presidente Marshall ha detto che gli Stati Uniti non negozieranno più con i terroristi, si trova ad avere a che fare proprio con dei terroristi sull'aereo presidenziale.

JED BARTLET

È interpretato da Martin Sheen ed è il saggio, pensoso e carismatico presidente Democratico di *The West Wing*, la serie in sette stagioni creata da Aaron Sorkin e andata in onda dal 1999. La sua carriera non la raccontiamo, nel caso qualcuno ancora debba decidersi a impegnarsi nella visione della serie, i cui 155 episodi hanno una durata complessiva di quasi cinque giorni. È un presidente che nei piani iniziali di Sorkin sarebbe dovuto comparire solo di rado, per far sì che il racconto si concentrasse meglio sui memorabili membri del suo staff. Poi i piani cambiarono: Jed Bartlet è un presidente di cui alla fine si arrivano a conoscere moltissime cose.

ANDREW SHEPHERD

Il presidente fittizio di *Il presidente – Una storia d'amore*, un film del 1995 diretto da Rob Reiner, che partì da una sceneggiatura scritta da Sorkin. È interpretato da Michael Douglas e il capo dello staff è Martin Sheen. Il film non approfondisce pensieri, mutamenti e convincimenti politici di Shepherd. E poi non è che ce ne sia davvero l'intenzione: è prima di tutto un film romantico, su un presidente vedovo che si innamora di una lobbista. Anche lui è un presidente Democratico e anche lui – come succede spesso ai personaggi scritti da Sorkin – ci sa fare con i discorsi.

THOMAS J. WHITMORE
È il presidente di *Independence Day*, film di fantascienza uscito nel 1996. È interpretato da Bill Pullman, ed è probabilmente uno dei suoi ruoli più ricordati. Whitmore è un ex pilota militare che ha combattuto nella Guerra del Golfo. Non è chiara la sua appartenenza politica, ma in un libro di accompagnamento al film si parlò di lui come di un presidente Democratico. Lo si rivede nel sequel *Independence Day: Rigenerazione*, in cui a guidare gli Stati Uniti c'è la presidente Elizabeth Lanford (interpretata da Sela Ward), che però è molto meno eroica di quanto non fosse stato Whitmore nel primo.

JORDAN LYMAN
Sette giorni a maggio, uscito nel 1964 e tratto da un omonimo romanzo di due anni prima, è un film di fantapolitica in cui alcuni vertici militari (guidati da un generale interpretato da Burt Lancaster) tramano per deporre il presidente, interpretato da Fredric March, che si è impegnato per un accordo per il disarmo nucleare con l'Unione Sovietica. Grazie a una soffiata di un colonnello a lui vicino (interpretato da Kirk

Douglas), il presidente Lyman prova a difendersi. Il film sarebbe dovuto uscire nel dicembre 1963, ma fu spostato di qualche mese in seguito all'uccisione, nel novembre di quell'anno, di John Fitzgerald Kennedy.

«IL PRESIDENTE»
A prova di errore – uscito nel 1964 e diretto da Sidney Lumet – ha per protagonista un presidente interpretato da Henry Fonda, del quale non viene però mai detto il nome. «Il presidente» in questione si trova a dover gestire una gravissima crisi nella quale gli Stati Uniti bombardano per sbaglio Mosca e a dover quindi prendere una terribile e drastica decisione per provare a scongiurare una guerra nucleare con l'Unione Sovietica.

TOM BECK
Tra i suoi tanti ruoli Morgan Freeman è stato anche il presidente – che si trova a dover affrontare l'arrivo di una devastante cometa sulla Terra – di *Deep Impact*, film del genere catastrofico del 1998. Freeman, tra i suoi tanti ruoli, è stato anche il temporaneo presidente di *Attacco al potere*.

JAMES DALE
È Jack Nicholson in *Mars Attacks!*, un altro film degli anni Novanta. E un film che di certo non era interessato ad approfondire la storia personale e politica del suo presidente. Ma è pur sempre Jack Nicholson che fa il presidente degli Stati Uniti in un film, e un presidente che prova a fare la cosa giusta e cerca la pace e la convivenza con gli alieni. Purtroppo, fa una brutta fine.

MERKIN MUFFLEY
Anche *Il dottor Stranamore – Ovvero: come imparai a non preoccuparmi e ad amare la bomba*, uscito nel 1964, ha il suo presidente di fantasia: Peter Sellers. Che in quel film di Stanley Kubrick fece anche altri due personaggi: il colonnello inglese della Royal Air Force Lionel Mandrake e il dottor Stranamore stesso, uno scienziato ex nazista naturalizzato americano, direttore per lo sviluppo delle armi nucleari al quale, tra l'altro, capita di chiamare «Führer» proprio il presidente Muffley.

FRANK UNDERWOOD
Il presidente della serie televisiva *House of cards*, interpretato da Kevin Spacey, è un politico senza scrupoli, capace di ogni malefatta pur di raggiungere e mantenere il potere. Una delle caratteristiche del personaggio è quella di rivolgersi direttamente allo spettatore per commentare quello che succede nella serie, con affermazioni come «La democrazia è sopravvalutata». Al termine della quinta stagione, a causa delle accuse di molestie sessuali contro Spacey, la produzione ha concluso il contratto con l'attore e fatto morire il suo personaggio, sostituito nel ruolo di presidente dalla moglie Claire, interpretata da Robin Wright.

In California il sogno americano non funziona più

Da anni le persone che lasciano lo stato sono più di quelle che arrivano: c'entrano la crisi abitativa, i prezzi altissimi e il cambiamento climatico

In California qualcosa si è inceppato. Da anni le persone che lasciano lo stato sono più di quelle che arrivano, i prezzi sono diventati spesso insostenibili per la classe media, la percentuale di persone senzatetto è la più alta del paese. L'immagine della California come uno stato ricco, prospero e dalle mille opportunità sta diventando sempre più lontana dalla realtà, per tanti motivi: i principali hanno a che fare con un'enorme crisi immobiliare, con gli eventi climatici estremi sempre più frequenti, e con il calo generale della qualità della vita che spinge molte persone a decidere di trasferirsi altrove, in stati che un tempo non erano considerati particolarmente attraenti, ma che ora sono assai ambiti, come il Texas.

La California è ancora lo stato più popoloso degli Stati Uniti, ma da qualche anno i suoi abitanti hanno cominciato a diminuire. A luglio del 2023 aveva quasi 39 milioni di abitanti, oltre mezzo milione in meno rispetto al 2020. È un dato in controtendenza rispetto al passato, dato che per decenni la popolazione della California non aveva fatto altro che aumentare: tra il 1980 e il 2015 gli abitanti passarono da 23,8 milioni a poco meno di 39 milioni. La crescita era dovuta soprattutto all'enorme sviluppo del settore tecnologico e della Silicon Valley, l'area vicino a San Francisco dove sono nate e ancora oggi hanno sede le principali aziende tecnologiche del mondo, da Google ad Apple e Meta, la società proprietaria tra le altre cose di Facebook, Instagram e WhatsApp.

«Ancora oggi costruire un nuovo edificio residenziale in California è complicatissimo: i regolamenti urbanistici in vigore in molte città permettono di costruire quasi solo villette unifamiliari.»

Per decenni le nuove possibilità lavorative offerte dal settore digitale spinsero moltissime persone a trasferirsi in California. Il mercato immobiliare però non fu in grado di costruire un numero sufficiente di nuove case per soddisfare l'aumento della domanda, con il risultato che i prezzi delle abitazioni disponibili iniziarono a crescere sempre di più. Chi già possedeva un immobile, inoltre, si opponeva alla costruzione di nuovi edifici, temendo che questi potessero far calare il valore di quelli esistenti o che rovinassero il quartiere. È una posizione nota come Nimby, acronimo di *not in my backyard* («non nel mio giardino»): cioè essere favorevoli a un certo progetto a patto che questo si faccia lontano da casa propria.

Ancora oggi costruire un nuovo edificio residenziale in California è complicatissimo: i regolamenti urbanistici in vigore in molte città permettono di costruire quasi solo villette unifamiliari, e ottenere i permessi edilizi è un processo lungo e intricato che spesso si scontra con l'opposizione dei residenti e con le sentenze dei tribunali.

Intanto lo stato fa i conti con un'enorme crisi abitativa. Secondo l'ultimo rapporto del governo sul tema, nel 2022 in California c'erano 171.521 persone senzatetto, il trenta per cento di quelle presenti in tutti gli Stati Uniti e il 23 per cento in più rispetto al 2007. Significa che in California ogni diecimila persone 44 erano senzatetto. Di queste oltre 115mila – quasi il settanta per cento del totale – vivevano per strada, il numero più alto tra tutti gli stati americani e nove volte superiore al secondo stato della classifica, Washington, dove i senzatetto che non avevano posto nei rifugi pubblici erano

PERSONE SENZA CASA IN CALIFORNIA
2007-2022

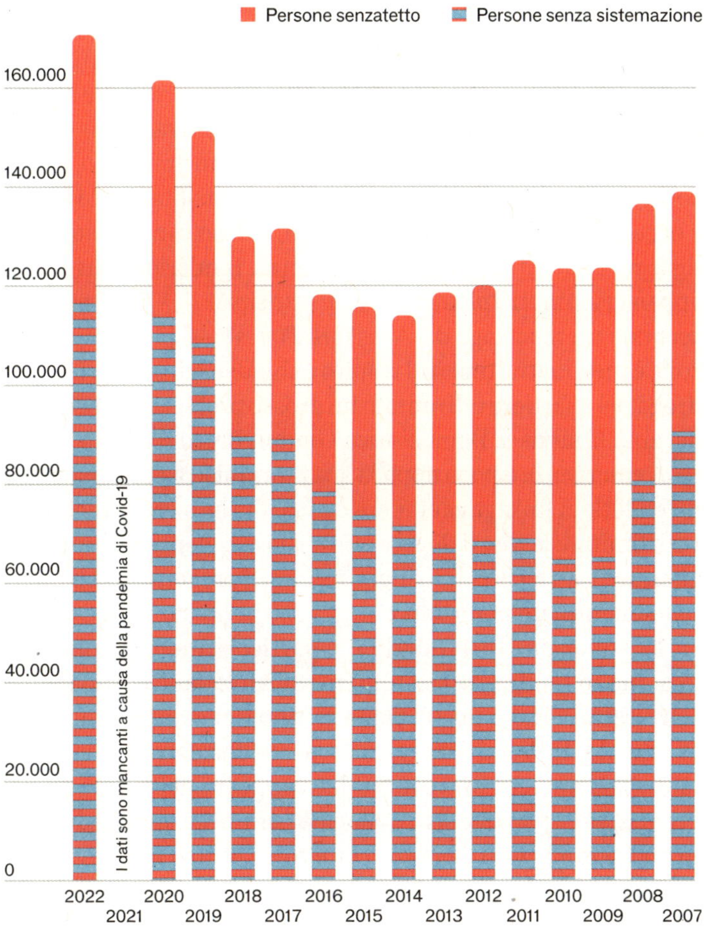

Fonte: Annual Homeless Assessment Report (AHAR), 2022

12.668. Nello stato di New York solo il 5,4 per cento dei senzatetto viveva per strada.

Molti senzatetto in California vivono in campi formati da distese di tende, roulotte o altre sistemazioni di fortuna che si estendono ai margini delle principali città. Lo stato e le amministrazioni comunali non possono fare molto per eliminare i campi: nel 2018 una sentenza della Corte d'appello federale, competente su molti stati dell'Ovest degli Stati Uniti, decise che le città non potevano sfrattare le persone dalle strade senza offrire loro una sistemazione alternativa.

Il quartiere di Tenderloin, nel centro di San Francisco, è noto come una zona pericolosa. Ha tassi di criminalità molto alti ed è occupato da centinaia di senzatetto, spesso con una storia di disturbi mentali o di tossicodipendenza. Tenderloin si trova ad appena 15 minuti a piedi dalla sede principale di X (Twitter), ma secondo un reportage del *New York Times* se si passa in alcune zone è meglio «trattenere il respiro e chiudere gli occhi». L'uso di droga nel quartiere è diventato un grosso problema: a dicembre del 2021 la sindaca Democratica London Breed dichiarò lo stato di emergenza e poco dopo la sua amministrazione inaugurò il Tenderloin linkage center, un centro di aiuto che avrebbe dovuto limitare le morti dovute all'overdose da fentanyl, una droga sintetica, e all'uso di siringhe infette. Il progetto fu abbandonato meno di un anno dopo.

La situazione di Tenderloin è particolarmente problematica, ma in California esistono molte altre zone occupate dai senzatetto. Fino a poco tempo fa uno dei campi più grandi era quello di Wood Street, nella parte occidentale della città di Oakland, che si trova sul lato opposto della baia di San Francisco. Le persone senza alloggio cominciarono a radunarsi in quella zona quasi dieci anni fa, e con il tempo il loro numero aumentò sempre di più. I senzatetto si organizzarono per stabilirsi più o meno a lungo termine: installarono pannelli solari per procurarsi energia, crearono cucine e giardini comuni e iniziarono a organizzare molte attività di gruppo.

I residenti locali iniziarono però a lamentarsi, sostenendo che molte delle attività svolte a Wood Street fossero illegali o inappropriate. Nel 2022 il governo statale cominciò a sfrattare i senzatetto, sostenendo che la tendopoli ponesse seri rischi per la sicurezza dei residenti. Alcuni accettarono di trasferirsi in rifugi messi a disposizione dalle amministrazioni locali, altri si spostarono nei campi per roulotte «ufficiali» della città oppure semplicemente crearono un nuovo insediamento da un'altra parte.

Risolvere il problema della mancanza di case in California non è facile e al momento sembra che nessuno sappia come fare. Il governatore Gavin Newsom, che è in carica dal 2019, ha approvato decine di leggi per cercare di favorire la costruzione di nuovi edifici residenziali: nel 2021, per esempio, la sua amministrazione permise di erigere piccoli condomini capaci di ospitare fino a quattro famiglie anche nelle zone in cui per oltre un secolo era stato possibile costruire solo case unifamiliari, ma per ora l'impatto della misura è stato limitato.

Nel 2017, all'inizio della campagna elettorale che l'avrebbe portato a diventare governatore della California, Newsom promise che se fosse stato eletto avrebbe fatto costruire 3,5 milioni di nuove unità abitative entro il 2025: «L'alloggio è un bisogno umano fondamentale», scrisse sul suo blog. Secondo il sito locale *CalMatters*, a novembre del 2022 era stata autorizzata la costruzione di appena il 13 per cento delle case promesse, e in molti i casi i cantieri non erano ancora partiti.

Intanto, tra il 2018 e il 2024 l'amministrazione Newsom ha allocato risorse per 20,6 miliardi di dollari a programmi pensati per contrastare l'emergenza abitativa e il problema dei senzatetto. Quasi 4 miliardi sono stati messi a disposizione degli enti locali per comprare edifici in disuso da trasformare in alloggi a prezzi accessibili. Al 7 novembre 2023 erano stati finanziati 231 progetti, per un totale di circa 14mila abitazioni.

Non sono solo le persone più povere ad avere difficoltà nel trovare un alloggio. Secondo il sito di annunci immobiliari *Zillow*, a novembre del 2023 il prezzo medio di una casa in California era di quasi 750mila dollari, notevolmente più alto rispetto, per esempio, ai 450mila dollari dello stato di

«La California è uno stato sempre meno popolato, ma sempre più ricco: ci sono meno persone che però guadagnano di più, alimentando una lunga serie di disuguaglianze.»

New York e ai 391mila della Florida. Anche gli affitti possono raggiungere prezzi altissimi, fino a migliaia di dollari per una stanza singola nelle principali città. Di conseguenza, nel 2023 nella contea di Los Angeles una persona che guadagna meno di 70.650 dollari lordi all'anno (poco meno di 64mila euro al cambio attuale) è considerata a basso reddito.

Nel tempo si sono create anche crisi puntuali. Per esempio alcuni studenti di Berkeley, una delle università più prestigiose ma anche più care degli Stati Uniti, non riescono a permettersi un affitto dignitoso e si ritrovano a vivere in case sovraffollate e molto distanti dal campus, a chiedere ospitalità ad amici e conoscenti oppure a vivere per strada. Da anni l'università vorrebbe costruire nuovi appartamenti per studenti e senzatetto nella zona di People's Park, ma non è ancora riuscita a ottenere i permessi necessari a causa dell'opposizione dei cittadini e dei comitati locali. Berkeley si trova davanti alla baia di San Francisco; all'inizio del 2023 l'affitto di un appartamento da 65 metri quadri costava in media 3.300 dollari al mese (circa 3.000 euro).

Per moltissime persone l'aumento generalizzato dei prezzi, non solo in ambito immobiliare, si è tradotto in un abbassamento della qualità della vita. La California è uno stato sempre meno popolato, ma sempre più ricco: ci sono meno persone che però guadagnano di più, alimentando una lunga serie di disuguaglianze. A tutto questo si aggiunge un altro problema, che negli ultimi anni ha causato danni enormi: l'aumento dei disastri legati al clima.

Nel 2023 in California ci sono stati oltre settemila incendi, che hanno bruciato un'area di quasi 1.300 chilometri quadrati. È un bilancio tutto sommato positivo, almeno se comparato a quello degli anni precedenti: nel 2020 gli incendi bruciarono quasi 13mila chilometri quadrati, causando la morte di 33 persone ed enormi danni. Tra il 2015 e il 2020 oltre cinquantamila edifici, per la maggior parte case, sono stati distrutti.

Gli incendi hanno causato un netto peggioramento nei livelli di qualità dell'aria, tanto che più volte negli ultimi anni il cielo in alcune aree della California è diventato rosso o arancione a causa degli incendi, creando un'atmosfera descritta dai media come «marziana» o «apocalittica». Inoltre, soprattutto in estate, le temperature altissime, il rischio di incendi e il vento forte causano spesso l'interruzione della corrente elettrica, un grosso disagio per gli abitanti che non possono usare l'aria condizionata, i frigoriferi o i freezer.

Un altro grosso problema è la siccità. Tra il 2021 e il 2023 in California ha piovuto pochissimo, e la scarsità di precipitazioni, unita alle temperature estive superiori alla media, ha messo in grossa difficoltà gli abitanti e le amministrazioni locali. I bacini idrici si sono svuotati più rapidamente del dovuto, tanto che per quasi due anni il governatore Newsom ha chiesto ai cittadini di ridurre volontariamente l'utilizzo di acqua del 15 per cento (un obiettivo raggiunto solo in alcune contee).

La siccità ha avuto ripercussioni sul settore agricolo, che in California è enorme: impiega oltre 420mila persone e genera entrate annuali per oltre 50 miliardi di dollari. Oltre un terzo delle verdure e quasi tre quarti della frutta prodotti negli Stati Uniti arrivano dalla California e in particolare dal distretto agricolo della Central Valley, nella parte Nord dello stato. Si coltivano soprattutto mandorle, esportate in tutto il mondo, fragole, pistacchi e uva, che negli ultimi decenni ha creato un settore vinicolo in forte crescita.

La prolungata siccità degli ultimi anni ha costretto molti agricoltori a fermare la produzione e vendere l'acqua che avrebbero usato per coltivare, un business considerato più redditizio. Secondo gli esperti il periodo di forte siccità iniziato nel 2021 è terminato alla fine dell'estate del 2023, grazie a una serie di forti precipitazioni e tempeste tropicali.

Per oltre un secolo la California è stata il luogo dove tutti sognavano di trasferirsi, un posto dalle mille opportunità che avrebbe permesso ai suoi abitanti di costruirsi una vita nuova e migliore. Oggi le cose sono cambiate. Da oltre vent'anni il numero di persone che si trasferiscono in California è inferiore a quello di chi se ne va. Tra il 2010 e il 2020 si sono trasferite in California 5,8 milioni di persone, ma 7,5 milioni se ne sono andate. Non solo persone con difficoltà economiche, ma anche famiglie a medio o alto reddito che preferiscono vivere altrove, dove i costi sono più bassi e la qualità della vita è migliore.

In molti casi la scelta è ricaduta sul Texas: nel 2022 più di centomila californiani si sono trasferiti in Texas, mentre solo quarantamila persone hanno fatto la scelta opposta. Lo stato sta attraendo anche molte aziende, realizzando quello che già dieci anni fa si augurava l'allora governatore del Texas, il Repubblicano Rick Perry.

Nel 2013 Perry diffuse uno spot radiofonico di trenta secondi in cui invitava le aziende della California a «dare un'occhiata al Texas», puntando soprattutto sulle agevolazioni fiscali e sulle aliquote decisamente più convenienti offerte dallo stato. «Costruire un'impresa è difficile, ma sento dire che aprire un'attività in California è praticamente impossibile», diceva Perry. Al tempo lo spot fu deriso da molti amanti della California, convinti che il Texas non sarebbe mai riuscito a battere l'*appeal* della California e che nessuna azienda avrebbe mai preso in considerazione l'idea di trasferircisi. Dieci anni dopo la situazione si sta ribaltando.

Secondo il *California Book of Exoduses* curato dal Public policy Institute of California, dal 2020 in poi oltre cento aziende hanno spostato la loro sede dalla California al Texas, tra cui anche alcune molto note come Oracle, che vende software

«Nel 2022 più di centomila californiani si sono trasferiti in Texas, mentre solo quarantamila persone hanno fatto la scelta opposta.»

e sistemi aziendali, Tesla, specializzata nella produzione di batterie e veicoli elettrici, di proprietà del noto imprenditore Elon Musk, e la multinazionale dell'informatica Hp. Altre aziende hanno lasciato la California spostandosi in Colorado, Arizona, Nevada.

L'arrivo quasi improvviso di così tante persone e aziende non piace a tutti i texani, e negli ultimi anni ha cominciato a circolare lo slogan *Don't California my Texas*, traducibile più o meno con «Non trasformate il mio Texas in una California». I due stati infatti sono molto diversi: la California è considerata aperta, tollerante, e molto vicina al partito Democratico. Il Texas invece negli ultimi vent'anni è sempre stato governato dai Repubblicani, che hanno approvato leggi molto permissive sul possesso di armi e restrittive sull'aborto, per esempio. Il timore di alcuni texani è quindi che le «tradizioni» dello stato vengano snaturate dall'arrivo di decine di migliaia di persone da altre parti del paese, che portano con sé idee e posizioni politiche progressiste.

Il Texas, però, si sta già trasformando. Negli ultimi anni i cittadini stanno diventando più attenti ai temi legati ai diritti civili, e la sua economia, un tempo basata sul petrolio e sul bestiame, è oggi trainata dal turismo, dalla tecnologia, dal settore farmaceutico e da quello aerospaziale. È un posto sempre più multiculturale, con una popolazione giovane e in crescita. È ancora troppo presto per dire se il Texas si stia trasformando a causa delle migliaia di persone che ci si sono trasferite negli ultimi anni, o se lo stato stesse già cambiando e proprio la sua nuova versione stia attirando tanti nuovi abitanti. —

La vita difficile dei vicepresidenti degli Stati Uniti

Il primo fu John Adams e commentò la sua elezione a vicepresidente degli Stati Uniti in una lettera del 1793 indirizzata alla moglie Abigail: «Mi è stato riservato l'incarico più insignificante mai inventato dall'uomo o concepito dalla sua immaginazione.»

In più di duecento anni di storia le cose sono cambiate (anche per Adams, che divenne poi presidente). Il 6 gennaio del 2021, quando i sostenitori di Donald Trump assaltarono il Congresso, la folla entrò ripetendo il coro: «Impiccate Mike Pence!» Era una minaccia esplicita rivolta al vicepresidente che per quattro anni aveva avuto un ruolo pressoché irrilevante nell'amministrazione, limitandosi ad approvare ogni decisione e intemperanza verbale del suo presidente. Dopo le elezioni del 2020, però, Pence decise di non violare la legge e ratificò la vittoria elettorale di Joe Biden, mentre Trump denunciava presunti brogli senza portare prove. L'esercizio di uno dei pochi e limitati poteri previsti dalla Costituzione per il vicepresidente trasformò Pence in un «traditore», secondo i rivoltosi sostenitori di Trump.

Il ruolo del vicepresidente è considerato tra i più ingrati e sopravvalutati della politica statunitense. Il vicepresidente è a tutti gli effetti la seconda carica del governo, nonché la persona designata a sostituire il presidente in caso di morte o dimissioni, ma in situazioni non emergenziali le sue prerogative e competenze non sono definite da nessuna legge: semplicemente non esistono. «Il lavoro del vicepresidente prende la forma che il presidente vuole che abbia», disse Dan Quayle, vicepresidente del Repubblicano George H.W. Bush tra il 1989 e il 1993, che accettò presto la quasi totale irrilevanza attribuita alla sua figura.

L'unico potere ufficiale del vicepresidente è quello di presiedere il Senato, e se necessario votare in quella sede per sbloccare situazioni di pareggio. Per il resto supervisiona eventuali processi di impeachment (la procedura prevista dalla Costituzione americana per rimuovere un presidente in carica colpevole di alcuni gravi reati) e ratifica i risultati dei collegi elettorali durante le elezioni presidenziali: compiti tutto sommato di routine, 2021 escluso.

I poteri reali del vicepresidente sono quelli che il presidente decide di delegargli, e in oltre due secoli di storia sono quasi sempre stati pochissimi. Quando nel 1960 chiesero al presidente Repubblicano Dwight Eisenhower in che occasione il parere del suo vice Richard Nixon fosse stato adottato in una decisione, lui rispose: «Se mi date una settimana, cercherò di farmi venire in mente qualcosa.» I vice possono essere esclusi da tutte le riunioni importanti. È successo per esempio a Harry Truman, che nel gennaio del 1945 divenne il vicepresidente del Democratico Franklin Delano Roosevelt, già al quarto mandato e in tempi di guerra. Truman restò in quel ruolo per 82 giorni, durante i quali fu tenuto all'oscuro praticamente di tutto ciò che succedeva ai livelli più alti del governo. Poi Roosevelt morì e lui si ritrovò di colpo al comando, perlopiù impreparato a gestire la situazione: «Mi sentivo come se la luna, le stelle e tutti i pianeti mi fossero caduti in

«Il più potente, discusso e autonomo dei vicepresidenti fu però Dick Cheney, vice del Repubblicano George W. Bush tra il 2001 e il 2009.»

testa.» Scoprì solo allora che gli Stati Uniti stavano preparando la prima bomba atomica con il progetto Manhattan, guidato dallo scienziato J. Robert Oppenheimer.

In altre occasioni, soprattutto in tempi più recenti, la collaborazione fra il presidente in carica e il suo vice è stata più assidua e proficua. Walter Mondale, vicepresidente del Democratico Jimmy Carter fra il 1977 e il 1981, fu il primo ad avere un proprio ufficio nella stessa ala della Casa Bianca, a ottenere l'accesso alle riunioni di più alto livello e agli stessi dossier che l'intelligence sottoponeva al presidente. Al tempo quel ruolo di consigliere e collaboratore era inedito per il vicepresidente, ma negli anni seguenti sarebbe stato replicato altre volte a partire da Bill Clinton e Al Gore, tra il 1992 e il 2000.

Quando entrò in carica nel 2008 anche Barack Obama attribuì ampie deleghe al suo vice, Joe Biden: fu incaricato di gestire i rapporti con il Congresso, per i quali Biden poteva sfruttare la sua lunga esperienza parlamentare, e gli fu affidata la supervisione di dossier molto delicati. Tra questi c'era quello sulla guerra in Iraq, iniziata nel 2003 quando gli Stati Uniti governati dal Repubblicano George W. Bush avevano invaso il paese con l'obiettivo di rimuovere il presidente Saddam Hussein, accusato di essere in possesso di armi chimiche, biologiche e forse nucleari (accuse che non vennero mai provate), e terminata nel 2011. Biden seguì anche il Recovery Act, un enorme piano di sostegno all'economia che fu approvato in seguito alla grande crisi finanziaria innescata dal crollo dei mutui alla fine del 2006.

Il più potente, discusso e autonomo dei vicepresidenti

fu però Dick Cheney, vice del Repubblicano George W. Bush tra il 2001 e il 2009. Soprattutto durante il primo mandato, fino al 2004, e in parte sfruttando le opportunità concesse dall'inesperienza di Bush, Cheney ebbe un ruolo centrale nel definire la politica interna ed estera degli Stati Uniti dopo l'11 settembre e i contorni di quella che fu descritta come la «guerra al terrore». Cheney creò una catena di comando parallela e prese alcune importanti decisioni senza riferire direttamente al presidente: fu decisivo nel convincerlo della necessità di invadere l'Iraq nel 2003, nel promuovere l'uso delle «tecniche d'interrogatorio potenziato» (quelle adottate dopo gli attentati dell'11 settembre 2001 dall'intelligence statunitense sui presunti estremisti islamici detenuti, di fatto torture) e nel definire politiche di tassazione favorevoli per i più ricchi. La sua influenza sull'azione di governo diminuì parzialmente nel secondo mandato di Bush.

Cheney era arrivato alla vicepresidenza al termine di una lunga carriera, e non aveva ambizioni personali relative alla presidenza. Altri politici hanno invece vissuto la vicepresidenza come un possibile passaggio intermedio per poi candidarsi alla presidenza. Su 49 vicepresidenti, in 15 sono diventati presidenti. Otto lo hanno fatto per la morte del predecessore, Gerald Ford subentrando al dimissionario Richard Nixon, e solo sei attraverso elezioni. Prima di Joe Biden l'ultimo era stato George H.W. Bush, già vice di Ronald Reagan, nel 1989.

Da anni il vicepresidente è indicato personalmente dal candidato presidente di ogni partito: durante la campagna elettorale i due corrono in *ticket*, ossia in coppia, e se il presidente viene eletto entra in carica anche il vice. Non è sempre stato così. All'inizio del XIX secolo, i primi presidenti vennero eletti per via parlamentare e si trovarono automaticamente come vice il secondo candidato più votato. Negli anni però questo sistema creò combinazioni di persone che la pensavano in modo opposto su molti argomenti, rendendo necessario il cambio di regolamento che portò alla selezione autonoma dei vice da parte dei candidati presidenziali.

Per tutto l'Ottocento la scelta si basò principalmente su ragioni geografiche: un candidato del Nord sceglieva un vice del Sud, e viceversa, nell'intento di rappresentare il più possibile un paese unito e ottenere consensi diffusi. Oggi invece la nomina viene dettata da due fattori principali. Il primo è compensativo: il presidente sceglie qualcuno che possa bilanciare i suoi punti deboli. È il motivo per cui nel 2016 un outsider dalla retorica fiammeggiante e una movimentata vita coniugale come Donald Trump scelse Mike Pence, il più ortodosso e devoto tra i governatori del partito Repubblicano, ma anche quello per cui nel 2008 il giovane, afroamericano e inesperto Obama scelse un influente e rassicurante esponente del Congresso come Biden.

L'altro approccio possibile è quello confermativo: scegliere qualcuno che possa rafforzare e consolidare quelli che il candidato alla presidenza ritiene siano i suoi punti di forza, o comunque la sua identità. Per questo nel 1992 Bill Clinton, un quarantenne emergente del Sud, scelse come suo vice Al Gore, un altro quarantenne emergente del Sud; e anche nel 2016 l'esperta e moderata Hillary Clinton scelse l'esperto e moderato Tim Kaine.

Altri fattori sono invece considerati secondari: scegliere con un criterio geografico, magari puntando su un candidato di uno stato in bilico, risulta spesso poco influente, così come dare priorità alla compatibilità di caratteri o di visione politica. In generale, il vicepresidente deve risultare credibile come «comandante in capo» in caso di estrema necessità e soprattutto non deve avere scheletri nell'armadio che possano diventare un problema per il candidato presidente.

La scelta può dare spazio mediatico per alcuni giorni, dare una spinta temporanea nei sondaggi e nelle raccolte fondi, ma in termini assoluti non è considerata decisiva per un'elezione. Con la sola esclusione di Lyndon Johnson, che nel 1960 permise a John Fitzgerald Kennedy di vincere in Texas, nella politica americana moderna non esistono candidati alla vicepresidenza che siano effettivamente stati risolutivi nella vittoria di un candidato alla presidenza: e quelli che possono dire anche solo di aver portato autonomamente dei voti sono pochi.

Al contrario, alcuni hanno condizionato in negativo le campagne elettorali. Nel 1972 il Democratico George McGovern scelse il senatore del Missouri Thomas Eagleton, ma solo 18 giorni dopo gli chiese di rinunciare, perché la stampa aveva scoperto che Eagleton era stato in cura per depressione e sottoposto a elettroshock. George H.W. Bush fu eletto presidente *nonostante* i problemi di popolarità del vice Quayle, troppo presto etichettato come «Kennedy Repubblicano», ma dimostratosi per nulla incisivo nei confronti elettorali e negli appuntamenti pubblici, mentre Nixon puntò sullo sconosciuto Spiro Agnew per paura che personaggi più noti potessero fargli ombra: finì che Agnew divenne il primo vicepresidente a doversi dimettere per le accuse di evasione fiscale.

Nel 2008 il candidato Repubblicano John McCain, esperto senatore, ex veterano di guerra e conservatore moderato, indicò come vice la governatrice dell'Alaska Sarah Palin, pur conoscendola a malapena. Era giovane, era donna, ed era apprezzata dalla parte più radicale del partito: la scelta seguiva pienamente il criterio compensativo, ma Palin si dimostrò ampiamente inadeguata e si rivelò essere più un problema che un aiuto per McCain, che perse l'elezione contro Obama.

Palin fu la seconda donna candidata alla carica di vicepresidente nella storia degli Stati Uniti, dopo Geraldine Ferraro, scelta dal Democratico Walter Mondale nel 1984 (non vennero eletti). Nel 2020 Kamala Harris fu la terza donna candidata e la prima a essere eletta. È anche la prima vicepresidente appartenente a una minoranza etnica, dato che ha origini asiatiche e afroamericane. Per tutte queste prime volte e per un passato di successo come procuratrice e sena-

«Palin fu la seconda donna candidata alla carica di vicepresidente nella storia degli Stati Uniti, dopo Geraldine Ferraro, scelta dal Democratico Walter Mondale nel 1984.»

trice in California, la sua candidatura al fianco di Joe Biden aveva suscitato forti attese e qualche entusiasmo in campo Democratico.

Anche il suo mandato però è stato poco degno di nota: Harris è rimasta schiacciata in un ruolo complesso, complicato anche da molti cambi nel suo staff personale, e si è dimostrata inefficace nelle poche occasioni in cui avrebbe potuto ottenere attenzioni e visibilità. Anche per lei è applicabile la definizione che Thomas R. Marshall, vicepresidente di Woodrow Wilson dal 1913 al 1921, diede del vicepresidente: «È una persona in perenne catalessi, perché è perfettamente consapevole che intorno a lui tutto si muove, ma anche che quello che si muove non lo riguarda.» — ☜

Cosa si dice di Obama

Che fu un buon presidente
per alcune cose, meno per altre,
ma le aspettative erano alte.
E poi c'è Trump

Il 4 novembre 2008 Barack Obama, senatore di 47 anni dell'Illinois, vinse le elezioni grazie alle quali divenne il 44esimo presidente degli Stati Uniti: il primo presidente nero e afroamericano, eletto grazie a un potente messaggio di speranza e cambiamento. Figlio di un cittadino kenyota-americano e di una donna americana, Obama era nato a Honolulu, nelle Hawaii, aveva vissuto da bambino in Indonesia e aveva studiato a Harvard; faceva Hussein di secondo nome e aveva un cognome che non poteva non far pensare al più grande nemico degli Stati Uniti. «In nessun altro paese della Terra sarebbe possibile una storia come la mia», disse da candidato presidente, in quello che probabilmente è il suo discorso migliore e più ricordato.

Rieletto nel 2012 per un secondo mandato, Obama restò in carica per otto anni: dal 20 gennaio 2009, quando successe a George W. Bush, fino al 20 gennaio 2017, quando al suo posto si insediò Donald Trump. Alle sue prime primarie gli elettori lo preferirono a Hillary Clinton, alle elezioni presidenziali vinse contro John McCain nel 2008 e Mitt Romney nel 2012. Tutto questo mentre per gli ultimi tre quarti della sua presidenza i Repubblicani ottennero prima la maggioranza alla Camera e poi al Senato, cosa che portò a una situazione di sempre maggior stallo, scontro e polarizzazione politica.

Nel frattempo, nel mondo, si intensificarono gli effetti di una crisi economica globale, ci furono le primavere arabe e Brexit, arrivarono le rivelazioni di Edward Snowden sulle

«Nata epocale, in quei quasi tremila giorni la presidenza Obama si scontrò con le sfide e le difficoltà quotidiane – e in certi casi senza precedenti – del governo degli Stati Uniti.»

pratiche di sorveglianza del governo statunitense, si diffusero Instagram e Spotify, fu scoperto il bosone di Higgs, uscirono gli iPhone dal 4 al 7, i primi iPad e le prime sette stagioni di *Game of Thrones*. Mentre Obama era presidente Tesla lanciò la Model S, il *Dragon* di SpaceX raggiunse la Stazione spaziale internazionale e il rover *Curiosity* arrivò su Marte. In quegli anni morirono Michael Jackson, Steve Jobs, Nelson Mandela e Fidel Castro. In Italia, intanto, si susseguirono cinque presidenti del Consiglio: Silvio Berlusconi, Mario Monti, Enrico Letta, Matteo Renzi e Paolo Gentiloni.

Nata epocale, in quei quasi tremila giorni la presidenza Obama si scontrò con le sfide e le difficoltà quotidiane – e in certi casi senza precedenti – del governo degli Stati Uniti. Obama dovette fare i conti con le guerre ereditate dalla presidenza Bush, con un'economia in crisi e con aspettative immense. C'era infatti chi, votandolo oppure osservandolo dall'estero, aveva sperato nell'inizio di una nuova era, non solo in un nuovo presidente. Aspettative che di certo non si smorzarono quando nel 2009 gli fu assegnato persino il Nobel per la Pace. Obama avviò il ritiro dell'esercito statunitense dall'Iraq, promosse e ottenne l'accordo sul nucleare iraniano e quello sul clima di Parigi, normalizzò le relazioni commerciali e diplomatiche tra Cuba e Stati Uniti, ordinò l'uccisione di Osama bin Laden. Nei suoi anni da presidente si affermò l'Isis e la Russia invase la Crimea. Obama cercò di riqualificare gli Stati Uniti dopo gli anni della presidenza Bush e lavorò per un disimpegno dal Medio Oriente e un contemporaneo riposizionamento verso l'Asia. Mentre era presidente gli Stati Uniti non iniziarono nuove guerre ma aumentarono le truppe in Afghanistan e si intensificò molto il ricorso ai droni militari. In quegli otto anni ci furono bombardamenti statunitensi verso sette paesi: Afghanistan, Iraq, Libia, Pakistan, Somalia, Siria e Yemen.

Il principale risultato legislativo della sua presidenza, l'Affordable care Act – la riforma sanitaria fortemente voluta da Obama, a cui spesso ci si riferisce come *Obamacare* – fu ottenuto all'inizio, quando ancora i Democratici controllavano il Congresso. Nei suoi primi anni, quelli «in maggioranza», la sua amministrazione si impegnò con successo per salvare l'industria automobilistica e il settore bancario, sostenendo l'economia con oltre 800 miliardi di dollari di stimoli. Più avanti Obama ebbe a che fare con stragi e sparatorie, la più ricordata è quella del 2012 alla scuola elementare di Sandy Hook, e con le violenze razziste che portarono all'affermarsi del movimento Black lives matter. A livello sociale la sua amministrazione agì per migliorare le condizioni di migranti e immigrati e prese importanti posizioni e decisioni per garantire più diritti alle comunità Lgbtq+.

Altrettanto significativo è quello che Obama non volle o non riuscì a fare: sulla diffusione delle armi, sulla promessa non mantenuta di chiudere la prigione di Guantanamo, su come reagire alle situazioni che si crearono in Libia e in Siria, su come gestire un paese politicamente sempre più diviso e ostile.

Fare un bilancio degli anni di Obama, un consuntivo della sua amministrazione e una valutazione come presidente significa dare giudizi su tutto questo e tantissimo altro ancora, oltre che sull'impatto e sulle implicazioni di quanto fatto in quegli otto anni. Significa sintetizzare analisi che, da ormai quasi un decennio, ne esaminano la *legacy*, il termine con cui negli Stati Uniti si fa riferimento all'eredità politica di una personalità pubblica: un concetto importantissimo, da quelle parti.

Una certa delusione verso le sue promesse è dovuta all'eccessiva grandezza di quelle promesse? Obama ha fatto il massimo che poteva fare con le carte che gli sono capitate? Valutare Obama vuol dire valutare il mondo com'era appena prima e appena dopo la sua presidenza, o serve maggiore prospettiva? Quanto Obama è stato causa e quanto parte di certe forze politiche, sociali ed economiche? Obama ha cambiato il mondo più di quanto faranno Putin, Trump o Xi Jinping? Al di là di vittorie e sconfitte, di giusto e sbagliato, per cosa sarà ricordato, criticato, incolpato o celebrato Obama? E ancora, quanto e come lo storicizzarsi della sua presidenza sta cambiando analisi e opinioni su quegli anni?

Di certo, non si può non considerare che dopo Obama c'è stato Donald Trump, con tutto quello che ha portato in termini di divisione del paese e indebolimento della democrazia e delle regole condivise, e chiedersi se e quanto sia colpa di Obama. Non è senz'altro d'aiuto, peraltro, il fatto che nel 2024 si oppongano Biden e Trump: la persona più vicina, per storia, a Obama e la persona che ne prese il posto.

Qualcosa di fattuale, incontrovertibile e già storico comunque c'è: Obama sarà per sempre il primo presidente nero degli Stati Uniti e lo diventò – a quanto disse lui stesso – «forse vent'anni prima di quando la demografia avrebbe potuto prevedere». Se nelle sintesi future di questi anni a Obama sarà dedicata anche solo una riga, quella riga è già scritta. Il fatto stesso che qualcuno potrà pensare di diventare il secondo presidente non bianco, e che questo sarà normale e possibile, è inscindibile dal fatto che Obama è stato il primo.

Obama però non è stato solo «un presidente nero». È stato un presidente, uno dei 14 a completare due mandati, con qualità e caratteristiche distintive e pressoché indiscutibili. È stato un presidente colto, intelligente, ottimista, carismatico, brillante, integro, onesto, serio e adeguato alla grandezza del suo ruolo; la sua presidenza è stata priva di scandali, la sua famiglia altrettanto esemplare nell'essere un eccezionale modello pubblico. Obama è stato uno statista sempre

«Il fatto stesso che qualcuno potrà pensare di diventare il secondo presidente non bianco, e che questo sarà normale e possibile, è inscindibile dal fatto che Obama è stato il primo.»

credibile nel suo ruolo, a maggior ragione se lo si paragona a colui che gli è succeduto. È stato spesso elogiato per il suo autocontrollo e la sua capacità di valutare, ponderare e scegliere: una qualità non secondaria quando si fa un lavoro che può comportare l'ordine di utilizzare testate nucleari. A tutto questo Obama ha aggiunto una *coolness* forse non indispensabile ma di certo utile nella comunicazione e non comune, una notevole efficacia da oratore e la capacità di apparire a suo agio in ogni contesto, in un summit internazionale tanto quanto su un campo da basket. Obama, per dire, è stato un presidente degli Stati Uniti che ha accennato da un palco «Let's Stay Together» di Al Green, ha duettato con B.B. King e Mick Jagger, ha intonato «Amazing Grace» in una chiesa di Charleston. Non necessariamente queste cose hanno reso più proficua la sua presidenza, ma Obama, così come sua moglie Michelle, è stato protagonista di molti momenti – e alcuni meme – che saranno ricordati positivamente. Ed è stato anche il primo presidente a usare i social, sebbene gli storici del futuro guarderanno più a come li ha sfruttati quello venuto dopo di lui.

Su altro, è questione di opinioni, posizioni e giudizi. Nemmeno c'è accordo, per esempio, nel valutare come Obama gestì l'economia. Sebbene ci sia infatti un certo consenso sul fatto che evitò una deriva che poteva essere gravissima, e che dal punto di vista economico lasciò gli Stati Uniti meglio di come li aveva trovati, c'è anche chi ritiene che Obama fece troppo poco, che la crisi fu soprattutto una grande occasione persa per cambiare-davvero-le-cose. Inoltre, anche se si guarda a quella crisi come a un grande pericolo scampato, è pur vero che, come notato in *Audacity* di Jonathan Chait, uno dei primi libri sulla legacy di Obama, «ai presidenti si danno grandi meriti o colpe per come gestiscono le crisi che si materializzano, molti e molte meno per quelle che riescono a scongiurare». Di certo durante la presidenza Obama migliorò il Misery index, un indice statistico che combina i dati su inflazione e disoccupazione, e l'indice azionario S&P 500 crebbe del 140 per cento. Obama riuscì inoltre a conciliare tutto ciò con una serie di iniziative legate alla sua ambiziosa politica ambientale, col senno di poi spesso presentata come troppo debole ma allora per nulla scontata, specie in quel paese.

Per quanto fatto all'estero, dove il presidente degli Stati Uniti ha più autonomia dal Congresso, Obama sarà senz'altro ricordato per l'uccisione di Bin Laden (uno di quei singoli momenti che, se fosse andato male, avrebbe segnato in negativo la sua presidenza) e per la scelta di non fare guerra diretta all'Isis e al regime siriano di Bashar al Assad. È però difficile individuare un consenso generale su come ha lasciato il mondo, sull'efficacia della sua dottrina. Di certo agì per limitare la responsabilità e la diretta influenza statunitense su quel che accadeva altrove nel mondo, specie in Medio Oriente: un atteggiamento giudicato coraggioso e lungimirante da alcuni, timoroso e deleterio da altri. A seconda dei punti di vista Obama è stato considerato un inatteso guerrafondaio da parte della sinistra oppure un *commander-in-chief* troppo titubante e riluttante da parte della destra. C'è chi ha ammirato la sua dottrina dandogli il merito di aver ripristinato l'immagine mondiale degli Stati Uniti dopo gli anni di Bush; chi ha messo in discussione l'esistenza stessa di una dottrina sostenendo che Obama agì caso per caso senza una particolare visione generale; chi trova perfino punti di contatto tra la politica estera di Trump e quella di Obama; chi lo ha accusato di vedere il mondo come lo voleva lui, non come era davvero. In molti, soprattutto, hanno faticato parecchio a conciliare il Nobel per la Pace con certe sue azioni e decisioni in campo militare.

Si è ragionato, inoltre, più in generale su quanto Obama finì spesso per pagare la personalizzazione della sua presidenza e su come molte delle qualità che lo avevano reso un candidato eccellente fossero in realtà atipiche e addirittura sconvenienti per un presidente. In diverse analisi Obama è stato considerato troppo cerebrale, autoreferenziale e superbo. Ai critici non veniva difficile interpretare la sua razionalità come una forma di freddezza, oppure presentarlo come un secchione o un tecnocrate troppo affezionato alle idee (le sue, soprattutto) e proprio per questo non disposto a fare accordi, scendere a compromessi, fare politica. «Negoziare con Obama significava subire il fatto che lui fosse convinto di saperne molto più di te», raccontò Eric Cantor, ex leader dei Repubblicani alla Camera. «Sembra che Obama pensi a se stesso non come parte di un processo politico», disse invece di lui Henry Kissinger, «ma come un elemento sui generis, un fenomeno unico con capacità uniche».

Nasce da qui un'altra grande considerazione su Obama: per gran parte della sua presidenza fece costante ricorso agli ordini esecutivi, i decreti emanati dal presidente degli Stati Uniti che hanno forza di legge, ma che spesso hanno conseguenze limitate e vita breve in caso arrivi un presidente con idee diverse. Obama fu spesso efficace e perfino creativo nel suo uso degli ordini esecutivi (parlò di *pen-and-phone* come dei due strumenti che avrebbe usato per fare leggi senza il Congresso), ma non è il modo con cui probabilmente si augurava di lasciare il segno nella storia statunitense. C'è chi sostiene che non potesse fare altro e fece bene, ma c'è pure chi ha parlato di una legacy costruita sulla sabbia. Di certo gli ordini esecutivi ebbero grande peso nel normalizzare la sua presidenza, nel permettere a certa critica di presentarlo come un presidente convenzionale, dalle posizioni da Democratico generico, incapace però di costruire attorno a sé un partito

«Tra tante difficoltà e con la sua buona dose di cigni neri Obama riuscì per otto anni a proporsi come un modello di leadership e una fonte d'ispirazione politica e umana per molti.»

Democratico solido e migliore. Secondo una sintesi dello storico Julian Zelizer, Obama fu «un presidente senz'altro storico di una presidenza che forse non lo fu così tanto», un efficace *policy maker*, un decisore politico; non un altrettanto efficace *party builder*, un uomo di partito.

Un altro punto di vista è proprio che Obama fu costretto a fare il politico, ad arrangiarsi con gli ordini esecutivi, a dedicare gran parte delle risorse a sua disposizione a rimettere in sesto l'economia, a investire una considerevole parte del suo capitale politico e dell'inerzia favorevole derivata dalla sua elezione per far approvare l'Affordable care Act. Tutte cose che riuscì a fare, che hanno lasciato un segno positivo nel futuro degli Stati Uniti e che hanno cambiato in meglio la vita di milioni di persone. Tra tante difficoltà e con la sua buona dose di cigni neri Obama riuscì per otto anni a proporsi come un modello di leadership e una fonte d'ispirazione politica e umana per molti. Per quanto riguarda invece la politica estera è stato scritto che «*the times have to suck for the president not to*», cioè che per essere grandi presidenti c'è bisogno di grandi sfide, rischi immensi da fronteggiare. A Obama capitarono tempi senz'altro complicati, ma forse non davvero drammatici. In quei tempi, a dieci anni dal 2001 e con l'Isis in ascesa, Obama cercò stabilità e mediazione, tra paesi e posizioni. Non fu di certo pacifista, ma è difficile che un presidente degli Stati Uniti possa esserlo.

Nel probabile tentativo di giocare d'anticipo sulla concorrenza, nel gennaio 2015, quando ancora mancavano due anni di presidenza Obama, il *New York Magazine* chiese a 53 storici di rispondere ad alcune domande su come fosse andato

Obama fin lì, su come sarebbe stata vista quella presidenza anni dopo. «In generale», scrisse il *New York Magazine* in una sintesi «Obamacare è stata riconosciuta come un trionfo storico» e c'era anche un certo accordo nel ritenere che «il salvataggio dell'economia guadagnerà importanza col passare del tempo». Gli storici apprezzarono in genere come Obama avesse dato «più importanza alla Cina che all'Isis» e il fatto che sotto la sua presidenza gli Stati Uniti non fossero entrati in nessuna grande guerra e non avessero subìto nessun grande attacco terroristico, anche se questo aveva comportato l'aumento della sorveglianza dei cittadini e, all'estero, il sempre più frequente ricorso ai droni militari.

Tra le risposte date al *New York Magazine* mancavano quelle di Gordon Wood, storico e vincitore del premio Pulitzer. Wood fece infatti sapere di ritenere che quella fosse «una perdita di tempo» perché «viviamo nella nebbia» e ci vogliono alcuni decenni per capire qualcosa del passato.

Di certo, già ora, la cosa più datata in quelle risposte è l'assenza di Trump, anche solo dell'eventualità che Trump potesse candidarsi (lo fece qualche mese dopo). Ed è impossibile, oggi, scindere Obama da Trump. Quando la presidenza di Trump era una possibilità, Obama disse che se avesse vinto lui tutti i progressi dei suoi otto anni sarebbero andati persi; quando Trump poi vinse davvero, Obama, intervistato da David Remnick per il *New Yorker*, disse di aver fatto «tra il 70 e il 75 per cento» di quel che voleva fare, e che, al massimo, Trump avrebbe potuto annullarne «il 15 o il 20 per cento». Di certo, il fatto che *dopo* sia arrivato Trump accentua ancora di più il grande peso del *prima*.

Obama fu un candidato che sembrava nato per ispirare e unire e finì per doversi arrangiare a fare da solo, contro il Congresso. Che durante un incontro nei suoi primi anni da presidente disse a Cantor «*elections have consequences*» e che dopo è stato chiamato a fare i conti con le conseguenze di elezioni vinte dai Repubblicani prima e da Trump poi.

Un presidente i cui discorsi più famosi sono perlopiù di quando ancora doveva diventare presidente, che il 4 novembre 2008 si presentò come la risposta a chi dubitava della «forza della democrazia» e che si congedò dovendo ammettere quanto invece la democrazia fosse debole e minacciata. Un candidato che si era affermato parlando del sogno di una «*more perfect union*» e un presidente che nel suo ultimo discorso sullo stato dell'Unione notò quanto erano peggiorati «rancore e sospetto».

Un ex presidente giovane, che ha vent'anni in meno di Biden e 15 in meno di Trump, che sembra ancora impegnato a decidere cos'altro fare e che però sa già che quando ci si occuperà di lui nei resoconti del futuro la prima cosa che si scriverà sarà che fu «il primo presidente nero degli Stati Uniti», a prescindere da tutto ciò che ha fatto e farà. —

BREVE STORIA DEI CARTELLI ELETTORALI DA GIARDINO

La presenza nei giardini delle abitazioni di cartelli con nomi e slogan di questo o quel candidato, con cui i residenti dichiarano chi preferiscono e fanno propaganda a suo favore, è una consuetudine peculiare e assai visibile delle campagne elettorali negli Stati Uniti. Secondo alcune ricostruzioni, citate tra gli altri dalla rivista *Scientific American*, il primo candidato alle presidenziali statunitensi a far distribuire qualcosa di simile agli attuali cartelli elettorali da giardino fu John Quincy Adams, che negli anni Venti dell'Ottocento divenne il sesto presidente americano. La vera diffusione dei cartelli elettorali moderni è però degli anni Sessanta del Novecento. Non a caso il periodo in cui si affermò anche una certa idea di famiglia e di casa: in inglese, infatti, il nome di questi cartelli è *lawn signs* o *yard signs* (cioè «cartelli da prato» o «da cortile»). Questi cartelli elettorali «privati», infatti, funzionano molto bene se messi in giardini di aree residenziali che, negli Stati Uniti, spesso non sono recintati con siepi o steccati e si trovano nell'area frontale delle case. Le regole dei cartelli elettorali da giardino variano da stato a stato e da caso a caso (un'elezione comunale è diversa da una presidenziale), ma in linea generale il loro utilizzo è considerato una legittima forma di espressione della libertà di parola garantita dal primo emendamento della Costituzione. In breve, le regole stabiliscono quanti giorni prima del voto possono essere messi i cartelli, che dimensioni massime possono avere (un cartello largo venti metri in una casa accanto a un'autostrada non è un «cartello da giardino») e a quale distanza devono stare dai luoghi in cui si vota. Non c'è però modo di dire con certezza se e quanto i cartelli elettorali da giardino possano influenzare il voto di chi li vede. Diversi studi hanno provato a fare calcoli e ricerche a riguardo, ma è praticamente impossibile

isolare l'effetto dei cartelli dalla lunghissima serie di altri elementi che, nei giorni, nelle ore o persino nei minuti prima di una votazione possono influenzare ogni votante. Secondo un'idea tendenzialmente condivisa da chi si occupa del tema, i cartelli elettorali da giardino possono spostare qualche voto in elezioni locali, in cui è più facile non conoscere il nome di certi candidati e in cui si può essere quindi incentivati a votarne uno perché si è visto che un paio di vicini – magari quelli con cui si è in buoni rapporti – hanno messo un cartello di quel candidato. Oppure, al contrario, si sceglie di non votare un candidato per il semplice fatto che quel vicino antipatico si è palesato come suo sostenitore. È invece difficile che in un'elezione presidenziale i cartelli nei prati possano aiutare qualcuno a ricordarsi chi sono i candidati, o a scegliere se preferire uno o l'altro in base a simpatie o antipatie nei confronti del vicinato: la loro esibizione ha più ragioni identitarie, come si può fare con la bandiera della propria squadra sportiva. Una frase spesso citata a questo proposito, magari in risposta a chi prova a fare previsioni di voto contando i cartelli in certi quartieri, è *signs don't vote*, «i cartelli non votano». Eppure sono ormai decenni che i comitati che si occupano delle campagne elettorali producono, distribuiscono (spesso, soprattutto in passato, gratuitamente) e vendono cartelli elettorali, anche solo per dare un'impressione di forza e presenza in un certo territorio, o per mobilitare i propri sostenitori. Nel 2012, quando già le campagne elettorali si erano in parte spostate dalle strade a internet, il magazine mensile *The Atlantic* citò per esempio studi secondo i quali nei precedenti quarant'anni l'uso di cartelli elettorali da giardino era quadruplicato. Ma Tim Buckley, direttore della comunicazione per il partito Repubblicano in Massachusetts, ne parlò all'*Atlantic* come di un «fardello», perché «finisci per essere tormentato dalla gente che vuole più cartelli, e anche i candidati stessi vogliono che se ne vedano tanti».
C'è anche chi i cartelli elettorali cerca di rubarli o distruggerli. Nel 2020 ne ha parlato il *Wall Street Journal*, raccontando come – anche grazie alla crescente diffusione di citofoni e sistemi di antifurto con videocamera – in quell'anno ci fossero più immagini al riguardo rispetto alle precedenti elezioni presidenziali, e che, oltre a qualche caso di furto o vandalismo, fossero stati documentati casi in cui le persone persino urlavano contro i cartelli. Nel Michigan un uomo, incaricato dall'amministrazione locale di rimuovere un cartello a favore di Donald Trump messo troppo vicino a una strada, si ferì le mani e dovette ricevere 13 punti di sutura, perché sotto al cartello il padrone di casa aveva messo delle lamette per evitare che qualcuno lo rubasse o rimuovesse.

In Texas sta cambiando tutto

È lo stato più promettente degli Stati Uniti, le aziende ci si trasferiscono e la popolazione cresce, ma il boom economico porta con sé problemi che andranno affrontati presto

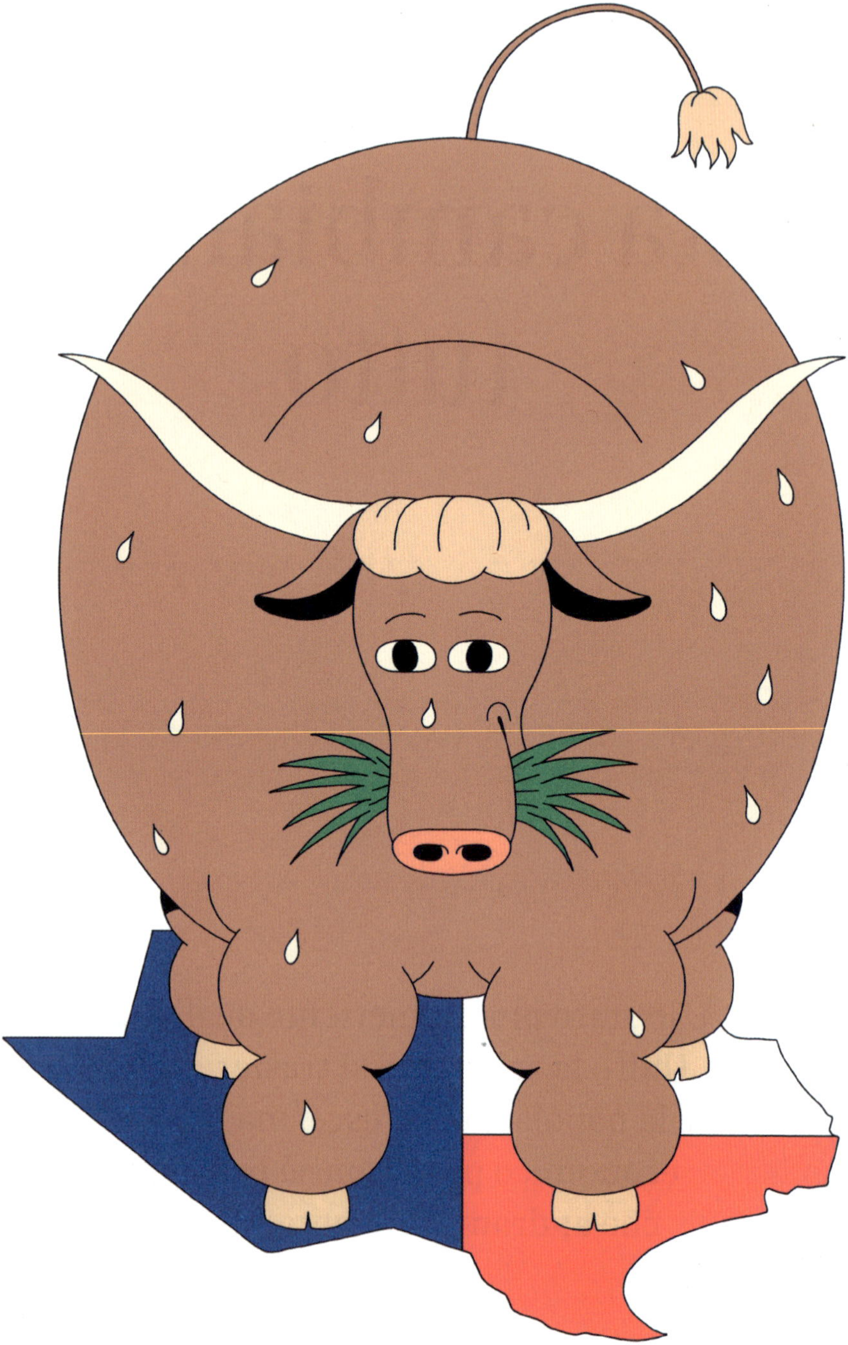

A inizio dicembre del 2023 il consiglio comunale di Austin, la capitale dello stato del Texas, ha approvato un piano che permetterà di costruire case bifamiliari o trifamiliari nei lotti in precedenza destinati alle classiche villette unifamiliari, in tutte le zone della città. Poco prima, a novembre, lo stesso consiglio aveva stabilito che non sarà più necessario costruire un numero minimo di parcheggi per ogni nuova abitazione, rendendo Austin la città più grande degli Stati Uniti a prendere questa decisione. Le regole in precedenza erano piuttosto stringenti: imponevano di costruire almeno due posti auto per ogni villetta unifamiliare, oppure un posto e mezzo per un monolocale.

Entrambe le modifiche cercano di rispondere alle esigenze abitative di una città, e di uno stato, in grande crescita, e di eliminare gli ostacoli alla costruzione di più case a un prezzo accessibile. Nel caso dei parcheggi l'intento è anche quello di superare la dipendenza dalle auto e sfruttare il trasporto pubblico, un settore nel quale di recente sono stati fatti grossi investimenti. Prevedere un minimo di parcheggi per edificio toglieva spazio alle case e faceva aumentare i prezzi degli immobili o degli affitti: due cose che Austin, come molte altre grandi città del Texas, non può più permettersi se non vuole andare incontro agli stessi problemi di prezzi altissimi e crisi abitativa della California (vedi pag. 109).

Da qualche anno in Texas sta cambiando tutto. La popo-

«Se fosse un paese indipendente, nel 2021 avrebbe avuto il nono Prodotto interno lordo (Pil) al mondo, davanti a paesi come Canada, Australia e Corea del Sud.»

lazione cresce e l'economia si diversifica, spostandosi dal petrolio e dal bestiame verso i settori della tecnologia e del turismo. Gli incentivi fiscali attraggono sempre più aziende e famiglie che, arrivando da stati molto più progressisti, portano con sé ideali diversi rispetto a quelli conservatori che caratterizzano la politica locale. Allo stesso tempo, le trasformazioni stanno mettendo in evidenza alcune difficoltà: le reti elettriche e idriche, così come i sistemi dei trasporti, non sono pronte a gestire un forte aumento della domanda, e la classe politica dovrà essere in grado di rispondere adeguatamente sia alle necessità pratiche che alle diverse sensibilità dei nuovi texani.

Oggi il Texas ha più di trenta milioni di abitanti, e continua a crescere. La popolazione è aumentata di 471mila persone fra giugno 2021 e giugno 2022, più di ogni altro stato: corrispondono a novemila texani in più ogni settimana, o 1.290 ogni giorno. Sono in Texas quattro delle dieci città più grandi degli Stati Uniti (Houston, San Antonio, Dallas e Austin) e solo la California, per ora, ha più abitanti (circa 39 milioni). Da anni però la popolazione della California sta diminuendo, per effetto soprattutto dei prezzi del mercato immobiliare, mentre il Texas segue la tendenza inversa.

Non significa che nello stato nasca una quantità anomala di bambini: il principale fattore di crescita, che vale da solo quasi il cinquanta per cento del totale, è l'immigrazione interna, ossia l'arrivo di persone provenienti da altre zone degli Stati Uniti. L'immigrazione dall'estero vale il 25 per cento, e la crescita naturale (ossia il bilancio tra nascite e morti) l'altro 25 per cento.

La crescita demografica ed economica, unita a significativi cambiamenti sociali, sta attirando in Texas lavoratori e aziende provenienti da stati molto più progressisti, a partire proprio dalla California. «Il Texas è oggi quello che la California era negli anni Cinquanta e Sessanta», disse all'*Economist* nel marzo 2023 Ken Miller, professore del dipartimento di Politica al Claremont McKenna College: un posto conveniente dove trasferirsi per trovare lavoro e fare carriera.

Tra il 2005 e il 2019 si sono trasferite in Texas dalla California tra le settanta e le novantamila persone all'anno. Al contrario, secondo i dati della Federal reserve (la banca centrale statunitense) l'82 per cento delle persone che nascono in Texas rimane in Texas, una percentuale piuttosto alta, considerando che il North Carolina, il secondo stato in questa classifica, non arriva al 76 per cento.

Dal punto di vista politico, il Texas è conosciuto come uno stato particolarmente conservatore: ha le regole più permissive degli Stati Uniti sul porto d'armi, e le più restrittive sull'aborto, per citare due dei temi più divisivi nel dibattito pubblico e politico statunitense. Da quasi vent'anni è governato dal partito Repubblicano, e dal 1980 i suoi abitanti hanno sempre votato in maggioranza per il candidato Repubblicano alle elezioni presidenziali. L'evoluzione demografica e l'immigrazione interna stanno però cambiando anche questo aspetto del paese, e avvicinando parte dell'elettorato alle istanze progressiste del partito Democratico.

Allo stesso tempo il Texas si tiene stretti molti elementi identitari. «Tutto è più grande in Texas», dicono orgogliosamente i suoi abitanti, e l'affermazione è confermata dalle dimensioni e quantità di cappelli, stivali, bandiere, auto e ranch che si vedono in giro. Ma anche dall'estensione geografica dello stato, che è il secondo più grande dopo l'Alaska, e dall'importanza della sua economia: se fosse un paese indipendente, nel 2021 avrebbe avuto il nono Prodotto interno lordo (Pil) al mondo, davanti a paesi come Canada, Australia e Corea del Sud.

Proprio l'indipendenza è da sempre un tema caro al Texas. Fu una colonia spagnola fino al 1821, e passò sotto il controllo del Messico quando questo si trasformò in uno stato sovrano. Nel 1835 il generale Sam Houston guidò un'insurrezione armata dei coloni bianchi che avevano cominciato a trasferirsi nel Texas messicano. L'insurrezione ebbe successo: Houston riuscì a catturare il presidente messicano e lo costrinse a firmare un trattato che garantiva l'indipendenza del Texas dal Messico. Seguirono altre guerre e scontri, ma nel 1845 il Texas entrò a far parte degli Stati Uniti (che in quello stesso anno invasero il Messico, strappandogli ulteriori territori).

Per decenni l'economia del Texas fu fondata su cotone (dunque sulla schiavitù dei neri: il Texas fu uno dei principali stati schiavisti), bestiame, legname e ferrovie, ma tutto cambiò all'inizio del Novecento, con la scoperta del petrolio.

Le trivellazioni in Texas erano cominciate già nel 1892, ma dopo anni di tentativi infruttuosi la prima scoperta arrivò nel 1901. Il primo pozzo a diventare produttivo fu quello di Spindletop, vicino alla città di Beaumont, a pochi chilometri dal confine con la Louisiana: al tempo era il giacimento più grande della storia, e da quel momento in Texas si è cominciato a trivellare un po' ovunque. Nel corso di un secolo il petrolio ha cambiato la geografia, la demografia e il futuro dello stato.

Oggi il Texas è da solo il sesto produttore al mondo di petrolio greggio e la figura del petroliere con il cappello da cowboy è entrata nell'immaginario comune. Proprio un petroliere texano fu il protagonista della serie televisiva *Dallas*, una delle più popolari degli anni Ottanta e tra le prime a essere distribuite in quasi tutto il mondo.

Oggi però il Texas è molto più che uno stato pieno di trivelle. Il settore petrolifero (che oltre alle attività estrattive include anche le aziende che raffinano e trasportano il petrolio greggio) pesa «solo» per il 14 per cento sull'economia dello stato, meno del settore finanziario, che arriva al 18 per cento. Nonostante la lunga tradizione economica legata ai combustibili fossili, il Texas nel 2022 ha prodotto più energia elettrica da fonti rinnovabili di qualunque altro stato degli Stati Uniti, grazie soprattutto all'eolico e al fotovoltaico.

Oltre all'energia, una parte importante dell'economia del Texas è legata al settore aerospaziale. Come sa mezzo mondo («Houston, abbiamo un problema»), dal 1961 a Houston ha sede il più importante centro della National aeronautics and space administration (Nasa), la principale agenzia spaziale statunitense, che oggi è dedicato al presidente Democratico Lyndon B. Johnson, in carica tra il 1963 e il 1969 e originario proprio del Texas. La presenza dell'agenzia aerospaziale ha reso Houston una città nota in tutto il mondo e un centro per il settore dell'aeronautica a livello globale. Negli ultimi anni invece Austin, la capitale dello stato, è diventata un centro importante per il settore delle biotecnologie e dei semiconduttori, e una città di grande vivacità culturale.

Il Texas ha quindi saputo diversificare la sua economia, ma continua a guadagnare anche dagli allevamenti di bestiame e soprattutto dai combustibili fossili: lo stato incassa quasi 11 miliardi all'anno in tasse legate alla produzione di petrolio greggio e di gas naturale. Anche per questo i suoi bilanci godono di buona salute, tanto che secondo le proiezioni ha chiuso il 2023 con un surplus di quasi 33 miliardi di dollari (ossia dovrebbe aver incassato 33 miliardi in più rispetto a quelli che ha speso). È una cifra molto alta, e superiore all'intero budget di 24 dei 50 stati americani.

«La presenza dell'agenzia aerospaziale ha reso Houston una città nota in tutto il mondo e un punto di riferimento per il settore dell'aeronautica a livello globale.»

La buona salute dei conti pubblici permette al Texas di tenere a zero le imposte sul reddito. I dipendenti e le aziende non pagano nulla, almeno a livello statale (ci sono alcune tasse federali): gli stipendi lordi sono vicini a quelli netti. Non è l'unico stato con questa politica – sono nove in tutto – ma almeno ultimamente è quello che ne sta traendo i maggiori benefici, attirando moltissimi lavoratori e aziende. Come ci si trasferisce in Florida per godersi la pensione, si va in Texas per lavorare.

Dal 2020 hanno spostato la loro sede in Texas moltissime aziende, soprattutto provenienti dalla California. Non sono solo piccole società o startup (ci sono anche quelle, numerose): sono At&T, attiva nel settore delle telecomunicazioni, Oracle, Tesla e McLaren, mentre la nota banca d'affari Goldman Sachs ha scelto Dallas per la sua seconda sede. Samsung e Texas Instruments, che produce sensori e semiconduttori, stanno costruendo in Texas impianti da miliardi di dollari. Anche per questo in media le persone che si trasferiscono in Texas hanno un livello di istruzione più alto della media degli abitanti locali, e molti lavorano nei settori della tecnologia, dell'informatica e dell'ingegneria.

I vantaggi fiscali spiegano in parte l'attrattiva del Texas, ma non sono gli unici punti di forza dello stato: contribuiscono l'ottima posizione geografica e il clima favorevole, così come i collegamenti efficienti via strada, ferrovia e aereo (l'aeroporto di Dallas-Fort Worth è quello in maggior crescita del paese). Tra febbraio del 2020 e la fine del 2022 il Texas ha creato 760mila nuovi posti di lavoro, il 35 per cento di quelli creati negli interi Stati Uniti. Molti dei nuovi dipendenti sono piuttosto felici di trasferirsi in Texas, dato che il costo della vita è ancora sotto la media nazionale (7,5 per cento in meno) così come quello per le abitazioni, nonostante la tendenza in crescita. Una casa costa mediamente il 15 per cento in meno rispetto alla media nazionale, e meno della metà di quello che costerebbe in California.

I nuovi texani non hanno bisogno solo di nuove case, ma anche di nuovi ristoranti, di nuovi negozi, di nuove lavanderie e nuovi meccanici per le loro auto: la crescita demografica dovuta all'immigrazione ha innestato un circolo virtuoso. Anche il governo federale sta dedicando risorse importanti al Texas, e tre dei più grandi interventi economici introdotti dall'amministrazione del presidente Joe Biden avranno effetti importanti nello stato. L'Inflation reduction Act porterà oltre 60 miliardi di dollari a progetti di energie rinnovabili da qui al 2030, l'Infrastructure investment and jobs Act finanzierà con 27,5 miliardi in cinque anni strade e trasporti, e dei 52 miliardi del Chips Act molti finiranno proprio in Texas. Sembrerebbe uno scenario di collaborazione fra un governo centrale Democratico e uno stato, il Texas, Repubblicano: lo è solo in parte, principalmente per motivi economici che hanno effetti positivi per tutti.

Anche in Texas però il partito Repubblicano, storicamente conosciuto come piuttosto moderato, si sta radicalizzando. Fin dal primo mandato di governatore di George W. Bush, nel 1994, lo stato ha sempre votato conservatore, e per oltre un decennio i Democratici hanno faticato anche a trovare candidati disposti a farsi battere, tanto le speranze di essere eletti erano ridotte. Oggi il governatore Repubblicano Greg Abbott è al terzo mandato, e non ha escluso di correre per un quarto: l'ultima elezione contro Beto O'Rourke, nel 2022, fu la più combattuta e Abbott vinse con il 55 per cento dei voti, contro il 44 per cento di O'Rourke.

Negli ultimi anni Abbott ha introdotto varie leggi che limitano i diritti delle minoranze Lgbtq+, ha concentrato il dibattito pubblico sul contrasto all'immigrazione e ha abbracciato molte delle politiche identitarie che caratterizzano la componente più estrema dei Repubblicani. Per esempio, l'attuale legge sull'aborto in Texas è fra le più restrittive del paese: proibisce l'interruzione volontaria di gravidanza a partire da quando il personale medico riscontra «attività cardiaca» nell'embrione, ossia generalmente intorno alle prime sei settimane, quando molte donne non sanno ancora di essere incinte e il feto non ha ancora un organo cardiaco vero e proprio.

In Texas storicamente è molto forte un'ideologia individualista, e lo stato si è sempre impegnato a limitare il più possibile la propria presenza nella società e nell'economia, e ogni intervento delle istituzioni è spesso stato visto come potenzialmente dannoso. Questo approccio ha portato a evidenti storture: nonostante i grandi fondi a disposizione il governo statale rifiuta, per esempio, di introdurre qualsiasi sistema di assicurazione sanitaria pubblica per le fasce più povere della popolazione, e oggi il Texas ha il numero più alto di tutti gli Stati Uniti di persone senza assicurazione sanitaria.

Anche la spesa statale per l'istruzione, pari a poco più di 10mila dollari a studente, è limitata e si riflette negli scarsi risultati di apprendimento certificati da alcuni enti federali. Le maggiori richieste di forza lavoro specializzata però stanno portando a qualche tentativo di correre ai ripari: una legge del 2019 ha istituito bonus per i distretti scolastici che preparano gli studenti al college, al lavoro o alla carriera militare. Sono previsti da 2.000 a 5.000 dollari per ogni ragazzo che raggiunge determinati obiettivi, continua gli studi o trova lavoro entro un anno, ma gli effetti a lungo termine della misura sono ancora da valutare.

Intanto il boom economico sta portando con sé una serie di nuovi problemi: non solo i crescenti costi delle case, ma anche e soprattutto una certa inadeguatezza delle infrastrutture. Nel 2021 un enorme e generalizzato blackout arrivato in un periodo di temperature particolarmente fredde lasciò i texani senza elettricità per giorni, causando la morte di duecento persone. Non fu un caso isolato: ogni anno in Texas manca la corrente in media per venti ore, segno di una rete che sta diventando inadeguata rispetto alla domanda. Nei prossimi vent'anni la rete idrica avrà bisogno di investi-

«Ogni anno in Texas manca la corrente in media per venti ore, segno di una rete che sta diventando inadeguata rispetto alla domanda.»

menti da 60 miliardi di dollari solo per le riparazioni, mentre il sistema dei trasporti, soprattutto nelle grandi aree urbane e nei collegamenti fra le diverse metropoli, è già vicino al collasso.

Le lunghe strade dritte e deserte del Texas attraversate da rotolacampi sono un'immagine da film, non più coerente con i sempre più frequenti ingorghi autostradali. L'area fra Austin e San Antonio dovrebbe passare da 5,2 milioni a 8,3 milioni di abitanti entro il 2050: servono nuove politiche per i trasporti e interventi mirati, come lo sviluppo di una rete ferroviaria ad alta velocità, il cui progetto esiste da anni ma non si è mai concretizzato.

Il Texas potrebbe essere arrivato a un momento cruciale della sua storia: il boom economico non sembra destinato a passare in fretta, ma serviranno politiche adeguate per renderlo strutturale nel tempo. Il rischio è quello di un declino in stile «californiano», con un aumento incontrollato dei prezzi e una radicalizzazione politica che renda impossibile ogni riforma e ogni tentativo di risolvere problemi concreti, concentrandosi su questioni identitarie.

Una delle principali è senza dubbio l'immigrazione, che da tempo provoca enormi discussioni sia a livello locale che nazionale. Il Texas è definito dai suoi tremila chilometri di frontiera con il Messico (l'Italia ha meno di duemila chilometri di confini terrestri). Il confine è tanto presidiato e controllato quanto inevitabilmente poroso: in alcuni giorni di dicembre del 2023 sono entrati in Texas dal Messico oltre diecimila migranti. Durante la campagna elettorale per le presidenziali del 2016, Trump promise che se fosse stato eletto avrebbe costruito un «grande, grande muro» tra i due paesi per fermare gli arrivi di migranti irregolari, una delle sue proposte più discusse e contestate. Durante i quattro anni del suo mandato l'opera è stata iniziata, ma è rimasta largamente incompiuta.

Secondo molti la concentrazione di attenzioni e risorse sul confine con il Messico sta distraendo la classe politica e l'opinione pubblica dall'affrontare le questioni davvero importanti.

Oggi i texani di origini latinoamericane sono la maggioranza assoluta dei cittadini dello stato, ma anche per queste comunità la sicurezza (i crimini violenti sono in moderata crescita) e l'economia sono le questioni considerate più importanti, che guidano le decisioni elettorali. Allo stesso tempo città come Austin si stanno trasformando in centri progressisti, molto animati e con una vivace scena culturale: in un'ottica di lungo periodo potrebbero cambiare ulteriormente la natura del Texas. Intanto la destra locale resiste alla possibile svolta *liberal*, spostandosi verso posizioni sempre più conservatrici, in reazione difensiva.

I prossimi anni saranno decisivi per vedere se il mix fra queste tendenze porterà a una soluzione virtuosa, che potrebbe funzionare come modello anche a livello federale, oppure se una contrapposizione politica agguerrita si trasformerà in immobilismo, rallentando o compromettendo la crescita economica. — ☜

Chiedi chi era Kissinger

Lucia Annunziata

153

Lucia Annunziata è una giornalista, scrittrice e conduttrice televisiva. Ha lavorato per *il Manifesto*, *la Repubblica*, il *Corriere della Sera*, *la Stampa* occupandosi principalmente di esteri, e dal 2012 al 2020 ha diretto l'*Huffington Post Italia*. In tv è stata direttrice del TG3, presidente della Rai, e ha condotto numerosi programmi di informazione, tra cui *Linea 3*, *Potere* e *In mezz'ora*. Ha scritto diversi libri, tra i quali *Bassa intensità* (Feltrinelli, 1990), *La crepa* (Rizzoli, 1998), *Il potere in Italia* (Marsilio, 2011) e *L'inquilino* (Feltrinelli, 2022).

Nel gennaio del 1969 alla Casa Bianca entra Richard Nixon, nuovo presidente degli Stati Uniti. In Vietnam ci sono 541 mila soldati americani. Nixon vede un pericolo comunista allargarsi nel mondo: «In quell'anno, la protesta interna era diventata agguerrita e violenta. A livello internazionale, non avevamo rapporti con la Cina. I rapporti con l'Unione Sovietica erano congelati e i russi stavano costruendo una base sottomarina a Cuba. Quindi il presidente non era paranoico quando parlava di un problema di matrice comunista nel mondo», dice Kissinger a Niall Ferguson, in una delle sue ultime interviste. I negoziati c'erano, ma si trascinavano in un sostanziale senso di inutilità, avendo come base di partenza posizioni irriconciliabili. I delegati Vietcong, ad esempio, non riconoscevano la legittimità del governo sudvietnamita; e chiedevano il ritiro delle truppe statunitensi. Gli Stati Uniti chiedevano il riconoscimento della sovranità del Sud da parte del Nord. La guerra durava in effetti dal 1955. Eppure nel 1973, quattro anni dopo l'inizio della presidenza, Nixon trova un accordo, un trattato di pace che pareva impossibile.

La verità che offre, cruda e inevitabile per tutti noi, la storia di Henry Kissinger è che sia la pace che la guerra non hanno niente a che vedere con l'etica. Ma solo con il potere. Potrei fermarmi qui.

Henry Kissinger, l'uomo più adulato, più celebrato, più vilipeso della diplomazia internazionale, non è un mistero. Ha scritto e parlato tanto, fino all'ultimo minuto della sua vita da centenario. Ed è chiaro chi sia stato: un ebreo salvato dall'Olocausto, salvato dalla sua trasmigrazione in America, roso tutta la vita dalla necessità di essere accettato dall'establishment del suo nuovo paese, dall'Università di Harvard ai fasti di Washington, eppure sempre, nella sua testa (non dico cuore perché l'assenza o meno di questo organo è parte del dibattito sull'uomo), un tedesco figlio della più pura virtù europea, la saggezza cinica di Metternich, signore delle frontiere europee e del loro ridisegno dopo il ciclone Napoleone. Un evento che certo nell'Europa dei primi anni dell'Ottocento valse quanto tutte le turbolenze del successivo «secolo breve».

La domanda, tornata con la sua morte – è stato, Kissinger, un genio dell'equilibrio mondiale o un criminale di guerra? – è più interessante in effetti per capire non tanto cosa sia stato lui, ma come è progressivamente cambiata nel nostro mondo l'idea di pace e guerra.

Secondo lo stesso Kissinger, a colloquio con Ferguson, la ricetta di quell'accordo vietnamita sarebbe per i gusti «politici» di oggi – cioè per le democrazie con aspirazione alla «trasparenza» – particolarmente indigesta. I metodi e i mezzi impiegati risultano spesso brutali. Negoziati segreti, secondo la passione e convinzione del presidente in carica, Nixon, accompagnati da bombardamenti senza riguardo per i civili. Due negoziatori «ostinati e impeccabili», Le Duc Tho rivoluzionario comunista vietnamita, e il segretario di Stato con accento tedesco di una potenza che stava perdendo la guerra, come diceva lui stesso: «Ero giunto alla conclusione che la guerra non potesse essere vinta sul campo, per questo volevo negoziare.» Perché allora non interrompere la guerra e ritirare le truppe? Perché in Vietnam «c'erano cinquecentomila soldati che non avevano davanti la vittoria. L'obiettivo era infliggere più danni possibili ai vietnamiti del Nord in modo da spingerli a negoziare. Purtroppo, la loro capacità di sopportazione fu molto più alta del previsto». Uso di bombardamenti indiscriminati (come poi il giornalismo americano denunciò con i famosi *Pentagon papers* pubblicati nel 1971), e di attacchi terroristi da parte dei Vietcong. Pazienza per i civili. La loro uccisione non era niente di personale, ma solo parte delle logiche di forza con cui si tratta. La pistola sul tavolo della pace.

E se qualcuno leggendo questo trova un parallelo con molti pensieri uguali delle impossibili trattative di oggi in Ucraina o in Medio Oriente, fa bene a tenere a mente il parallelo: le guerre, così come la pace, non sono cambiate di un millimetro. A dispetto della nostra venerazione per la «trasparenza democratica».

E qui potrebbe finire il processo postumo al grande diplomatico. Ma, come detto, questo processo che lo ha accompagnato un'intera vita è un racconto altrettanto necessario perché il suo svolgimento è un ritratto (involontario) di come è cambiato nel nostro mondo il senso della guerra. Kissinger ha avuto vari sostenitori e oppositori. Dalla sua parte, con accenti vari dalla simpatia a critiche rispettose, c'è una lunga lista. C'è Robert D. Kaplan, politologo americano molto influente, che nel 2013 scrisse sul magazine *The Atlantic* il saggio «In Defense of Henry Kissinger» ripubblicato alla morte del protagonista. Difesa fondata sul fatto che «si devono giudicare le figure storiche sulla base delle prospettive che esistevano nel loro tempo, non nel nostro». Il saggio ricorda infatti quello che era il mondo durante la Guerra fredda con i suoi milioni di vittime. «Per via del modo trionfalistico e improvviso con cui la Guerra fredda si è poi risolta, molti hanno cominciato a pensare che questa fosse una conclusione già scritta. Di conseguenza hanno cominciato anche a vedere le dure misure adottate da Kissinger e da altri come non necessarie.» La dote di quegli anni, molto tipica anche di Kissinger, ricorda, è «il pessimismo come moralmente superiore a un ottimismo senza fondamento».

Negli anni, tuttavia, il «plotone anti Kissinger» è andato progressivamente aumentando, con biografie «pesanti», fatte con i documenti mano a mano desecretati: tra le altre quelle di Seymour Hersh e di Walter Isaacson, che tuttavia conclude che «oggi ci farebbe bene usare una dose maggiore del realismo kissingeriano nella nostra discussione sulla politica estera». Anche i toni delle accuse, col tempo, sono cambiati. Il libro del 2001 che ha fatto fare il salto dalla critica alla polemica è *The Trial Of Henry Kissinger* di Christopher Hitchens. L'autore, famoso intellettuale inglese che per anni ha animato il dibattito politico nella sinistra americana, è morto nel 2011. Nel suo lavoro accusa l'ex segretario di Stato di essere stato un «criminale di guerra», che avrebbe dovuto essere arrestato, e portato in Olanda davanti al Tribunale dell'Aia.

Tuttavia è un'altra voce molto ascoltata a sinistra, quella dello storico Greg Grandin, che nel 2015 solidifica tutte le critiche in una nuova lettura del lavoro di Kissinger. Il suo libro prende di punta la tesi più popolare, cioè che Kissinger fosse un realista, orientato dal calcolo dell'interesse nazionale, e dalla permanente ricerca degli equilibri di potere. Al contrario, Grandin lo descrive come un «esistenzialista» della politica, che crede in un mondo in cui non esiste più una verità assoluta, e in cui gli statisti sono quelli che sanno reagire alle situazioni trovando soluzioni attraverso intuizioni piuttosto che calcoli. È la «filosofia del fare» quella di Kissinger, creativa in quanto fondata sull'operato degli individui e sulla loro capacità di rompere le restrizioni delle burocrazie, della politica, e dei concetti lealistici della sovranità nazionale. Ed eccoci qui al completo ribaltamento: un creativo inventore di soluzioni, il perfetto contrario dell'erede di Metternich.

E non è un'assoluzione questa, per Grandin, che sostiene che il metodo Kissinger nasce come intuizione ma diventa poi invece un percorso prefissato per tutti i presidenti a venire. Per i quali, e per l'America, la guerra diventa una questione di fatto: portando ad esempio gli anni Ottanta dei contras, le guerre di Clinton in Africa e nei Balcani, quelle mediorientali in Iraq, fino alle guerre eterne contro il terrorismo, fino a quelle che lo stesso Obama ha sfiorato.

Insomma, un *manifest destiny*, riscritto per la nuova era post Guerra fredda. In cui circola un'idea, solo suggerita ma chiara: quando si parla di Kissinger non si tratta solo delle sue responsabilità, ma di quelle che tutti gli americani hanno accettato e condiviso. Kissinger come il grande corruttore di un paese che si è fatto corrompere. È un cambio di approccio che contiene il discorso sulla critica all'imperialismo che oggi vediamo fiorire nelle università americane.

In conclusione, cosa dobbiamo pensare di quest'uomo che ha segnato quasi tutto il secolo americano?

Personalmente ho apprezzato il saluto funebre dedicatogli da David Ignatius, editorialista del *Washington Post* e suo amico da sempre. Ignatius si rifà alla teoria della forte radice della cultura europea innestata da Kissinger. Torniamo così alla cultura del Congresso di Vienna del 1815 che riuscì a chiudere le guerre napoleoniche per almeno un secolo. È una tesi condivisa da molti, ed è fondata.

Ma c'è qualcosa da aggiungere alla convinzione di tanti. Quell'ordine del 1815 fu fondato sulle sovranità nazionali, ed è ormai stato di fatto smantellato dalla globalizzazione. Come dimostrano le attuali guerre. Se qualcosa va oggi detto è che questo nuovo dis/ordine globale – in cui tutto è da rifare – nemmeno Kissinger l'ha visto sgretolarsi. Il suo tempo era arrivato e nessuno dei tanti se ne è accorto. Lasciamolo al passato.

I Democratici non possono più dare i latinos per scontati

La più grande minoranza
del paese continua a crescere,
ed è meno prevedibile

In tutte le elezioni presidenziali statunitensi degli ultimi quarant'anni gli elettori latinoamericani hanno votato in maggioranza per il candidato Democratico: nel 1980 Jimmy Carter ottenne il 56 per cento dei voti della comunità latinoamericana, nel 1996 Bill Clinton il 72, nel 2020 Joe Biden il 66. Ma più di recente, benché gli ispanici continuino a votare in maggioranza per i Democratici, le analisi stanno segnalando uno spostamento del loro voto verso i Repubblicani: Donald Trump per esempio ha ottenuto risultati migliori alle elezioni del 2020 rispetto al 2016. È un dato significativo, anche se si considera il modo in cui è cambiata nel tempo la comunità latinoamericana negli Stati Uniti e il ruolo sempre maggiore che ha nei processi politici ed elettorali.

Anzitutto è sempre più ampia, e quindi sempre più influente. I latinoamericani sono il 19 per cento della popolazione, un dato in crescita rispetto al 16 per cento del 2010 e soprattutto al cinque per cento degli anni Settanta. La comunità è cresciuta del 26 per cento in dodici anni, molto più di quanto sia cresciuta la popolazione generale negli Stati Uniti (otto per cento). Alcune stime prevedono che nel 2050 più di uno statunitense su quattro si identificherà come ispanico. Di fatto è il secondo gruppo etnico più numeroso negli Stati Uniti, dopo i bianchi non ispanici (58,9 per cento del totale).

È un gruppo etnico particolarmente giovane rispetto alla

media statunitense. Ogni anno un milione di latinos compie 18 anni e può quindi votare per la prima volta: dal 2018 i potenziali elettori sono aumentati di 4,7 milioni, a novembre del 2024 saranno in 34,5 milioni a poter scegliere il presidente. Soprattutto negli stati del Sud potrebbero risultare decisivi, anche se, come è ovvio, l'elettorato ispanico non può essere considerato un'entità compatta per quanto riguarda provenienze, situazione economica e preferenze politiche.

Secondo i dati dell'Ufficio del censimento statunitense relativi al 2022, la componente largamente più numerosa è ancora quella messicana (37,2 milioni di persone), seguita da quella portoricana. Grazie alla condizione di stato libero associato agli Stati Uniti, che permette una libera circolazione delle persone, il numero di cittadini di Porto Rico che vive nei cinquanta stati americani è da alcuni anni superiore a quello degli abitanti dell'arcipelago d'origine, che si trova a ovest di Cuba, di Haiti e della Repubblica Dominicana: 5,8 milioni di persone contro poco più di tre. Seguono salvadoregni (2,5 milioni), dominicani (2,4), cubani (2,4), guatemaltechi (1,8), colombiani (1,4) e honduregni (1,1).

Negli ultimi anni è aumentata molto l'immigrazione dal Venezuela soprattutto a causa della grossa crisi economica del paese: oggi negli Stati Uniti ci sono 815mila venezuelani, il 236 per cento in più rispetto al 2010.

Da due decenni però l'immigrazione non è più il motivo principale dell'aumento della popolazione ispanica negli Stati Uniti: ogni anno nasce nel paese un milione di bambini con genitori latinoamericani, mentre i nuovi immigrati non superano i 350mila. Allo stesso tempo cresce la quota di persone ispaniche che vivono negli Stati Uniti da più di dieci anni: sono al momento l'ottanta per cento del totale, così come quattro su cinque hanno la cittadinanza americana. Più del settanta per cento parla inglese bene o molto bene, e tra il 2000 e il 2022 la quota dei latinos che parlano abitualmente spagnolo in casa è scesa dal 78 al 68 per cento, con una diminuzione soprattutto fra le seconde e le terze generazioni, che hanno talvolta un genitore o un parente di un'altra etnia.

Nonostante il processo di integrazione sia ormai per molti consolidato, nel 2021 lo stipendio medio per le persone ispaniche era di 59mila dollari, contro una media nazionale di quasi 68mila. È inferiore alla media anche la percentuale di chi possiede una casa di proprietà (51 per cento contro 65 per cento). Le famiglie sono più grandi e il tasso di povertà è ancora superiore alla media nazionale: nel 2022 dieci milioni di persone ispaniche, il 17 per cento del totale, vivevano sotto la soglia di povertà.

Le condizioni economiche sono però in continua e veloce evoluzione. Uno studio dell'Università della California ha evidenziato che se i latinos statunitensi formassero uno stato indipendente questo avrebbe un Prodotto interno lordo (Pil) di 3.200 miliardi di dollari: sarebbe il quinto più alto al mondo, superiore fra gli altri a quello di Regno Unito, Francia o India. Lo stesso ipotetico Pil nel biennio 2020-2021 sarebbe cresciuto più di quello di ogni altro paese «reale», Cina esclusa. Pensare a uno stato di latinos statunitensi resta un esercizio teorico, ma anche i dati reali raccontano una comunità economicamente attiva, soprattutto con piccole e medie imprese. Pur rappresentando solo il 19 per cento della popolazione, i latinoamericani hanno contribuito per il 39 per cento alla crescita del Pil statunitense: detto in altre parole, producono più ricchezza dell'americano medio.

In alcuni stati quella ispanica è già diventata l'etnia maggioritaria: lo è in California dal 2014 (oggi sono 15,6 milioni, il quaranta per cento della popolazione dello stato) e in

«La componente largamente più numerosa è ancora quella messicana (37,2 milioni di persone), seguita da quella portoricana.»

Texas dal 2021 (oggi 12,1 milioni, il quaranta per cento). In New Mexico sono la maggioranza assoluta, ma su un totale di soli due milioni di abitanti, mentre numericamente la terza comunità più grande è in Florida (sei milioni) e la più piccola è nel Vermont (15mila).

Nonostante questa crescente importanza numerica, economica ed elettorale, la rappresentanza dei latinos ai più alti livelli della politica è ancora limitata: nel 2023 erano ispanici il nove per cento dei deputati eletti al Congresso e il sei per cento dei senatori. In maggioranza appartengono al partito Democratico e la più nota è probabilmente la deputata Alexandria Ocasio-Cortez, nata nel Bronx, un quartiere di New York, da una famiglia portoricana.

Il primo candidato presidente «latino» risale agli anni Ottanta, era figlio di immigrati irregolari messicani e si chiamava Ben Fernandez. Consulente finanziario diventato milionario, partecipò a tre primarie del partito Repubblicano, raccogliendo fondi e voti in misura limitata. Nel 2016 due figli di immigrati cubani furono fra i principali avversari di Donald Trump: Marco Rubio, senatore della Florida, vinse le primarie Repubblicane in Minnesota e a Porto Rico, e il texano Ted Cruz arrivò secondo in quelle primarie – per quello che vale – senza troppo impensierire il futuro presidente e diventandone in seguito un grande sostenitore. Nel 2020 l'unico candidato ispanico alle primarie presidenziali fu invece un Democratico, il texano di origini messicane Julián Castro, che nel 2014 era stato il membro più giovane della squadra di governo dell'allora presidente Barack Obama, col ruolo di segretario alla Casa e allo Sviluppo urbano. Da pochi mesi è diventato il presidente della Latino Community Foundation, una fondazione che raccoglie fondi per progetti non profit destinati alla comunità ispanica, ma che lavora anche per la mobilitazione dell'elettorato. È attiva soprattutto in California, ma ha ambizioni nazionali.

La partecipazione della comunità ispanica alla vita politica è da tempo una questione discussa. Nel 2020 per la prima volta più della metà di chi aveva diritto al voto lo ha effettivamente espresso, con una partecipazione più alta fra le donne e i giovani. Le analisi del voto e i sondaggi hanno indicato come diritto all'aborto e controllo delle armi siano argomenti che possono spostare i voti soprattutto della comunità messicana. Storicamente però è stato soprattutto l'approccio di chiusura dei Repubblicani sui temi della cittadinanza e dell'immigrazione a spingere l'elettorato latinoamericano verso istanze progressiste, nonostante i diffusi valori religiosi, familiari, patriottici e spesso anticomunisti siano perlopiù assimilabili a quelli conservatori.

Per decenni i Democratici hanno osservato la crescita dei numeri della comunità, contando sul fatto che questa potesse cambiare il destino politico di stati storicamente conservatori come Texas, New Mexico, Arizona, Nevada e persino Florida, dove però la numerosa comunità cubana è più spostata a destra, anche per il suo convinto anticomunismo. Un cambio di direzione è effettivamente avvenuto, seppure non in tutti gli stati. Potrebbe però non essere così decisivo e irreversibile nel prossimo futuro.

Come effetto di una maggiore integrazione e di un sempre superiore consolidamento della propria cittadinanza americana, negli ultimi anni parte dell'elettorato ispanico ha spostato la propria attenzione verso temi più cari alla destra, come il controllo delle frontiere e la sicurezza. Per i latinos ora l'economia conta più dei diritti di cittadinanza: inflazione, costo della vita e crescita dei prezzi degli affitti e delle case sono considerati i temi più importanti, con un giudizio perlopiù negativo sui risultati ottenuti dall'amministrazione Biden.

Le promesse dei Repubblicani di riduzione delle tasse e di semplificazione dei regolamenti per accedere a prestiti e appalti piacciono ai sempre più numerosi proprietari ispanici di attività commerciali e piccole imprese, mentre una quota crescente della comunità mostra una generale disaffezione alla politica: un terzo dice di non riconoscersi in alcun partito.

Durante la campagna elettorale del 2016 Trump ha usato una retorica molto dura nei confronti del Messico, accusando il suo governo di mandare negli Stati Uniti «criminali, spacciatori e stupratori». Ora sembra aver cambiato strategia e i suoi attacchi si concentrano sugli immigrati che vorrebbero entrare nel paese in modo irregolare. In una successiva intervista ha definito gli ispanici «persone incredibili».

La risposta dei Democratici si è concentrata su campagne di comunicazione destinate a specifici gruppi di latinoamericani, in base alla nazionalità di origine e alle diverse caratteristiche (immigrati di prima o seconda generazione, di lingua spagnola, bilingui e così via). L'impegno è anche quello di contrastare la grande diffusione della disinformazione fra gli elettori latinoamericani. Questa è favorita da due componenti: rispetto alla media nazionale gli ispanici si informano maggiormente sui social e attraverso WhatsApp, e la moderazione che le grandi aziende come Meta – proprietaria tra le altre cose di WhatsApp e Facebook – compiono sui contenuti in spagnolo è molto meno efficace rispetto a quelli in inglese.

Durante le ultime elezioni (le presidenziali del 2020 e quelle di metà mandato del 2022) fu segnalata una grande circolazione di notizie false. Vista la grave crisi economica del Venezuela, molte raccontavano della volontà di Biden di intraprendere politiche di stampo socialista, simili a quelle del presidente venezuelano Nicolás Maduro. Altre riproponevano le teorie complottiste sulle elezioni del 2020, e alcune riguardavano l'occultamento da parte del governo di molestie subite da alcune ragazze da parte di persone trans (una storia falsa).

La crescente importanza della comunità latina si riflette anche nelle iniziative sempre più numerose lanciate dai grandi media per intercettarne gli interessi: il *New York Times*

«L'impegno è anche quello di contrastare la grande diffusione della disinformazione fra gli elettori latinoamericani.»

per esempio ha un'edizione del sito e dei podcast in spagnolo, così come la *CNN*. La televisione più seguita e influente tra le comunità ispaniche resta però *Univision*, che fino a un anno fa aveva un approccio decisamente progressista ed era stata un fattore di mobilitazione favorevole ai Democratici. Durante la campagna elettorale del 2015 fece notizia la cacciata del suo giornalista più noto da una conferenza stampa organizzata da Trump: Jorge Ramos insisteva con domande sulla promessa di costruire un muro al confine tra Stati Uniti e Messico, e Trump lo fece portare via urlandogli: «Tornatene a *Univision*.»

All'inizio del 2022 la rete completò un processo di fusione aziendale con il gruppo Televisa, che ha una storia di legami piuttosto stabili con la classe politica messicana nonché con alcuni dirigenti da tempo amici di Jared Kushner, marito della figlia di Trump, Ivanka. La nuova gestione ha portato a un approccio molto più vicino al partito Repubblicano: a inizio dicembre Trump ha deciso di lanciare la sua campagna per il voto latinoamericano proprio con un'intervista sul canale, che è stata molto criticata perché considerata troppo amichevole nei suoi confronti. — ☜

COME SI DIVENTA AMERICANI

La procedura per richiedere la cittadinanza negli Stati Uniti – attribuita invece a chiunque nasca nel territorio statunitense, per *ius soli* – prevede di dover soddisfare determinati requisiti e superare alcuni passaggi per chi non è figlio di genitori statunitensi (sono previste alcune eccezioni per i militari o i parenti di militari): avere 18 anni, risiedere fisicamente negli Stati Uniti essendo in regola con i documenti di soggiorno da almeno cinque anni (o tre per i coniugi di cittadini statunitensi), aver vissuto nei tre mesi precedenti alla domanda nello stato in cui viene presentata, esprimere buoni valori morali e attaccamento ai princìpi della Costituzione degli Stati Uniti, dimostrare una conoscenza di base della lingua inglese e, prima di poter finalmente giurare lealtà alla nazione e alla bandiera, passare un test di educazione civica.

Una volta compilata la domanda, il primo appuntamento è per la rilevazione dei dati biometrici: le impronte digitali, la foto e la firma vengono utilizzate per la conferma dell'identità del richiedente. Il passaggio successivo è il colloquio con gli ispettori dei Servizi di cittadinanza e immigrazione, durante il quale vengono verificate la conoscenza della lingua inglese (*English test*) e quella del governo, della storia e dei princìpi degli Stati Uniti (*civics test*).

Durante l'English test il richiedente deve mostrare di essere in grado di parlare, leggere e scrivere un inglese di base, mentre il civics test, rinnovato l'ultima volta nel 2008, è un esame orale che consiste in dieci domande scelte da una lista di cento a disposizione di tutti sul sito dei Servizi di cittadinanza e immigrazione degli Stati Uniti. La prova è superata se l'aspirante cittadino è in grado di rispondere correttamente a sei delle dieci domande.

Le domande riguardano la forma di governo (con tre sottosezioni su princìpi della democrazia americana, sistema di governo e diritti e responsabilità), la storia americana (suddivisa in periodo coloniale e indipendenza,

Ottocento e storia americana recente e altre informazioni storiche importanti) e l'educazione civica generale (con domande sulla geografia, i simboli e le festività). Nell'elenco pubblicato online sono indicate anche le risposte giuste, che sono spesso più di una; anche se oltre a quelle pubblicate sono possibili altre risposte corrette, è consigliato utilizzare una delle formule inserite nella lista. Questi sono esempi delle domande e delle risposte contenute nel documento:

Come sono chiamati i primi dieci emendamenti della Costituzione?
La Carta dei diritti.

Quanti sono i senatori degli Stati Uniti?
Cento.

Cosa impedisce a uno dei rami del governo di avere troppi poteri?
La separazione dei poteri/Il controllo e bilanciamento reciproco.

Chi è il Comandante in capo delle forze armate?
Il presidente.

Qual è l'ultimo giorno utile per inviare i moduli per le tasse federali?
15 aprile.

Chi viveva in America prima dell'arrivo degli europei?
Indiani americani/Nativi americani.

Chi ha scritto la Dichiarazione d'indipendenza?
Thomas Jefferson.

Cita una delle cause della Guerra civile.
La schiavitù/Motivi economici/I diritti degli stati.

Che cosa fece Martin Luther King Jr.?
Combatté per i diritti civili/Lavorò per l'eguaglianza di tutti gli americani.

Cita uno dei territori degli Stati Uniti.
Porto Rico/Isole Vergini Americane/Samoa Americane/Isole Marianne Settentrionali/Guam.

Perché la bandiera ha cinquanta stelle?
Perché c'è una stella per ogni stato/Perché ogni stella rappresenta uno stato/Perché ci sono cinquanta stati.

Qualora la persona abbia più di 65 anni e risieda permanentemente negli Stati Uniti da venti o più anni le domande su cui prepararsi sono solo venti, e il test può essere condotto anche in una lingua di propria scelta. Nel caso in cui non venga superato uno dei test previsti si può sostenere nuovamente l'esame entro novanta giorni, solo sulla parte fallita. Al termine del processo, se concluso positivamente, si presta il giuramento di fedeltà alla nazione che sancisce il riconoscimento della cittadinanza degli Stati Uniti.

La discussione sull'aborto

Il diritto all'aborto, che è stato eliminato a livello federale nel 2022 da una Corte suprema conservatrice, ha aiutato i Democratici a vincere molte elezioni successive

AB
OR
TiON
iS
LEGAL

Nel giugno del 2022 la Corte suprema degli Stati Uniti, composta da sei giudici conservatori e tre progressisti, in seguito a un ricorso dello stato del Mississippi pronunciò una nuova sentenza che annullò quella storica del 1973 *Roe v. Wade*, che aveva garantito l'accesso all'interruzione volontaria di gravidanza su tutto il territorio federale. Da quel momento in poi i singoli stati che compongono il paese, e dunque le maggioranze politiche che li governano, hanno la libertà di decidere se e come limitare l'accesso all'aborto.

Nei quasi cinquant'anni che sono passati tra la sentenza *Roe v. Wade* e il suo rovesciamento, negli Stati Uniti l'aborto non ha mai smesso di essere al centro del dibattito pubblico e politico, e lo è anche nell'avvicinamento alle elezioni presidenziali del 2024. Vari sondaggi dal 2022 in poi mostrano come il sostegno dell'opinione pubblica nei confronti della libertà di abortire non sia mai stato così alto, e che più di due terzi degli statunitensi siano contrari alla scelta di cancellare la sentenza *Roe v. Wade*. I sondaggi dicono anche che la tutela dell'accesso all'aborto sarà una questione importante per orientare la scelta del presidente degli Stati Uniti da parte di elettori ed elettrici: il partito Democratico, storicamente più favorevole alla libertà di scelta e di autodeterminazione per le donne, ha già iniziato a investire molte risorse sulla questione.

Dal 2022 elettori ed elettrici in varie parti del paese sono stati invitati a esprimersi direttamente sul tema tramite referendum popolari in diversi stati: hanno sempre votato a favore del diritto all'aborto, anche in stati tradizionalmente più conservatori come il Kansas e il Kentucky. Nel novembre del 2022, alle elezioni di metà mandato con le quali si votò per rinnovare la Camera e parte del Senato, i Democratici ottennero un inaspettato successo, interpretato anche con la contrarietà di molti elettori all'eliminazione del diritto all'aborto.

E negli ultimi anni il tema dell'aborto ha favorito diversi candidati Democratici. Un caso di cui si è parlato molto è quello di Andy Beshear, Democratico che nel novembre del 2023 fu riconfermato governatore del Kentucky, uno stato considerato solidamente conservatore e quindi vicino al partito Repubblicano. La campagna elettorale di Beshear prese slancio soprattutto grazie alla testimonianza di Hadley Duvall, una ragazza del Kentucky che durante l'infanzia e l'adolescenza era stata violentata dal patrigno, era rimasta incinta a dodici anni ma aveva avuto un aborto spontaneo. «Non si può pensare di dire a una bambina di dodici anni che deve tenere il figlio di un patrigno che l'ha stuprata», aveva detto in un video, rivolta all'avversario Repubblicano di Beshear.

Mentre da anni i Democratici stanno orientando la propria comunicazione per presentarsi come convinti sostenitori del diritto all'aborto, i Repubblicani sono più in difficoltà: il partito rappresenta le istanze di gruppi molto conservatori, tra cui i cristiani evangelici, e generalmente ha sempre sostenuto i movimenti *pro-life*, ossia quelli che considerano prioritario tutelare la vita del feto, anche a scapito della volontà e della salute della madre.

Ma i candidati Repubblicani sanno che esplicitare l'intenzione di limitare ulteriormente il diritto all'aborto potrebbe essere politicamente pericoloso, che questo consenso non è universale nel loro elettorato, e molti esponenti stanno fati-

«Per i Democratici la decisione della Corte suprema è diventata un'occasione per mobilitare elettori ed elettrici meno convinti del presidente Joe Biden.»

cando dunque ad articolare una posizione che soddisfi sia i gruppi più conservatori della società che elettori più moderati e indecisi.

Anche l'ex presidente Donald Trump è sembrato finora non sapere come affrontare la questione: si è preso il merito di aver nominato i tre giudici conservatori della Corte suprema che sono stati determinanti nel rovesciamento della sentenza *Roe v. Wade*, ma finora non è andato oltre e non si è esposto particolarmente sul tema. In vari comizi ha mostrato posizioni piuttosto moderate, ha divagato sull'argomento e non ha detto con chiarezza se, nel caso fosse rieletto presidente, bloccherebbe l'accesso all'aborto a livello nazionale, anche nelle parti del paese dove finora è rimasto legale.

Nikki Haley, ex governatrice del South Carolina e sfidante di Trump nelle primarie Repubblicane, si è a sua volta mantenuta su una posizione sfuggente, proponendo generici inviti a trovare dei «compromessi». Ha fatto appello alla sua esperienza di madre che ha lottato per avere dei figli, di moglie di una persona che è stata adottata e di amica di una donna che è stata stuprata. E ha parlato in termini generali di voler «salvare quanti più bambini possibile e sostenere quante più mamme possibile».

Per i Democratici la decisione della Corte suprema è diventata invece un'occasione per mobilitare elettori ed elettrici meno convinti del presidente Joe Biden, e un tema su cui fare leva per ottenere il voto degli indecisi, dei Repubblicani *pro-choice* e soprattutto delle donne. «Un voto per Joe Biden e Kamala Harris è un voto per ripristinare *Roe*, e un voto per Donald Trump è un voto per vietare l'aborto in tutto il paese», ha detto a gennaio Julie Chávez Rodríguez, responsabile della campagna per la rielezione di Biden. «Questa è la posta in gioco nel 2024.»

Negli anni Settanta, ai tempi in cui il Repubblicano Richard Nixon era presidente, ci vollero tre anni e una maggioranza di sette giudici contro due per arrivare alla sentenza *Roe v. Wade*. Mentre i movimenti femministi prendevano slancio e aprivano cliniche e consultori clandestini per permettere alle donne di abortire, alcuni medici, avvocati e persone impegnate per la salute pubblica cominciarono a fare pressione per riformare le norme sull'aborto, che era proibito nella maggior parte degli stati con pochissime eccezioni.

L'azione decisiva la intrapresero due avvocate del Texas poco più che ventenni: Linda Coffee e Sarah Weddington. Durante l'università Weddington era stata costretta ad andare in Messico per abortire. A quel tempo in Texas era in vigore una delle leggi più restrittive sull'aborto: risaliva al 1854 e puniva con la reclusione dai due ai cinque anni chiunque avesse praticato un aborto in qualunque caso, a meno che la vita della donna non fosse in pericolo.

Per portare avanti la loro campagna legale a favore del diritto all'aborto, Coffee e Weddington avevano però bisogno di un caso e di una querelante che avessero determinate caratteristiche: doveva trattarsi di una donna incinta che voleva abortire, ma non in uno stadio avanzato; non doveva possedere le risorse economiche necessarie per spostarsi in uno stato dove l'aborto era consentito, come potevano invece fare le donne benestanti e con maggiori risorse, né doveva essere in grado di pagare un medico affidabile per un aborto clandestino. E doveva, infine, essere bianca, poiché altrimenti i pregiudizi razziali avrebbero impedito di far montare il caso mediaticamente, come secondo loro era necessario succedesse.

L'occasione si presentò nel 1970, quando un avvocato di Dallas, Henry McCluskey, contattò Coffee per ricambiare un favore e le segnalò una donna che si era rivolta al suo studio: Norma Leah McCorvey. McCorvey era nata il 22 settembre del

1947 in Louisiana ed era cresciuta a Houston, in Texas. Dopo la separazione dei genitori aveva abbandonato la scuola per iniziare a lavorare, e prima dei 18 anni era scappata di casa, si era sposata, aveva divorziato e aveva avuto due figlie. A 22 anni era rimasta incinta del terzo figlio da un uomo che lei definiva molto violento, e disse prima al suo medico e poi a McCluskey che non avrebbe voluto portare a termine la gravidanza. Bianca, nubile, giovane, senza mezzi economici e incinta di cinque mesi, McCorvey era la querelante adeguata per mostrare a tutti le conseguenze delle leggi che vietavano l'aborto.

Per proteggere la sua identità le due avvocate decisero di usare per la causa un generico nome di donna, Jane Roe, e Coffee presentò ricorso alla Corte distrettuale del Texas il 3 marzo del 1970. La difesa della legge texana venne assunta dal procuratore distrettuale Henry Wade, che era già piuttosto celebre perché nel 1963 aveva rappresentato l'accusa contro Jack Ruby, l'uomo che aveva ucciso Lee Harvey Oswald, l'assassino del presidente John Fitzgerald Kennedy. L'udienza si concluse il 17 giugno, quando un collegio di tre giudici diede ragione a Jane Roe, basandosi sull'interpretazione del nono emendamento della Costituzione degli Stati Uniti, in cui si dichiara che l'elenco dei diritti individuali può essere integrato da altri diritti, non specificamente menzionati nel testo.

Dopo la sentenza della Corte distrettuale Wade fece ricorso in appello alla Corte suprema degli Stati Uniti: la celebre sentenza *Roe v. Wade* fu emessa il 22 gennaio del 1973, approvata con una maggioranza di sette giudici su nove. Non si basò tanto sul nono emendamento, con cui il caso si era chiuso nella Corte distrettuale, ma su una nuova interpretazione del quattordicesimo emendamento della Costituzione degli Stati Uniti, che riguarda il diritto alla privacy, inteso come diritto alla libera scelta nell'ambito delle questioni personali. Nei dieci anni precedenti il 1973 alcune sentenze avevano modificato il concetto di privacy: lo avevano cioè esteso oltre la protezione dei semplici dati personali, fino a riconoscere all'individuo la libertà di prendere decisioni in ambito procreativo e ad applicarsi alle sue scelte più intime.

Quando si aprì la discussione davanti alla Corte l'avvocato Jay Floyd, che rappresentava il Texas, pronunciò quella che successivamente venne definita da una rivista statunitense la «peggior battuta nella storia del diritto». «È una vecchia battuta», disse Floyd, «ma quando un uomo discute con due belle donne [si riferiva alle due avvocate] in questo modo, loro avranno l'ultima parola.»

L'autore del parere di maggioranza sul caso fu il giudice Harry Blackmun, che iniziò il suo ragionamento con una ricostruzione storica del diritto all'aborto dal mondo antico fino ai tempi più recenti. L'obiettivo era valutare se la criminalizzazione dell'aborto facesse parte della *common law*, il sistema giuridico vigente nei paesi anglosassoni e basato più sui precedenti giudiziari che sui codici, oppure fosse di origine più recente. Le sue conclusioni furono che prima del 1821 negli Stati Uniti non esistevano divieti espliciti all'interruzione di gravidanza: furono introdotti per la prima volta quell'anno dal Connecticut, il cui esempio fu poi seguito da molti altri stati.

Secondo Blackmun tutti i divieti e le limitazioni relativi alla pratica dell'aborto erano stati introdotti di recente per tre principali motivi: disincentivare atti sessuali illeciti o immorali, proteggere la salute della donna e proteggere il feto. Il giudice escluse subito dalla propria argomentazione la prima giustificazione, ma si occupò delle altre due. Concluse che con lo sviluppo della medicina il timore dei rischi per la salu-

«Alcuni stati hanno anche introdotto delle leggi per limitare la diffusione di pubblicità ingannevoli promosse dai centri antiaborto per dissuadere le pazienti dal ricorrere alla pratica.»

te della donna in seguito a un aborto non fosse più fondato. Il termine «salute» doveva poi essere ampliato fino a comprendere non solo il benessere fisico, ma anche quello mentale e psicologico di una donna. Per questo motivo, stabilì che la scelta di diventare madre dovesse rientrare nell'ambito del diritto alla privacy. Restava però la terza questione, che aveva a che fare con il «diritto del feto». La decisione finale si basò su un bilanciamento tra i diversi interessi: la donna aveva sì il diritto di decidere cosa fare con il proprio corpo, ma tale diritto non poteva essere assoluto.

La Corte enunciò dunque due princìpi generali che dovevano essere applicati valutando caso per caso: l'aborto era possibile per qualsiasi ragione la donna lo volesse, ma soltanto fino al momento in cui il feto non fosse in grado di sopravvivere al di fuori dell'utero materno (ossia solitamente all'inizio del terzo trimestre); a quel punto poteva prevalere l'interesse dello stato a proteggere il feto, considerato come una «persona». L'altro principio stabiliva invece che la donna potesse decidere di abortire anche dopo la sopravvivenza del feto al di fuori dell'utero, ma solo nel caso in cui ci fossero stati pericoli per la sua salute.

Dopo la sentenza, McCorvey – che nel frattempo aveva partorito e dato in adozione la figlia – divenne il simbolo delle campagne a favore dell'aborto, impegnandosi in prima persona. Poi però cambiò idea: negli anni Ottanta aderì alla Chiesa evangelica e divenne una forte oppositrice del diritto all'aborto, posizione che mantenne anche quando si convertì al cattolicesimo, qualche anno dopo. Prima di morire, a 69 anni nel 2017, rivelò che un'organizzazione religiosa l'aveva pagata per fare dichiarazioni pubbliche contro l'aborto.

Se la sentenza *Roe v. Wade* aveva reso l'aborto praticabile in tutti gli Stati Uniti, la sua cancellazione ha di fatto riportato le cose indietro di cinquant'anni, subordinando la possibilità di abortire alle decisioni delle maggioranze di governo dei singoli stati.

Dal 2022 la mappa della libertà di aborto negli Stati Uniti ha continuato a cambiare. Alcuni stati con governatori Democratici hanno scelto di proteggere il diritto a interrompere una gravidanza adottando varie misure legislative e amministrative che facilitano e tutelano la procedura: sovvenzioni e sostegno finanziario ai servizi di salute sessuale e riproduttiva, miglioramenti nella sicurezza per le cliniche che praticano aborti, spesso prese di mira dai gruppi contrari alla pratica, e l'espansione della copertura assicurativa per l'accesso all'aborto e per l'accesso alla contraccezione anche d'emergenza.

Alcuni stati hanno anche introdotto delle leggi per limitare la diffusione di pubblicità ingannevoli promosse dai centri antiaborto per dissuadere le pazienti dal ricorrere alla pratica: sono centri spesso associati a organizzazioni cristiane o molto conservatrici, che si presentano come cliniche in cui si può abortire ma che in realtà cercano di convincere le donne che le contattano a portare a termine la gravidanza. Tra le tutele introdotte ci sono anche leggi per proteggere la privacy dei dati per quanto riguarda i servizi di assistenza sanitaria sessuale e riproduttiva, e le cosiddette «leggi scudo», per proteggere medici che praticano un aborto in stati in cui la procedura è legale da eventuali incriminazioni negli stati dove questo è vietato o limitato.

Altri stati, governati dai Repubblicani, hanno invece vietato la pratica o introdotto limitazioni molto rilevanti. A gennaio del 2024 15 avevano applicato divieti totali all'interruzione di gravidanza (gli ultimi sono stati il North Dakota e l'Indiana, nel 2023) mentre altri sei avevano introdotto una serie di ostacoli all'aborto legale e sicuro.

Per esempio, alcuni stati hanno allungato i tempi del «periodo di riflessione obbligatorio», ossia il tempo minimo che deve passare dal momento della visita medica che attesta la possibilità di abortire al momento in cui l'intervento viene effettuato. Negli Stati Uniti questo dura al massimo 72 ore

«Le restrizioni all'aborto emanate dal 2022 in poi hanno avuto conseguenze sull'accesso alle cure per circa 25 milioni di donne che vivono in stati in cui è in vigore qualche tipo di divieto.»

(in North Carolina, South Dakota e Arkansas), ma la misura esiste anche in Italia, dove il periodo di riflessione dura sette giorni.

Alcuni stati hanno provato a introdurre leggi che vietano l'aborto a partire da quando è possibile rilevare il battito cardiaco del feto, che in molti casi sono state sospese in seguito all'intervento dei tribunali statali. In Georgia, per esempio, l'aborto era permesso fino alla ventesima settimana di gravidanza, ma una nuova legge introdotta a giugno del 2022 ridusse questa scadenza a sole sei settimane: a quando cioè molte donne non sono ancora nemmeno consapevoli di essere incinte, prima che possano essere riscontrate malformazioni e prima che, comunque, ci sia un vero e proprio battito cardiaco (a sei settimane l'embrione pulsa, ma non ha un organo cardiaco vero e proprio: lo stesso uso dell'espressione «battito cardiaco» da parte degli antiabortisti è discusso e contestato).

Le restrizioni all'aborto emanate dal 2022 in poi hanno avuto conseguenze sull'accesso alle cure per circa 25 milioni di donne che vivono in stati in cui è in vigore qualche tipo di divieto. Una conseguenza diretta del ribaltamento della sentenza *Roe v. Wade* sono state le migrazioni per aborto, ossia gli spostamenti che le donne che vivono in stati in cui l'aborto è vietato devono fare per potere accedere alla procedura. Secondo il Guttmacher institute, un'organizzazione pro-choice che si occupa di politiche su aborto e salute riproduttiva negli Stati Uniti, nella prima metà del 2023 ha dovuto spostarsi quasi il venti per cento delle donne che hanno abortito, il doppio rispetto ai dati del 2020.

In questa situazione hanno ripreso forza le associazioni, i movimenti e le iniziative favorevoli all'aborto. Sono nate organizzazioni locali, conosciute come «fondi per l'aborto», che raccolgono donazioni per aiutare le donne che vogliono abortire ma non riescono a pagare gli interventi e le spese legate alla pratica. Alcune offrono passaggi, alloggio, baby sitter e interpreti, e i fondi raccolti e distribuiti sono aumentati notevolmente a partire dal 2022. Altre reti, clandestine, danno informazioni su come procurarsi un aborto sicuro o praticano l'autogestione dell'aborto in casa. Sono però modelli basati sul volontariato che spesso non arrivano a tutte e che non sono sempre sostenibili. —

L'impeachment di Bill Clinton

L'impeachment, la procedura prevista dalla Costituzione degli Stati Uniti per rimuovere un presidente in carica che sia ritenuto colpevole di determinati e gravi reati, è una cosa rara nella politica americana. È stato iniziato finora soltanto quattro volte e non si è mai concluso con un voto avverso al presidente. Le ultime due hanno riguardato Donald Trump, nel 2019 per abuso di potere e ostruzione ai lavori del Congresso e nel 2021 per il sostegno all'assalto al Congresso del 6 gennaio 2021. La prima fu nel 1868, quando Andrew Johnson fu accusato di aver violato una legge che regolava i limiti del suo potere di veto, rimuovendo l'allora ministro della Guerra. Per un solo voto il Senato non approvò la sua rimozione. Il caso restante è quello che risale alla presidenza di Bill Clinton e al celebre «caso Monica Lewinsky», la stagista della Casa Bianca con cui Clinton ebbe una prolungata relazione sessuale. È una storia molto raccontata, anche per il suo contenuto inevitabilmente attraente, e citata periodicamente in occasione di scandali sessuali nella politica.

LO SCANDALO

Monica Lewinsky, allora 22enne laureata in psicologia, cominciò un tirocinio alla Casa Bianca nell'estate del 1995. Alla fine di quell'anno le fu affidato un incarico nell'Ufficio legislativo, che la portava a consegnare più volte al giorno documenti nello Studio Ovale del presidente. Entrò così in confidenza con Clinton, e i due iniziarono una relazione affettiva che venne notata con preoccupazione da altri dipendenti della Casa Bianca. Nell'aprile del 1996 Lewinsky venne trasferita al Pentagono, dove conobbe una collega, Linda Tripp, a cui raccontò della sua relazione con Clinton, spiegando di avere avuto con lui dei rapporti di sesso orale alla Casa Bianca, anche mesi dopo la fine del proprio incarico.

A distanza di mesi, Tripp cominciò a registrare le sue conversazioni con Lewinsky su consiglio di un'agente letteraria sua amica. Poi contattò Michael Isikoff, giornalista del settimanale *Newsweek*, raccontandogli la storia senza fare il nome di Lewinsky. Una fonte anonima, intanto, fece una segnalazione vaga su Lewinsky agli avvocati che stavano rappresentando Paula Jones, una donna che tre anni prima aveva denunciato Clinton per presunte molestie sessuali avvenute quando era governatore dell'Arkansas.

Nei primi giorni di gennaio del 1998 gli avvocati di Jones chiesero a Lewinsky una testimonianza sulla sua esperienza alla Casa Bianca, nella quale lei negò per iscritto di aver avuto rapporti sessuali con Clinton. Nel frattempo Tripp consegnò le sue registrazioni a Ken Starr, un procuratore indipendente che stava già indagando su alcuni scandali minori occorsi all'amministrazione Clinton, su mandato del Congresso controllato dai Repubblicani. Starr fece incontrare nuovamente Tripp con Lewinsky, facendo registrare la conversazione in accordo con l'Fbi. Subito dopo, Tripp raccontò la storia agli avvocati di Jones.

Il 17 gennaio il sito scandalistico Drudge Report pubblicò un articolo in cui scrisse che *Newsweek* aveva deciso di non pubblicare uno scoop su una relazione tra Clinton e una stagista della Casa Bianca. Lo stesso giorno Clinton, testimoniando al processo Jones, negò sotto giuramento di avere avuto rapporti sessuali con Lewinsky. La storia diventò subito enorme, ovviamente, e la stampa non parlava d'altro: il 26 gennaio, quasi dieci giorni dopo, Clinton ne parlò per la prima volta in pubblico, accanto a sua moglie Hillary, dicendo: «Non ho avuto rapporti sessuali con quella donna, la signora Lewinsky. Non ho mai detto a nessuno di mentire, non una sola volta. Queste accuse sono false.»

LE INDAGINI

La storia montò ulteriormente nei mesi successivi, occupò il dibattito pubblico e specialmente i talk show televisivi, che assunsero un'importanza fino a quel momento inedita. Clinton ne parlava sporadicamente, dicendo di non volersi dimettere e giurando di non aver mai ostacolato la giustizia come sostenevano i suoi avversari, secondo i quali aveva chiesto a Lewinsky di mentire al processo. In tutto questo, Starr stava mettendo assieme la sua inchiesta e trovò un accordo con Lewinsky: la completa immunità – aveva mentito testimoniando sul caso Paula Jones – in cambio di una piena testimonianza.

Lewinsky fornì a Starr anche un vestito sul quale sosteneva fossero ancora presenti tracce dello sperma di Clinton, cosa che sarebbe poi stata successivamente confermata con un test del Dna. Starr fece quindi arrivare a Clinton un mandato per comparire davanti a un gran giurì, una giuria popolare che decide se rinviare a giudizio una persona imputata in casi di particolare gravità.

La deposizione avvenne il 17 agosto, e in quell'occasione Clinton ammise infine di aver avuto una relazione con Monica Lewinsky. Subito dopo Clinton apparve in tv, e disse che la sua risposta nella deposizione di gennaio era stata «legalmente corretta» ma riconobbe di non essere stato preciso. Ammise quindi che tra lui e Monica Lewinsky c'erano state delle «relazioni inappropriate», ma rivendicò di non avere mai costretto nessuno a mentire. Disse di essere dispiaciuto e pentito, chiese al paese di rispettare la privacy della sua famiglia e disse di essere pronto a prendersi tutte le responsabilità per il suo comportamento e per i suoi errori. Contemporaneamente criticò i metodi di Starr e l'invadenza delle sue indagini, cercando di mostrarsi concentrato sui suoi doveri di presidente, presentandoli come nettamente separati dalle accuse scandalistiche.

Il 20 agosto gli Stati Uniti lanciarono un attacco aereo contro alcuni obiettivi di al Qaida in Afghanistan e in Sudan, in risposta ai recenti attentati alle ambasciate americane in Kenya e in Tanzania. I suoi oppositori lo accusarono di aver usato gli attacchi per distrarre l'opinione pubblica, paragonandoli a quelli nel film *Sesso e potere*, uscito l'anno prima, in cui un presidente inizia una finta guerra in Albania per coprire uno scandalo sessuale. Anthony Zinni, generale dell'esercito presente al momento della decisione, raccontò poi al mensile *The Atlantic* che Clinton aveva preso l'unica decisione possibile, e che sarebbe stato criticato anche se non avesse autorizzato i bombardamenti, perché sarebbe stato considerato debole per via dello scandalo.

IMPEACHMENT

Di impeachment i Repubblicani avevano in realtà già parlato mesi prima dello scandalo, per via di un'inchiesta sulle donazioni straniere ricevute da Clinton. Ma con l'emergere della vicenda Lewinsky si accodarono all'indagine di Starr, senza condurne di proprie, e aspettandone le conclusioni, che arrivarono nel settembre del 1998. L'imponente documentazione a corredo fu resa pubblica da un voto della Camera, in quello che molti considerarono poi il primo di una lunga serie di errori dei Repubblicani. I documenti infatti descrivevano la natura dei rapporti tra Clinton e Lewinsky in modo prolisso ed estremamente dettagliato, che venne giudicato morboso, umiliante e non necessario dai Democratici.

Il 5 ottobre la commissione Giustizia della Camera votò per avviare la procedura di impeachment accusando Clinton di aver mentito sotto giuramento e di aver ostacolato le indagini. L'avvio della procedura fu approvato tre giorni dopo dalla Camera, che era a maggioranza Repubblicana. Mancava un mese alle elezioni di metà mandato, e i Repubblicani, su decisione del loro leader al Congresso Newt Gingrich, fecero dello scandalo e dell'impeachment il tema principale della loro campagna elettorale. Ma se i Repubblicani mantennero la maggioranza alla Camera, i Democratici guadagnarono cinque seggi (al Senato la situazione rimase la stessa).

I Repubblicani capirono che la grande attenzione messa sull'impeachment li aveva indeboliti: l'economia americana era in una fase di grande espansione, e Clinton godeva di un ampio consenso. Davanti alle accuse dei Repubblicani la maggior parte delle persone si schierò dalla parte del presidente malgrado le sue bugie, e il suo gradimento arrivò a crescere del dieci per cento nei sondaggi, raggiungendo il settanta per cento. Anche perché nel frattempo la stampa scoprì diversi casi di infedeltà coniugali, bugie e scorrettezze proprio da parte di alcuni dei Repubblicani più feroci nei confronti dello stesso Clinton.

L'11 dicembre la commissione votò comunque per sottoporre alla Camera tre richieste di impeachment, aggiungendone una quarta il giorno successivo: le accuse erano di aver mentito davanti al gran giurì; di averlo fatto nella deposizione per il caso Jones; di aver ostacolato la giustizia, istruendo la sua segretaria Betty Currie e Monica Lewinsky su cosa dire al processo, nascondendo i regali ricevuti da Lewinsky e cercando di trovarle un lavoro per influenzarne la testimonianza; di aver abusato del suo potere cercando di fermare le indagini sull'impeachment.

La Camera approvò due delle quattro richieste di impeachment, sulla falsa testimonianza davanti al gran giurì e sull'intralcio alla giustizia. Nel gennaio del 1999 iniziò il processo al Senato, guidato da 13 membri della commissione Giustizia della Camera che agivano sostanzialmente come pubblici ministeri. Ma diversi Repubblicani che avevano visto gli effetti dell'impeachment sulle elezioni di metà mandato ritennero che dal punto di vista legale il caso fosse più che mai traballante, e le posizioni nel partito divennero meno nette. Il Senato votò infine il 12 febbraio, dopo giorni di dibattiti in aula: 45 senatori votarono per rimuovere Clinton per falsa testimonianza, e cinquanta per intralcio alla giustizia (rispettivamente cinque e dieci senatori Repubblicani votarono a favore di Clinton, insieme ai Democratici). Servivano 67 voti, i due terzi, e l'impeachment fallì.

DOPO

In molti credono che il caso Lewinsky sia stato determinante nella sconfitta del candidato Democratico Al Gore, già vicepresidente di Clinton, alle presidenziali del 2000: Gore perse contro George W. Bush per qualche centinaio di voti nello stato della Florida, e soltanto dopo un contestatissimo riconteggio (vedi pag. 96). Anche se Clinton aveva retto nei consensi e anche se l'impeachment era stato poco popolare tra gli elettori, i sondaggi sulla stima umana per il presidente mostrarono un netto calo. Gore decise quindi di prenderne pubblicamente le distanze durante la campagna elettorale.

In molti però ritengono che quella decisione sia stata controproducente: perché apparve sleale verso il suo presidente, la cui eredità politica era ancora straordinariamente popolare, senza comunque riuscire a mostrarsi moralmente diverso da lui. Oggi è diffusa l'opinione secondo cui il dibattito sullo scandalo, che andò avanti più o meno due anni, segnò un punto di svolta nella vita politica statunitense, che da quel momento sarebbe stata sempre più polarizzata, personale e violenta.

Clinton aveva evitato l'impeachment, ma l'indagine sul suo conto riprese quando finì il suo mandato da presidente: alla fine si accordò ammettendo la falsa testimonianza, pagando una multa di 25mila dollari e ottenendo una sospensione di cinque anni della sua licenza di avvocato in Arkansas.

Monica Lewinsky, diventata una celebrità suo malgrado e trovatasi al centro del primo vero scandalo globale dell'era di internet, pubblicò un libro sulla storia e negli anni successivi lanciò marchi, fece varie apparizioni televisive, diventando anche conduttrice, e concluse molti accordi pubblicitari, sostenendo di dover pagare le spese legali degli anni precedenti. Nel 2005 si trasferì a Londra per riprendere gli studi di psicologia, e per una decina d'anni sparì dalla visibilità pubblica. Tornò a far parlare di sé a partire dal 2014, dando diverse interviste e impegnandosi attivamente nella sensibilizzazione sui temi della gogna pubblica e del bullismo, partendo dalla sua esperienza. Negli ultimi anni è diventata tra le altre cose molto popolare su Twitter, dove scherza spesso sullo scandalo di cui fu protagonista, e ha fatto da modella per un brand di moda californiano.

ROSS PEROT

Alle elezioni presidenziali del 1992 i candidati Democratico e Repubblicano erano Bill Clinton e il presidente uscente George H.W. Bush, ed entrambi avevano delle vulnerabilità: Bush sembrava più concentrato sulla politica estera ma poco efficace in campo economico e aveva scontentato molti elettori consentendo un aumento delle tasse, per Clinton i problemi venivano dalle accuse di infedeltà coniugale e di scarsa affidabilità sui valori familiari, sull'esperienza militare e sulla politica estera.
In questo quadro emerse la candidatura indipendente di Ross Perot, un imprenditore miliardario texano con un passato nella marina militare e che doveva la sua ricchezza alle società tecnologiche e informatiche che aveva fondato, con un eccezionale percorso di *self made man*.
Perot si presentò con delle idee «terziste» e populiste, in grado di attrarre elettori da entrambi i partiti maggiori e sfuggenti alle categorizzazioni tradizionali: i punti principali del suo programma riguardavano la denuncia della corruzione nella politica, dell'inefficienza del governo federale in campo economico, e una politica protezionistica su commercio e mercato del lavoro.
Dopo una prima fase di crescita – in alcuni sondaggi iniziali veniva addirittura dato in vantaggio su Bush e Clinton – indagini giornalistiche più approfondite sulla sua storia e qualche gaffe di troppo durante gli interventi pubblici lo portarono di nuovo indietro, e la sua campagna si mostrò spesso in difficoltà: tanto che nel mese di luglio decise di ritirare la sua candidatura. Ma a un mese dalle elezioni Perot riprese la campagna e si dimostrò molto efficace nei dibattiti televisivi fra i candidati, recuperando parte dei consensi.
Alle elezioni di novembre raggiunse complessivamente il 19 per cento del voto popolare, pur senza vincere in nessuno dei cinquanta stati (in due, Maine e Utah, arrivò secondo), ottenendo il risultato migliore fra i candidati non appartenenti ai due partiti maggiori dai tempi dell'ex presidente Repubblicano Theodore Roosevelt, che arrivò secondo candidandosi come indipendente alle elezioni del 1912 (l'altro caso notevole del genere era stato il 13,5 per cento ottenuto dal candidato segregazionista George Wallace nel 1968). Molti Repubblicani attribuirono la responsabilità della sconfitta di Bush alla candidatura di Perot, ma in realtà Clinton aveva già un vantaggio significativo nei sondaggi dopo il suo ritiro e l'analisi dei votanti per Perot mostrò una differenza minima per i due candidati maggiori nel caso in cui Perot non si fosse presentato.
Nel 1996 Perot si presentò nuovamente alle elezioni presidenziali, con meno chance e attenzioni, ma ottenendo comunque l'8,4 per cento dei voti totali nel paese. Lasciò di fatto la politica attiva negli anni successivi: è morto a 89 anni nel 2019.

VOTE

I sondaggi elettorali negli Stati Uniti sono ancora utili?

È un dibattito complesso
che va avanti da decenni,
alimentato anche da errori
assai discussi

Quando si avvicina il momento di un'elezione, le pagine dei giornali e le puntate dei talk show televisivi si riempiono di numeri: sono i risultati dei sondaggi, che provano a dirci in anticipo chi vincerà, di quanto, in quali aree geografiche e grazie a quali gruppi demografici. Spesso le previsioni si rivelano corrette, ma capita che i risultati dei sondaggi non corrispondano alla realtà per motivi sia statistici che sociologici. È successo molte volte anche negli Stati Uniti: alle elezioni presidenziali del 2016, per esempio, quasi tutti i principali sondaggi suggerivano un maggiore consenso per la candidata Democratica Hillary Clinton, che poi però perse contro il Repubblicano Donald Trump. Le dimensioni di quell'errore furono oggetto di molte discussioni, perché dipendenti da molti fattori complessi, ma la sostanza fu che quasi tutti avevano suggerito una vittoria della candidata sbagliata.

Questo e altri errori meno gravi hanno indebolito nel tempo la credibilità dei sondaggi: quattro anni dopo, nel 2020, in pochi erano disposti a fidarsi del grande vantaggio di cui era accreditato Joe Biden. Più in generale, ci si chiede spesso quanto i sondaggi possano essere affidabili o addirittura se abbia ancora senso farli. È un tema non facile, che unisce la statistica, la politica e la sociologia: prevedere il futuro è impossibile, ma un'interpretazione corretta dei sondaggi può comunque aiutare a capire meglio le caratteristiche di una società eterogenea come quella statunitense.

«Prevedere il futuro è impossibile, ma una interpretazione corretta dei sondaggi può comunque aiutare a capire meglio le caratteristiche di una società tanto eterogenea come quella statunitense.»

L'obiettivo principale dei sondaggi è quello di conoscere cosa pensa un certo gruppo di persone su un determinato tema. Si possono fare sondaggi praticamente su tutto, dall'approvazione o meno del diritto all'aborto al livello di simpatia per un personaggio televisivo. Una delle categorie più diffuse e più citate di sondaggi è proprio la politica. I sondaggi possono essere fatti prima di un'elezione per cercare di capire le intenzioni di voto e sapere quale candidata o candidato abbia le maggiori possibilità di vincere, ma anche durante il corso di un mandato, per conoscere l'opinione degli elettori su determinati temi o sull'amministrazione in carica.

«Crediamo che i sondaggi abbiano un ruolo fondamentale in un sistema democratico: sono pensati per dare voce a ogni cittadino e controllano l'operato dei politici di tutti gli schieramenti, i quali altrimenti potrebbero semplicemente dire di sapere cosa pensano i loro elettori», ha spiegato nel 2018 Scott Keeter, ricercatore del Pew research center, un centro studi specializzato nell'analisi dell'opinione pubblica e degli andamenti demografici.

Negli Stati Uniti i sondaggi politici possono essere curati da aziende specializzate nel settore, dai centri di ricerca, dalle università o dai media, quindi dai giornali e dalle reti televisive che poi presentano i risultati al loro pubblico. Possono anche essere commissionati agli istituti demoscopici dai partiti e dai comitati elettorali dei candidati, ma in questi casi generalmente i risultati rimangono privati.

È quasi sempre impossibile intervistare tutte le persone coinvolte dal fenomeno che si vuole indagare. Per questo i sondaggi si basano su un campione, ossia un insieme di persone che fanno parte della popolazione di riferimento e sono in grado di rappresentarla nel miglior modo possibile in base a molti parametri, tra cui l'età, il genere, lo stato sociale, il reddito, l'etnia. La rappresentatività dei campioni è sempre stata un argomento fondamentale nelle discussioni tra esperti di sondaggi: un gruppo poco rappresentativo può influenzare notevolmente i risultati e compromettere la loro aderenza alla realtà.

Oggi molti sondaggi negli Stati Uniti si basano su un campione di circa mille componenti. Può sembrare strano che un insieme così piccolo sia in grado di rappresentare le opinioni di un paese con oltre 330 milioni di abitanti, ma tutto dipende dalla composizione del gruppo, che deve assomigliare il più possibile a quella della popolazione di riferimento: per esempio devono essere presenti, in scala, lo stesso numero di persone afroamericane, di persone a basso e alto reddito, di residenti in città o in zone rurali, e così via.

Un sondaggio basato su un campione più ampio permette di ridurre il margine di errore, ossia le possibilità che i risultati del sondaggio siano sbagliati, ma comporta anche costi molto più alti. Secondo Gallup, una delle principali società sondaggistiche degli Stati Uniti, un campione di mille persone rappresenta un buon compromesso tra costi e accuratezza dei risultati.

«La rappresentatività dei campioni è sempre stata un argomento fondamentale nelle discussioni tra esperti di sondaggi: un gruppo poco rappresentativo può influenzare notevolmente i risultati e compromettere la loro aderenza alla realtà.»

Esistono poi varie tecniche per migliorare la rappresentatività di un campione relativamente piccolo, come quella di «pesare» l'importanza attribuita ai vari componenti in modo da assicurarsi che ogni categoria sia rappresentata in modo proporzionale. Un'altra distinzione importante da fare per ottenere una previsione accurata è quella tra *registered voters*, quindi le persone che hanno diritto a votare ma non è detto che lo faranno, e i *likely voters*, ossia gli elettori registrati e che molto probabilmente andranno davvero a votare. Per capirlo a volte è sufficiente chiederlo direttamente all'intervistato, oppure si può cercare di prevedere se quella persona parteciperà o meno a un'elezione analizzando le sue scelte passate.

Per decenni il metodo principale usato per intervistare le persone selezionate è stato quello delle chiamate telefoniche. Negli ultimi anni però il tasso di risposta è calato drasticamente, complice la diffusione dei telefoni cellulari e soprattutto della rete internet. Di conseguenza la procedura è diventata molto dispendiosa a livello di costi, tempo e risorse impiegate per chiamare migliaia di persone al telefono. Oggi le telefonate continuano a essere usate da molti sondaggisti, ma vengono spesso affiancate da altri metodi.

I sondaggi online, per esempio, stanno diventando sempre più comuni, ma ci sono ancora alcuni dubbi riguardo alla loro accuratezza: quelli che coinvolgono un gruppo rappresentativo della popolazione generale sono considerati affidabili, mentre quelli condotti con il metodo *opt-in* sono più problematici. In quest'ultimo caso la possibilità di partecipare viene offerta casualmente a chiunque navighi online: è quindi probabile che il campione che si forma non sia rappresentativo. In generale, un buon sondaggio dovrebbe indicare chiaramente ai lettori alcuni elementi necessari per valutarne l'affidabilità, per esempio la grandezza del campione, il modo in cui i componenti sono stati selezionati, le date delle interviste, chi l'ha finanziato e chi l'ha svolto.

Un elemento importante dei sondaggi è la capacità di interpretare le intenzioni di voto di gruppi demografici ben precisi: si pensa per esempio che gli afroamericani votino più spesso per il partito Democratico, mentre gli uomini di mezza età che vivono in periferia siano perlopiù Repubblicani. Si tratta ovviamente di generalizzazioni, che però possono essere utili a capire meglio la composizione della società americana e le sue trasformazioni.

Oggi infatti stanno cambiando molti degli equilibri elettorali che fino a poco tempo fa erano considerati solidi: per esempio un sondaggio condotto a novembre del 2023 dal *New York Times* e dal Siena College, un'università privata nello stato di New York, ha mostrato che molti elettori afroamericani, soprattutto uomini, si stavano avvicinando alle proposte del partito Repubblicano, mentre i giovani tra i 18 e i 29 anni erano divisi sostanzialmente a metà tra Biden e Trump. In passato gli afroamericani e i giovani tendevano invece a votare Democratico molto più spesso.

Negli ultimi anni si è discusso spesso del calo di affidabilità dei sondaggi, soprattutto dopo le elezioni presidenziali del 2016.

Per mesi quasi tutte le società di sondaggi diedero Clinton in netto vantaggio su Trump. Fino al giorno dell'elezione, l'8 novembre, il sito *FiveThirtyEight* – un aggregatore di sondaggi generalmente considerato molto affidabile – prevedeva, elaborando i dati raccolti, che Clinton avesse il 72 per cento di possibilità di vittoria, contro il 28 per cento di Trump. Lo scrutinio dei voti provò che una bassa percentuale di probabilità non significa che una cosa sia impossibile: Trump vinse l'elezione e diventò presidente.

Bisogna però aggiungere un ulteriore livello di complessità. In realtà nel 2016 i sondaggi nazionali furono piuttosto accurati, mentre qualche errore ci fu soprattutto in quelli statali.

I sondaggi nazionali infatti prevedevano che Clinton

«Negli ultimi anni si è discusso spesso del calo di affidabilità dei sondaggi, soprattutto dopo le elezioni presidenziali del 2016.»

avrebbe ottenuto in termini assoluti più voti rispetto a Trump, e andò proprio così: Clinton prese quasi 66 milioni di voti, pari al 48,2 per cento, e Trump quasi 63 milioni, il 46 per cento. Nel sistema elettorale statunitense però non diventa presidente il candidato che prende più voti, ma tutto dipende dai risultati ottenuti nei singoli stati: in base alla popolazione, ognuno attribuisce al candidato che vince in quello stato un certo numero di «grandi elettori». Per essere eletti è necessario raggiungere la maggioranza assoluta dei grandi elettori, quindi almeno 270. Nel 2016 Clinton ottenne 227 grandi elettori, e Trump 304, risultando quindi il candidato vincente pur senza essere il più votato.

Negli anni successivi sono state fatte molte analisi per cercare di capire cosa fosse sfuggito. Secondo alcuni osservatori, nel processo di composizione dei campioni i sondaggisti avevano sottovalutato l'importanza del livello di istruzione delle persone intervistate, un fattore che può influenzare molto le decisioni di voto: le persone bianche con un diploma universitario tendono a votare Democratico e sono più propense a partecipare ai sondaggi, mentre quelle con un livello di istruzione più basso sono considerate più vicine ai Repubblicani e spesso evitano di rispondere.

Tra le varie ragioni fu citato anche il fatto che molti elettori che fino all'ultimo si erano detti «indecisi» votarono infine per Trump, oppure che alcune persone intenzionate a votare per Trump si vergognassero a dirlo ai sondaggisti, a causa della sua irriverenza e della presunta mancanza di credibilità della sua candidatura.

Nel 2020 i sondaggi previdero la vittoria del candidato Democratico Joe Biden e la sconfitta di Trump, ma attribuirono a Biden un margine molto più ampio di quello poi effettivamente ottenuto. In quell'occasione i sondaggisti avevano aggiustato i loro criteri per cercare di correggere gli errori fatti quattro anni prima, ma nel frattempo erano entrate in gioco nuove variabili che vanificarono in parte i loro sforzi.

Molto ebbe a che fare con la campagna di politicizzazione e screditamento dei media portata avanti da Trump: durante tutto il suo mandato da presidente, Trump attaccò molte volte i giornali e le reti televisive percepiti come più vicini ai Democratici, tra cui *CNN*, *New York Times* e *Washington Post*. Prese di mira molti giornalisti definendoli «feccia», «corrotti» e «alcune delle persone peggiori che potreste mai incontrare», e in generale tentò di presentare il loro lavoro come inaffidabile e fazioso. Per questo, la fiducia di molti suoi sostenitori nei confronti dei risultati dei sondaggi presentati proprio dai media calò enormemente, dissuadendo molti dal partecipare.

I sondaggi riuscirono a indicare correttamente il risultato complessivo dell'elezione, e quindi la vittoria di Biden, ma finirono per sovrastimare di vari punti percentuali i suoi consensi e sottostimare invece quelli di Trump.

Il 2016 e, in misura minore, il 2020 sono stati due tra i casi più recenti in cui i sondaggi sono stati poco accurati, ma nella storia delle elezioni statunitensi ci sono stati episodi

«Nel 2020 i sondaggi previdero la vittoria del candidato Democratico Joe Biden e la sconfitta di Trump, ma attribuirono a Biden un margine molto più ampio di quello poi effettivamente ottenuto.»

ancora più eclatanti che ancora oggi vengono citati quando si parla di errori statistici. Alle elezioni del 1936 si opposero il Democratico Franklin Delano Roosevelt, che aspirava a ottenere il suo secondo mandato, e il Repubblicano Alf Landon. Tutti i sondaggi indicavano Roosevelt come favorito, con un'eccezione: la rivista settimanale *Literary Digest*, secondo cui il vincitore sarebbe stato Landon. La *Literary Digest* era una pubblicazione molto rispettata, che faceva spesso sondaggi con risultati generalmente affidabili.

In occasione delle elezioni ne condusse uno basandosi su un campione di oltre due milioni di persone formato a partire dai suoi abbonati, dagli elenchi telefonici e dalle liste dei proprietari di automobili, lussi che al tempo pochi potevano permettersi. Le persone intervistate, insomma, non erano rappresentative della società ma erano perlopiù uomini benestanti che tendevano a votare per il partito Repubblicano. I risultati furono fuorviati anche dal fatto che molti sostenitori di Roosevelt, considerato il candidato largamente favorito, preferirono non rispondere, mentre i suoi oppositori si mostrarono più motivati a indicare l'intenzione di votare per Landon. L'ultimo numero della *Literary Digest* fu stampato due anni dopo il clamoroso errore, nel 1938.

Intanto, sempre nel 1936, la società di ricerca statistica e analisi dell'opinione pubblica Gallup condusse un sondaggio basato su un campione di cinquantamila persone, quindi molto più piccolo di quello usato da *Literary Digest*, ma composto con una selezione casuale e sistematica che garantisse la rappresentatività. I risultati si dimostrarono molto più vicini alla realtà rispetto a quelli della *Literary Digest*: Gallup, fondata solo un anno prima, ottenne molta visibilità e ancora oggi è uno tra gli enti più rispettati nel settore.

Un caso ancora più clamoroso fu quello del 1948, quando i due candidati alle elezioni presidenziali erano il Democratico Harry Truman e il Repubblicano Thomas Dewey.

All'epoca praticamente tutti i sondaggi indicavano una

sconfitta di Truman: i risultati erano presentati come talmente certi che il quotidiano *Chicago Daily Tribune* stampò in anticipo la prima pagina del 3 novembre, il giorno successivo al voto, con il titolo: «Dewey batte Truman». Le cose andarono diversamente e Truman vinse con il 49,6 per cento dei voti: la foto del presidente eletto con in mano il giornale che annuncia, erroneamente, la sua sconfitta è tra le più note nella storia dei sondaggi e della politica americana. Negli anni successivi varie analisi provarono a spiegare gli evidenti errori dei sondaggisti, tra cui soprattutto la poca attenzione attribuita ai cambiamenti nelle intenzioni di voto nelle ultime settimane della campagna elettorale. —

Il solito rischio di shutdown

Nell'ottobre del 2013 la foto di un bambino di un anno con un cappello con orecchie da scimmia finì su molti giornali e homepage dei siti degli Stati Uniti. Il bambino era aggrappato al cancello dello zoo di Washington: sopra di lui un cartello annunciava «Lo zoo è temporaneamente chiuso». La foto fu pubblicata su diversi social network e poi sui grandi media: il «bambino triste allo zoo», che si chiamava Whit Whitmel Earley, divenne il simbolo degli effetti dello shutdown, la parziale chiusura delle attività del governo federale. Allora, durante la presidenza di Barack Obama, lo shutdown durò 16 giorni. Tra il 2018 e il 2019, con Donald Trump presidente, ebbe la durata più lunga di sempre, 35 giorni.

Lo shutdown (vuol dire «chiusura», o «spegnimento»), avviene quando alla fine di un anno fiscale il governo statunitense si trova senza una legge finanziaria approvata dal Congresso, o meglio senza che vengano approvati gli stanziamenti dei fondi (*Appropriations bills*) per dodici diversi settori dell'attività di governo, che non ha così l'autorità per spendere denaro per servizi non essenziali. In caso di shutdown totale tutto il settore pubblico federale che non sia polizia, vigili del fuoco, forze armate e gestione del traffico aereo e delle infrastrutture di base deve fermare ogni attività e lasciare a casa i dipendenti. Nelle ultime due occasioni circa ottocentomila dei due milioni di impiegati federali rimasero temporaneamente senza lavoro o senza stipendio.

Il blocco delle attività federali è una peculiarità americana, non avviene in nessun altro paese al mondo. Nei sistemi parlamentari europei e asiatici il capo del governo ha bisogno dell'approvazione parlamentare per restare in carica: se non passa la legge di bilancio, di solito cade il governo. Nei sistemi presidenziali diversi dagli Stati Uniti, il capo dell'esecutivo ha invece il potere di finanziare l'attività di governo anche senza un bilancio approvato.

Negli Stati Uniti lo shutdown è uno degli effetti imprevisti della divisione e del bilanciamento dei poteri voluto dai «padri fondatori» che scrissero la Costituzione e definirono il funzionamento dello Stato: l'azione del potere esecutivo dipende dalle leggi di bilancio approvate dal potere legislativo, ovvero il Congresso, e queste leggi devono essere firmate dal presidente, che ha diritto di veto. Le cose si complicano in caso di coabitazione, cioè quando presidente e maggioranza parlamentare non appartengono allo stesso partito politico, o quando Repubblicani e Democratici controllano ciascuno un ramo del parlamento, la Camera o il Senato.

Gli shutdown durati più di un giorno nella storia americana sono stati quattro, e due sono avvenuti nell'ultimo decennio. In passato le differenze tra Democratici e Repubblicani erano limitate e un compromesso era quasi sempre a portata di mano; oggi i primi si sono spostati verso sinistra, i secondi decisamente verso destra. I rapporti sono sempre più conflittuali e anche assicurare il funzionamento dello stato è diventata una questione politica, che spesso si risolve solo dopo ricatti e trattative: le componenti più radicali e minoritarie dei partiti utilizzano la minaccia dello shutdown per provare a ottenere – quasi sempre senza successo – risultati politici a dispetto della maggioranza.

Prima del 1980 gli shutdown non esistevano nemmeno negli Stati Uniti, perché senza un bilancio i governi potevano continuare a spendere anche per le attività non essenziali, sebbene non potessero avviare progetti nuovi.

Nel 1980 e 1981 Benjamin Civiletti, primo italoamericano ad assumere la carica di procuratore generale degli Stati Uniti (il corrispondente del nostro ministro della Giustizia), cambiò le cose: pubblicò due nuove interpretazioni dell'Antideficiency Act, una legge approvata la prima volta nel 1884 che stabilisce che il governo non possa firmare alcun contratto che non sia «pienamente finanziato». Le interpretazioni di Civiletti erano più restrittive rispetto al passato e implicavano la cessazione delle attività degli enti governativi in assenza di una legge di finanziamento per l'anno successivo.

Quelle interpretazioni diventarono la norma e da allora l'assenza di un accordo porta a uno shutdown, totale o parziale (nel caso che vengano approvati gli stanziamenti per uno o più dei dodici settori di attività del governo). Gli effetti del blocco possono essere pesanti, e non solo per i molti dipendenti pubblici che rimangono senza stipendio. Chiudono i parchi e i monumenti nazionali, vengono tagliati i servizi ai veterani di guerra, si fermano gli uffici che forniscono passaporti e visti turistici, si riducono o fermano le ispezioni su sicurezza e pulizia in ristoranti e locali pubblici.

Nel 1995 si bloccarono i lavori di bonifica in oltre seicento aree inquinate, nel 2013 le strutture militari dovettero fare a meno di quasi tutto il personale civile. I dipendenti del governo che restano senza lavoro hanno il divieto anche di controllare le email da casa, tanto che molte agenzie governative in caso di shutdown chiedono la restituzione di computer e telefoni aziendali. I casi sono molti e differenti, tanto che i piani per gestire il blocco delle attività di tutte le diverse agenzie governative sono contenuti in un manuale con 51 pagine di domande e risposte.

La legge definisce anche i settori che non possono essere fermati perché essenziali: fra questi il controllo delle frontiere, le cure mediche ospedaliere, il controllo del traffico aereo, la sicurezza, la manutenzione delle reti elettriche. I parlamentari e i loro staff sono inseriti nelle categorie essenziali, così come i giudici federali: gli assegni dei servizi sociali continuano a essere emessi e il dipartimento del Tesoro può continuare a pagare gli interessi sul debito.

I primi due shutdown si verificarono a breve distanza nell'inverno tra il 1995 e il 1996. I principali protagonisti furono l'allora presidente Bill Clinton e lo speaker Repubblicano della Camera, Newt Gingrich. Lo scontro era su alcuni programmi di assistenza medica e sul finanziamento di alcuni progetti per l'ambiente e l'educazione: i Repubblicani si opponevano a questi programmi e votarono al Congresso delle leggi finanziarie che non includevano il denaro necessario ad avviarli. Clinton pose il veto sulle leggi e innescò lo shutdown, che durò in tutto 16 giorni, in due fasi. Quando la situazione si sbloccò, Clinton ne guadagnò in termini di popolarità, mentre i Repubblicani furono accusati di aver generato una crisi inutile.

Nel 2013 lo shutdown fu avviato dall'opposizione Repubblicana della Camera, contraria a una legge di bilancio che avrebbe dovuto finanziare parte di Obamacare, la riforma sanitaria fatta approvare dall'amministrazione Obama nel 2010: particolarmente attivi nello scontro furono il senatore Ted Cruz e l'ala più radicale del partito Repubblicano, allora rappresentata dal movimento Tea Party. Durante quei 16 giorni di shutdown si arrivò a un massimo di 850mila dipendenti statali non pagati, per un totale di 6,6 milioni di giorni di lavoro persi.

Alla fine la situazione si sbloccò con minimi compromessi da parte dell'amministrazione Obama: i giornali statunitensi parlarono di una sconfitta dei Repubblicani.

Fra il dicembre 2018 e il gennaio 2019 furono i Democratici a bloccare i finanziamenti del governo, in cui il presidente Donald Trump aveva chiesto di inserire 6 miliardi di dollari destinati alla costruzione del muro con il Messico per fermare l'arrivo dei migranti, forse la principale delle sue promesse elettorali: il blocco fu parziale, ma molto lungo. L'accordo si trovò su 1,3 miliardi di dollari di fondi per il controllo delle frontiere: il muro non fu mai costruito.

Molte altre volte il blocco delle attività governative è stato evitato da un accordo di compromesso, definito *continuing resolution*, una proroga temporanea dei finanziamenti che di solito riprende i budget stanziati in precedenza per un determinato periodo di tempo (da pochi giorni a sei mesi): questa soluzione è sempre più frequente ed è stata utilizzata per 9 degli ultimi 15 bilanci. A inizio ottobre del 2023 un accordo di questo tipo è costato la carica di speaker al Repubblicano Kevin McCarthy, sfiduciato dalla minoranza più radicale del suo partito per aver trovato un'intesa con i Democratici.

Le componenti più agguerrite di entrambi i partiti sembrano sempre più disposte a correre il rischio di uno shutdown, nonostante le conseguenze siano molto impopolari e i costi economici non trascurabili. La banca d'investimento Goldman Sachs ha stimato che ogni settimana di chiusura costi lo 0,2 per cento del Prodotto interno lordo (Pil) del paese, e nel 2019 fonti governative valutarono che l'intero shutdown fosse costato 3 miliardi di dollari all'economia statunitense.

Nonostante le attività si fermino, la chiusura non è un risparmio neppure per i conti del governo: molti dei dipendenti, anche quelli sospesi, ricevono compensazioni o pagamenti degli stipendi arretrati, ci sono penali su interessi non pagati e ai costi si aggiungono le mancate entrate per gli ingressi ai parchi, ai monumenti e ad altre strutture federali. — ☞

Chi fa cosa alla Casa Bianca

Ogni presidente nomina un potente capo di gabinetto e centinaia di funzionari: alcuni influiscono sulle strategie politiche, economiche e di sicurezza, altri si occupano dei fiori o dei banchetti

Era il 1936 quando l'allora presidente Franklin Delano Roosevelt incaricò tre esperti di scienze politiche di studiare possibili modifiche per rendere più efficiente l'esercizio del potere esecutivo (cioè il potere del governo) negli Stati Uniti. Dopo circa dieci mesi di lavoro i tre studiosi, conosciuti come Commissione Brownlow (dal nome di uno dei tre membri, Louis Brownlow), presentarono una relazione di 57 pagine la cui introduzione conteneva quattro parole che sarebbero diventate un pezzo di storia della politica americana: *The President needs help*, «Il presidente ha bisogno d'aiuto».

Il rapporto proponeva un ritratto del tipo di assistente che sarebbe servito al presidente: «Deve restare dietro le quinte, non dare ordini, non prendere decisioni e non fare dichiarazioni pubbliche. Deve possedere competenze di alto livello, una grande resistenza fisica e una passione per l'anonimato.» La relazione della commissione avrebbe portato nel 1939 all'approvazione da parte del Congresso del Reorganization Act, la più importante riorganizzazione del governo degli Stati Uniti fino ad allora, che ha ancora oggi enorme influenza sul lavoro del presidente.

Il Reorganization Act introdusse sei «assistenti esecutivi» e portò alla creazione dell'Ufficio esecutivo del presidente: in precedenza, dalla fine del XIX secolo, il presidente aveva spesso solo una segretaria e alcuni collaboratori informali, ma lavorava principalmente con i membri del governo. Dal 1939 il numero dei collaboratori alle dipendenze dirette del presidente crebbe rapidamente. Oggi, circa ottant'anni dopo, lo staff che dipende dalla Casa Bianca conta oltre cinquecento persone, che sono diventate imprescindibili per garantire il corretto funzionamento dell'enorme macchina amministrativa degli Stati Uniti.

Il ruolo dello staff del presidente è fra i più importanti nella politica americana, che spesso concentra sulla figura di una sola persona una quantità di potere, incarichi e attenzioni molto ampia. Ogni politico di alto livello organizza una squadra di lavoro personale, non potendo contare sulle strutture di partito, che sono molto più snelle e meno stabili che, per esempio, in Europa. Questa squadra di collaboratori personali accompagna anche il candidato presidente durante la lunga e frenetica campagna elettorale: se poi ha successo, i collaboratori più stretti sono confermati in ruoli importanti dell'amministrazione. Il consigliere sulla politica estera di un candidato, per esempio, può entrare nel Consiglio per la sicurezza nazionale una volta che il candidato è diventato presidente. Ma una volta raggiunta la presidenza c'è molto più lavoro da fare e ci sono più ruoli da riempire: solitamente la squadra scelta da un candidato in campagna elettorale è destinata ad allargarsi notevolmente una volta raggiunta la Casa Bianca.

Lo staff è anche molto raccontato, da decine di film, romanzi e serie tv: il lavoro totalizzante e senza orari, le grandi responsabilità, lo stress e i rapporti molto stretti che si creano nel gruppo sono un cliché di queste narrazioni, spesso però molto vicine alla realtà. Alcune di queste rappresentazioni sono più romanzate, altre più fedeli a ciò che effettivamente avviene alla Casa Bianca: fra queste ultime c'è sicuramente *The West Wing*, una serie di Aaron Sorkin andata in onda fra il 1999 e il 2006, tutta incentrata sul lavoro «dietro le quinte» della squadra di collaboratori del presidente.

I funzionari dello staff della Casa Bianca, anche di altissimo livello, non sono eletti, ma vengono scelti personalmente dal presidente, e tranne qualche eccezione non devono passare nemmeno dall'approvazione del Senato, necessaria invece per la nomina dei ministri o dei giudici della Corte suprema. I funzionari ricoprono vari incarichi inerenti al governo federale, gestiscono molte questioni politiche che vanno dall'economia alla sicurezza nazionale, e hanno a disposizione budget da centinaia di milioni di dollari. Il lavoro alla Casa Bianca può lanciare carriere importanti in politica o nel settore privato, ma è particolarmente intenso e soggetto a un ricambio costante. La permanenza in carica di un capo di gabinetto è intorno ai 18 mesi, ma anche negli altri ruoli sono frequenti licenziamenti e dimissioni.

L'amministrazione dell'ex presidente Repubblicano Donald Trump, in carica tra il 2016 e il 2020, ha battuto ogni record: il 92 per cento dei dipendenti della Casa Bianca di più alto livello che aveva cominciato il mandato non è arrivato alla fine. Trump ha cambiato quattro capi di gabinetto, cinque direttori della comunicazione e quasi tutti i principali responsabili, per sua iniziativa o in seguito alle dimissioni degli interessati.

John Bolton, che durante la presidenza Trump fece parte del Consiglio per la sicurezza nazionale per circa un anno e mezzo, ha raccontato la propria esperienza in uno dei tanti libri scritti da ex funzionari del governo. Bolton ha descritto un ambiente di lavoro folle, competitivo e imprevedibile: «Lavorare alla Casa Bianca sotto Trump era come vivere dentro un flipper», ha scritto.

I rapporti tra i membri dello staff sono organizzati in base a una rigida struttura gerarchica, al cui vertice c'è il capo di gabinetto: i suoi poteri sono ampi, di fatto superiori a quelli del vicepresidente, che formalmente è la seconda carica dello Stato.

Il capo di gabinetto svolge un numero consistente di fun-

«Trump ha cambiato quattro capi di gabinetto, cinque direttori della comunicazione e quasi tutti i principali responsabili, per sua iniziativa o in seguito alle dimissioni degli interessati.»

zioni e ha un ruolo centrale nel definire le strategie della Casa Bianca, dall'agenda legislativa alla comunicazione dell'attività di governo. Decide le priorità politiche e organizza la gestione delle crisi internazionali, ma il ruolo potenzialmente più critico è quello di «filtro». Decide quali scelte devono essere prese personalmente dal presidente e quali possono essere delegate, controlla la sua agenda, ha l'ultima parola su chi debba incontrare, si assicura che utilizzi il suo tempo per le priorità e non lo disperda in dettagli di cui può fare a meno. Sceglie insomma di cosa si deve occupare e con chi deve parlare il presidente, proponendosi come suo rappresentante in molte altre occasioni.

Inizialmente il ruolo era chiamato «assistente del presidente», ma il nome fu cambiato nel 1953 dal presidente Repubblicano Dwight D. Eisenhower. Gli storici della Casa Bianca raccontano che nel suo primo giorno di mandato un usciere gli consegnò una lettera, ma Eisenhower urlando fissò una nuova regola: «Non voglio mai più ricevere una busta chiusa.» Nessun documento o comunicazione sarebbe dovuta arrivare alla sua scrivania prima che qualcuno di sua fiducia lo avesse esaminato. Per svolgere questa e altre funzioni scelse come suo assistente Sherman Adams, ex governatore del New Hampshire, noto per essere una persona particolarmente irascibile. Alcuni presidenti preferiscono per il ruolo una figura molto risoluta e autoritaria, definendo con questa scelta lo stile della propria amministrazione.

Il presidente Repubblicano Richard Nixon, in carica per due mandati tra il 1969 e il 1974, scelse come capo di gabinetto Harry Robbins Haldeman. Era solito definirsi il *son of a bitch* («figlio di puttana») del presidente e aveva instaurato regole rigide e un clima molto teso fra i suoi dipendenti. Dopo lo scandalo Watergate, che nel 1974 portò alle dimissioni di Nixon, Hadelman fu accusato di cospirazione e intralcio alla giustizia: finì in carcere insieme ad altri quattro dei più stretti consiglieri del presidente.

In un documentario del 2013 Rahm Emanuel, capo di gabinetto del presidente Democratico Barack Obama, disse: «Di tutto ciò che sta fra il buono e il cattivo può occuparsi qualcun altro. Allo Studio Ovale deve arrivare solo quello che è fra il cattivo e il pessimo.» Leon Panetta, che lavorò per il presidente Democratico Bill Clinton, raccontò così il proprio ruolo: «Devi essere la persona che dice di no. In sostanza devi essere lo stronzo che dice alla gente quello che il presidente non può dire.»

Quando il presidente prende una decisione o stabilisce una linea politica da seguire su un certo tema, il capo di gabinetto deve assicurarsi che le corrette istruzioni e informazioni passino dalla Casa Bianca a tutto il resto dell'amministrazione, membri del governo compresi. Obama spiegò: «Ho imparato che le grandi conquiste sono di solito il risultato di tanto lavoro sporco. Del lavoro sporco si occupa il capo di gabinetto.»

Consigliere, stratega, negoziatore col Congresso, manager di un gruppo di lavoro immenso che spesso seleziona in prima persona, il capo di gabinetto in alcune amministrazioni ha assunto un potere personale considerato eccessivo per un funzionario non eletto. Accadde per esempio negli anni Settanta, durante i mandati presidenziali di Nixon e poi di Gerald Ford, il cui ultimo capo di gabinetto fu Dick Cheney (poi fra i vicepresidenti più potenti con George W. Bush). In quel periodo il potere concentrato nelle mani dei vari capi di gabinetto divenne così grande che nel 1976 il candidato Democratico alla presidenza, Jimmy Carter, promise che se fosse stato eletto non lo avrebbe nominato: durante il suo mandato il ruolo restò effettivamente vacante per oltre due anni.

L'Ufficio esecutivo del presidente gestito dal capo di gabinetto prevede tre livelli gerarchici: assistenti, vice assistenti e assistenti speciali.

Gli assistenti rappresentano il gruppo più influente di collaboratori del presidente. Normalmente sono circa una ventina, e si dividono i compiti. Alcuni si occupano di far funzionare la grande macchina decisionale legata al presidente, facendosi carico per esempio dell'organizzazione dei viaggi e degli appuntamenti, ma anche della scrittura dei discorsi. Un altro gruppo di assistenti ha incarichi di natura più strettamente politica e gestisce le questioni economiche, amministrative e legate alla sicurezza. Per questo è costantemente in comunicazione con i 15 membri del governo che gestiscono i Dipartimenti, il corrispettivo dei nostri ministeri: il segretario di Stato (l'equivalente del ministro degli Esteri), il segretario al Tesoro, il procuratore generale, e così via. Un terzo gruppo deve invece occuparsi dei rapporti fra il presidente e le entità «esterne», come il Congresso, la stampa e i gruppi di interesse: rientrano in questa categoria il consigliere per gli affari legislativi e il portavoce della Casa Bianca, tra gli altri.

A sua volta, ciascuno degli assistenti può contare su alcuni vice assistenti e assistenti speciali, spesso specializzati su particolari argomenti, nonché su una serie di dipendenti. Il capo di gabinetto generalmente assegna ogni questione e ogni compito specifico a un particolare assistente, che li gestisce e ne diventa responsabile: può valere per una crisi internazionale come per una riforma legislativa, o per la pianificazione di una campagna di comunicazione su uno specifico argomento. È spesso l'assistente designato a presentarli al presidente nel momento in cui è necessario prendere una decisione definitiva. Kennedy per esempio istituì gruppi di lavoro specifici per organizzare riforme dei regolamenti del commercio e dell'agricoltura.

«Negli anni hanno assunto particolare rilevanza i consiglieri nominati dal presidente che si occupano di sicurezza, terrorismo e politica internazionale.»

Ogni presidente può poi modellare lo staff e le funzioni a seconda delle sue personali esigenze, oltre che aggiungere delle figure, quelle dei «consiglieri senior», che spesso sono fra i suoi più stretti collaboratori a livello politico e partecipano a tutte le riunioni importanti. Secondo i dati resi pubblici nel luglio 2023 il dipendente dello staff di Joe Biden più pagato era Demetre C. Daskalakis, un medico che ha il ruolo ufficiale di vicecoordinatore della squadra che alla Casa Bianca si occupa dell'emergenza relativa al vaiolo delle scimmie: guadagna 260mila dollari l'anno. 19 membri dello staff non hanno invece uno stipendio: 12 di questi sono inquadrati come «consiglieri politici».

Così tanti dipendenti non possono trovare tutti posto dentro la Casa Bianca. I livelli più alti, o quelli per cui è considerato necessario un accesso continuo al presidente, hanno i loro uffici nella West Wing, l'Ala Ovest, dove ci sono anche lo Studio Ovale del presidente, la Situation room in cui si gestiscono le crisi internazionali o di sicurezza nazionale e la Roosevelt Room, utilizzata per le riunioni. Tutte sono facilmente accessibili dagli uffici dello staff: *The West Wing* ha rappresentato piuttosto fedelmente anche gli spazi dello staff del presidente. Quando nel 2003 fu chiesto al portavoce dell'amministrazione di George W. Bush, Scott McClellan, quanto la rappresentazione fosse accurata, fece solo due appunti: «Nella serie c'è troppa gente che va in giro per i corridoi, e i veri uffici sono più piccoli di come appaiono in televisione.»

I consiglieri principali hanno i loro uffici nella West Wing: il consigliere per la Sicurezza nazionale, incarico che fu anche di Henry Kissinger, ha accesso a quasi tutti i report dell'intelligence e prepara incontri, viaggi e telefonate internazionali.

Negli anni hanno assunto particolare rilevanza i consiglieri nominati dal presidente che si occupano di sicurezza, terrorismo e politica internazionale. Nella famosa foto che ritrae la squadra governativa mentre segue l'operazione che portò all'uccisione di Osama bin Laden, nel 2011, i posti a sedere nella piccola Situation room sono occupati da presidente, vicepresidente, segretario di Stato e segretario alla Difesa, oltre a due generali. Dietro di loro in piedi, insieme al capo di Stato maggiore dell'esercito, ci sono alcuni dei collaboratori più potenti e non eletti: Tom Donilon, consigliere per la Sicurezza nazionale; Bill Daley, capo di gabinetto; Antony Blinken, consigliere per la Sicurezza nazionale del vicepresidente, Audrey Tomason, direttrice dell'Antiterrorismo; John Brennan, assistente del presidente per la Sicurezza nazionale e l'Antiterrorismo; James Clapper, direttore dell'Intelligence nazionale.Denis McDonough, vice consigliere per la Sicurezza nazionale, è seduto a destra di Hillary Clinton: sarebbe poi diventato capo di gabinetto di Obama dal 2013 al 2017.

I direttori del Consiglio economico, del Consiglio di politica interna e dell'Ufficio per la gestione e il bilancio sono i principali riferimenti per le decisioni sugli stanziamenti di fondi e sulle priorità amministrative: molte delle scelte di bilancio nascono da loro iniziative o passano dal loro controllo.

Un'altra figura centrale, con cui tutti prima o poi devono confrontarsi, è il consigliere legale: è a capo di un ufficio che può contare anche una cinquantina tra avvocati e studenti di legge, che ogni anno fanno richiesta dalle migliori università americane per uno stage. Non è l'avvocato personale del presidente, anche se spesso il candidato eletto sceglie un professionista a cui è legato da molto tempo: in tempi di ordinaria amministrazione le sue funzioni vanno dall'analisi dei candidati per le nomine giudiziarie al controllo degli aspetti legali delle proposte dell'esecutivo. Consiglia il presidente sui limiti dei propri poteri e istruisce lo staff sulle regole etiche e sul rispetto delle procedure. Ma i tempi di ordinaria amministrazione sono rari, come disse Peter Wallison, consigliere legale dell'amministrazione Reagan: «Puoi stare sicuro che arriverà qualche grosso scandalo: funziona così, succede sempre. Quando accetti quel posto, sai che ti aspetta qualche temporale. Ma non capisci che invece probabilmente dovrai fare i conti con una grande, immensa, memorabile tempesta di neve.»

La gran parte dei dipendenti lavora nell'Eisenhower Executive Office Building, che si trova accanto alla Casa Bianca. In questo palazzo ottocentesco ci sono anche gli uffici dello staff del vicepresidente, mentre quello della first lady ha sede nell'Ala Est della Casa Bianca.

Tra i dipendenti della Casa Bianca ci sono molte figure importanti non politiche: una tra le più note al pubblico è quella del portavoce, che dirige le conferenze stampa, tiene briefing piuttosto frequenti e ha relazioni costanti con i media. Sarah Huckabee Sanders, una dei vari portavoce succedutisi durante la presidenza Trump e forse fra le più decise nel difendere teorie improbabili e complottiste dell'allora presidente, è poi diventata governatrice dell'Arkansas. La sala stampa della Casa Bianca, che ha solo 49 posti gestiti dall'Associazione dei corrispondenti (decide ogni volta chi fra i duecento giornalisti che si occupano giornalmente del presidente può avervi accesso), è intitolata a James Brady, portavoce di Ronald Reagan, rimasto paralizzato dopo essere stato ferito nell'attentato del 1981 contro l'allora presidente.

Durante l'amministrazione Obama fu inoltre accordato un accesso più ampio e costante alle attività della Casa Bianca anche al fotografo ufficiale, Pete Souza, che contribuì a creare l'immagine pubblica del presidente. La foto della Situation room durante la cattura di Bin Laden è sua.

Il segretario dello staff (che in realtà è quasi sempre una

segretaria) è stato uno dei primi ruoli introdotti alla Casa Bianca, e rimane tutt'oggi uno dei più importanti. Gestisce la redazione e la distribuzione di tutti i documenti che circolano nella Casa Bianca e arrivano al presidente, tra cui memo, materiale informativo, liste per potenziali incarichi, dossier dell'intelligence, corrispondenza e bozze di discorsi.

Il direttore dell'Ufficio militare organizza invece i trasporti e si occupa del servizio medico e della ristorazione della Casa Bianca. Ricadono sotto la sua giurisdizione anche gli elicotteri usati per i trasferimenti del presidente e la gestione dell'Air Force One, l'aereo presidenziale.

Il maestro di cerimonie della Casa Bianca gestisce un personale di circa novanta persone, in cui sono compresi fioristi, pasticcieri e macellai, e si occupa di organizzare eventi con la famiglia del presidente: era uno dei pochi ruoli che non cambiava al mutare delle amministrazioni, ma Trump e Biden non hanno seguito questa consuetudine.

Ci sono incarichi che sono eredità del passato, anche se svolgono ancora qualche funzione, come il calligrafo ufficiale della Casa Bianca, e altri che ogni presidente designa secondo le proprie esigenze: molti hanno avuto un *body man* o *body woman* («uomo o donna ombra»), che li seguiva dappertutto e che non aveva incarichi precisi, se non quelli che il presidente affidava loro di volta in volta. Blake Gottesman aiutava George W. Bush con la gestione del cane e a organizzare le code per gli autografi, Reggie Love fra le altre cose giocava anche a basket con Obama: per il suo cinquantesimo compleanno gli organizzò una partita con alcuni grandi giocatori come LeBron James e Magic Johnson, campioni della Nba, la lega professionistica americana. — ☞

Le cose brutte si dimenticano presto

Linus

218

Linus è un conduttore radiofonico e televisivo, direttore artistico di Radio Deejay dal 1995 e direttore editoriale delle radio del gruppo Gedi. Ha iniziato a lavorare in radio a metà degli anni Settanta, e dal 1984 è a Radio Deejay dove conduce da oltre trent'anni la trasmissione del mattino *Deejay chiama Italia*. È appassionato di corse e maratone, tema a cui ha dedicato il libro *Parli sempre di corsa* (Mondadori, 2010), e ha pubblicato anche i libri *E qualcosa rimane* (Mondadori, 2004), e *Fino a quando* (Mondadori, 2020).

Premessa: sarà il mio carattere un po' tignoso e precisino, sarà che ogni medaglia ha il suo rovescio, ma quando il *Post* mi ha chiesto di raccontare «la mia America» mi sono accorto che di ogni esperienza mi venivano in mente lati positivi e negativi, del tipo «andateci ma sappiate che...», «è stato bellissimo però...» Quindi farò così: vi racconto un po' di cose di cui posso parlare con cognizione di causa (poco, eh!), ma con tutte le luci e le ombre delle mie prospettive.

Parto dal ricordo più vicino.

Route 66. L'avevo sempre snobbata. Pensavo fosse una cosa banale, sorpassata, da turisti.

E sicuramente è tutto vero. Poi un giorno viene Zucchero in radio (era ottobre o giù di lì) e mi racconta che in estate ne aveva fatta una sua versione «remixata», mantenendo cioè i punti cardinali ma prendendosi tutte le licenze che il percorso e la sua curiosità gli suggerivano. L'idea mi è rimasta in testa per un paio d'anni, finché non ho realizzato che quell'estate (era il 2022) poteva essere quella dell'ultima volta delle vacanze con la famiglia al completo.

Già progettarla è stato fantastico. Per tre mesi ho avuto una grande cartina degli Stati Uniti spiegata sul tavolo in salotto, con un contorno di appunti, righelli, libretti ed evidenziatori, e pian piano il viaggio ha preso forma.

Partenza da Chicago, che probabilmente sì, è una città enorme, complicata e violenta, ma è anche la culla dell'architettura contemporanea. Poi il Missouri e gli infiniti saliscendi verdissimi, e via infilando Oklahoma, Texas, New Mexico, Arizona e California. La Route appare e scompare, è praticamente impossibile percorrerla completamente, e spesso fa tenerezza guidare lungo la Purple Heart Highway (sì, un'autostrada che si chiama come la più antica medaglia al valore...) e vedere lo scudo sbiadito con la scritta «66» sulla stradina di fianco... Quelli che una volta erano i paesini più caratteristici oggi sono un pugno di case malridotte, e quelli che un tempo erano i simboli adesso sono perlopiù abbandonati e scoloriti. Ma nonostante questo c'è più autenticità che in tutto il resto delle grandi città, la gente è cordiale e disponibile, anche quelli con la pistola che spunta dai pantaloni. Ovunque c'è un vecchio diner con i separé in finta pelle rossa che serve hamburger buonissimi e torte di mele appena sfornate, mangiare e dormire costa pochissimo, e i nomi che scorrono lungo la strada rimandano a canzoni degli Eagles e a migliaia di film. Quando in New Mexico e Arizona la strada ha cominciato a salire ho pensato al viaggio di Tom Joad e la sua famiglia in *Furore* di Steinbeck, stipati nel loro camion sgangherato, terrorizzati dai «Giganti dell'Ovest» che li separavano dalla terra promessa.

I sentimenti sono contrastanti, si passa dall'entusiasmo iniziale alla delusione immediatamente successiva, ma alla fine quello che vince è il senso di pace che ti arriva guidando lungo questi spazi sconfinati e sotto un cielo infinito.

E poi, come dicevo, ci sono le deviazioni. Che possono essere mille: letterarie, cinematografiche, naturalistiche. È un viaggio da preparare con cura per crearsi quei riferimenti che possono poi lasciar spazio all'avventura, ma anche questo contribuisce a renderlo indimenticabile.

Abbiamo percorso 5.500 chilometri in 17 giorni, dormendo ogni notte in un posto diverso.

E, incredibile, ognuno di noi con un semplice trolley da bagaglio a mano. Sì, anche mia moglie...

Dall'America più profonda a quella più discreta.

Quando i padri pellegrini videro per la prima volta la costa americana erano dalle parti di Cape Cod, e automaticamente quel pezzo di terra diventò per loro il New England, la nuova Inghilterra. Adesso con questo termine generico si intende tutto il territorio a nord di New York, fino al confine col Canada. Dagli Hamptons, con le splendide ville dei newyorkesi ricchi che si affacciano direttamente sull'oceano, al Maine, terra di fari, streghe e aragoste. Mia moglie mi ci trascinò molti anni fa in cerca di Cabot Cove, la cittadina di Jessica Fletcher, che ovviamente nel frattempo girava le sue puntate in un più confortevole studio di Hollywood.

Tolta Boston, che pur essendo bellissima è comunque ormai una grande città simile a tutte le altre, il resto del New England continua a conservare la luce e i personaggi di un quadro di Hopper. La costa è un susseguirsi di porticcioli, scogliere e insenature, il mare è pieno di barche a vela, le cittadine sono ancora fatte di casette di legno dipinto di bianco, con tanto di veranda e tetto a punta. Insomma, quel tipo di posto dove un turista pensa di potersi trasferire a vivere quando arriverà l'età della pensione. Che poi è quello che ha fatto mille anni fa Stephen King, che nel Maine vive e scrive, o che fece virtualmente l'Harry Quebert protagonista del romanzo di Joël Dicker.

Ma la *Mayflower* sapeva scegliere e la fortuna ha la vista buona, la parte più bella di tutta la costa è proprio quella che da Plymouth (quella americana) gira intorno alla penisola di Cape Cod, che nel frattempo è diventata una bellissima area protetta.

La punta di questa lingua di terra è Provincetown, una

«I PRIMI ANNI MI SCRIVEVO IL NOME SULLA MAGLIETTA, POI HO CAPITO CHE SENTIRSI GRIDARE "GO LINUS, LOOKING GOOD!" QUANDO TI STAI TRASCINANDO AUMENTA LA FRUSTRAZIONE E HO SMESSO.»

cittadina bizzarra al punto di avere come edificio distintivo una replica fedele della Torre del Mangia a Siena. Una curiosità: esattamente come Key West, che sta anch'essa in fondo a un'estremità naturale (in questo caso le Keys della Florida) anche questo da sempre è un posto dai costumi diciamo così... molto liberi.

Sotto Cape Cod, a sfidare l'oceano ci sono Nantucket, l'isola di Moby Dick, e Martha's Vineyard, forse il posto più velatamente ma spietatamente snob degli Stati Uniti.

Non ci sono alberghi ma solo case private o bed & breakfast, come a dire «venite ma stateci poco», ma in cambio, nonostante le residenze miliardarie, si respira un'aria molto informale.

Vi ricordate *Sabrina*, il film con Audrey Hepburn e Humphrey Bogart? Lui (che nel film si chiama Linus...) porta lei qui, da New York, solo per vedere il tramonto dagli scogli di un ristorante.

Il locale è ancora lì, per pochi dollari vi danno un piatto di cartone con una pannocchia e mezza aragosta. Ah, quando ci sono stato il sabato sera c'era anche il primo concerto dopo vent'anni di James Taylor e Carly Simon insieme. Parafrasando Christopher Cross: «*When you get caught between the moon and Martha's Vineyard... the best that you can do is fall in love...*»

Finiamo con l'inevitabile (per me).

La MARATONA. Quella di New York. Che, tanto per cominciare, NON è quella degli americani. La loro è quella di Boston, la più antica, quella che si corre nel lunedì del Patriots' Day. Non a caso, simbolicamente, l'attentato di qualche anno fa fu fatto lì.

New York è la maratona dei forestieri, che ogni anno le lasciano in ricordo (e in ricordi) qualcosa come 500 milioni di dollari. Certo che poi ci sono due milioni di newyorkesi lungo il percorso ad applaudire, sarà entusiasmo o riconoscenza?

Però a parte questo è bellissima. È bellissima perché, per esempio, la gente lungo le strade preferisce di gran lunga sostenere le persone normali invece che i professionisti: quando arrivano i primi Central Park sta cominciando a popolarsi, quando arrivano gli ultimi il tifo è assordante. Ecco, il tifo: primo rovescio della medaglia. I primi anni (l'ho corsa undici volte) mi scrivevo il nome sulla maglietta, poi ho capito che sentirsi gridare «*Go Linus, looking good!*» quando ti stai trascinando aumenta la frustrazione e ho smesso.

Però sì, è bellissima. Anche perché credo abbiano un contratto col padreterno, e ogni maledetta prima domenica di novembre è sempre baciata da un clima meraviglioso: l'aria frizzante, gli alberi incendiati di rosso, fantastico. Mi capita a volte a Milano in certe giornate di autunno di uscire di casa e cogliere l'illusione di quella stessa aria magica e sottile. Ma dura poco.

Certo che è bellissima, ma mentre scrivo e ci ripenso, mi rendo conto che la New York City Marathon è come il pesce: stupenda nei suoi 42 chilometri, terribile nella testa e nella coda.

La testa è la partenza: ci si sveglia prestissimo per essere altrettanto presto al di là del ponte di Verrazzano, e poi si sta ore (letteralmente) all'addiaccio ad aspettare di partire. E quando si arriva, felici con la nostra medaglia al collo, comincia la seconda, infinita camminata. Quella verso l'albergo.

Però è come un parto: le cose brutte si dimenticano presto.

Almeno una volta nella vita bisognerebbe provarla.

Sì, dai, è bellissima.

Nel nome di Dio

Una democrazia senza una Chiesa,
una nazione con mille chiese,
una politica piena di religione

Il primo emendamento della Costituzione degli Stati Uniti vieta al governo di imporre una religione di stato e di limitare il libero esercizio della fede, due princìpi che permettono a molte fedi di convivere in un paese dove Stato e Chiesa sono stati rigidamente separati. Allo stesso tempo, durante la cerimonia di insediamento il presidente degli Stati Uniti giura di difendere la Costituzione scegliendo di mettere una mano sulla Bibbia e pronunciando la formula di rito: «*So help me God*», «Che Dio mi aiuti». Negli Stati Uniti il rapporto con la religione è infatti più intenso e pervasivo rispetto a molti altri paesi del mondo occidentale, e ancora oggi la fede influenza non solo la società, ma anche la politica.

A partire dal 1865 tutti i presidenti statunitensi senza eccezione si sono identificati come cristiani, oltre otto cittadini su dieci dichiarano di credere nell'esistenza di Dio e il 68 per cento di chi si definisce cristiano dice che la religione ha una «grande importanza» nella sua vita: il dato mediano nei paesi dell'Europa occidentale è del 14 per cento.

Dio non compare nella Costituzione degli Stati Uniti, ma è praticamente ovunque altrove: il motto *In God we trust* («Crediamo in Dio») è stampato su tutte le banconote, e vari riferimenti a Dio compaiono nella Dichiarazione d'indipendenza del 1776, nel testo del giuramento sulla bandiera e in molti discorsi pubblici, che vengono chiusi con la formula *God bless America*, «Dio benedica l'America». Esiste un'approfondita e argomentata serie di studi su come una gran parte delle cerimonie e dei simboli istituzionali statunitensi costituisca una «religione civile», generata anche dal desiderio originario di dare sacralità a una giovane nazione fondata sulla separazione tra Stato e Chiesa.

La religione prevalente è di gran lunga quella cristiana, praticata da oltre il settanta per cento della popolazione. Meno del due per cento degli statunitensi si dichiara di religione ebraica, e meno dell'uno per cento di religione musulmana, buddista o induista. Gli Stati Uniti sono oggi il paese con più cristiani (e più protestanti) al mondo. I censimenti ufficiali non fanno domande sul tema della religione, ma in altri sondaggi poco meno del trenta per cento degli statunitensi dice di non riconoscersi in alcuna confessione (si ritengono quindi religiosi, ma non seguono una particolare chiesa), e solo quattro su cento si dichiarano atei, contro per esempio il 21 per cento in Francia, il tredici per cento nel Regno Unito e l'otto per cento in Italia.

La maggioranza cristiana non è omogenea ma si divide in una serie di chiese e confessioni diverse, alcune importate secoli fa dagli immigrati europei, altre nate negli stessi Stati Uniti. Il protestantesimo – che era la religione prevalente nelle regioni europee da cui arrivarono le prime immigrazioni – è maggioritario, con oltre la metà dei fedeli, ma si organizza almeno in tre grossi gruppi: le chiese evangeliche, le chiese protestanti principali e le chiese protestanti storiche della comunità afroamericana.

Il legame con la religione fu evidente fin dalle prime fasi della colonizzazione degli Stati Uniti. I fondatori di una delle prime colonie americane, la colonia di Plymouth, scapparono dal Regno Unito, tra le altre cose, per sfuggire alle persecuzioni religiose: facevano parte di un gruppo protestante puritano che non riconosceva l'autorità religiosa del re d'Inghilterra. Questi primi coloni sono tuttora ricordati dalla tradizione come «padri pellegrini», per rimarcare la natura religiosa del loro arrivo negli Stati Uniti. Da quel momento la possibilità di professare liberamente la propria fede divenne

«Dopo la Seconda guerra mondiale la gran parte delle chiese evangeliche cominciò a spostarsi su posizioni molto conservatrici e vicine al pensiero più reazionario.»

una ragione di attrattiva per le persone che arrivavano nelle nuove colonie.

Il protestantesimo principale, detto anche «storico» o «del patrimonio», è costituito dalle chiese eredi di quelle dei primi coloni: i puritani inglesi in Massachusetts, i quaccheri in Pennsylvania, gli anglicani in Virginia, presbiteriani, metodisti, battisti, episcopali e luterani in tutto il Nord-Est. Erano confessioni protestanti importate da diverse parti d'Europa, che hanno poi avuto evoluzioni specifiche negli Stati Uniti. Oggi quelle con più fedeli sono la metodista, la battista, la luterana e la presbiteriana: semplificando molto, ognuna ha una dottrina specifica e si concentra su aspetti particolari della fede, come la carità (metodista), il battesimo (battista), la lettura delle Scritture (presbiteriana) o la comunione (luterana). Nessuna ha una diffusione particolarmente ampia – sono praticate ognuna all'incirca dal due-tre per cento degli statunitensi – ma alcune di queste confessioni sono ampiamente rappresentate fra le fasce più istruite, ricche e privilegiate della popolazione.

Molte delle famiglie statunitensi storicamente più potenti erano episcopali e presbiteriane, tra cui i Vanderbilt, gli Astor, i Rockefeller e i Forbes. Fino agli anni Settanta il 72 per cento dei vincitori dei premi Nobel statunitensi veniva da famiglie del protestantesimo principale, e molte delle università americane più note e prestigiose, fra cui Yale, Harvard, Princeton, Columbia e Duke, furono fondate da gruppi afferenti a queste confessioni religiose. Per tutto il XX secolo sono state espressione dell'élite dominante bianca negli Stati Uniti, a cui ancora oggi ci si riferisce con l'acronimo Wasp, che significa «protestanti bianchi anglosassoni» (*White Anglo-Saxon protestants*). Sebbene il numero di fedeli stia man mano diminuendo, questi gruppi religiosi continuano a mantenere una sensibile influenza sul potere economico e politico del paese.

Oggi il gruppo con più fedeli, oltre il 25 per cento del totale, è quello evangelico. L'evangelicalismo non prevede autorità religiose e non richiede di essere professato in chiese consacrate: è un movimento teologico che si concentra sulla lettura della Bibbia, che non deve essere interpretata ma considerata come «parola di Dio» e per questo insindacabile. Rifiuta ogni sovrastruttura teologica ed è molto focalizzato sul concetto di conversione personale, interpretato come una rinascita: i suoi fedeli sono soliti definirsi *reborn* («rinati»), mentre nelle prediche più animate alcuni dei suoi pastori contrappongono in modo netto, aggressivo e talvolta verbalmente violento la comunità dei fedeli e chi non condivide i loro ideali.

Il movimento evangelico crebbe notevolmente durante il cosiddetto Secondo grande risveglio, un periodo di inizio Ottocento durante il quale il numero dei fedeli cristiani statunitensi aumentò molto. Fino ad allora gli Stati Uniti non erano stati un paese particolarmente religioso, ma il successo di predicatori, chiese e pastori portò alla nascita di molte confessioni evangeliche: ogni persona dotata di carisma poteva diventare un pastore, e ogni sala poteva svolgere le funzioni di una chiesa. Gli evangelici predicavano ugualmente agli schiavi e agli schiavisti, e anzi furono per tutto il secolo portatori di istanze progressiste sui temi della schiavitù, dei diritti delle donne, della riforma del sistema scolastico e della giustizia.

Dopo la Seconda guerra mondiale però la gran parte delle chiese evangeliche cominciò a spostarsi su posizioni molto conservatrici e vicine al pensiero più reazionario, concentrandosi a livello politico sull'opposizione all'aborto, ai movimenti Lgbtq+, al femminismo e genericamente alle droghe, criminalizzate in ogni forma e in ogni genere di consumo. Dagli anni Cinquanta le chiese evangeliche raggiunsero grandi dimensioni, si organizzarono e sfruttarono il nuovo mezzo della televisione per farsi conoscere e aumentare la loro influenza.

Oggi le chiese evangeliche tradizionali si dividono in numerose confessioni, ma il numero di fedeli sta diminuendo a favore di un approccio più personale alla religione, promosso anche da alcuni predicatori diventati molto noti grazie alle loro attività online. Molti dei nuovi evangelici non frequentano luoghi fisici, ma ascoltano sermoni e podcast online, e vivono l'evangelicalismo come appartenenza politica a un'idea di mondo molto conservatrice che si sente sotto attacco da una società descritta come dominata da istanze progressiste.

Le chiese storiche afroamericane furono invece fondate nell'Ottocento principalmente dagli schiavi liberati, e cominciarono la loro attività nel lungo periodo di segregazione razziale che segnò la storia degli Stati Uniti sia prima che dopo l'abolizione della schiavitù, avvenuta formalmente nel 1865. Molti degli schiavi portati forzatamente negli Stati Uniti dall'Africa erano musulmani, ma nel corso di un paio di generazioni si convertirono o furono convertiti al cristianesimo. Le chiese afroamericane protestanti spesso ricalcano le confessioni di quelle protestanti principali, ma seguono per esempio riti pubblici basati sulla formula della «chiamata e risposta», un'interazione fra pastore e fedeli a cui a una frase del primo segue una risposta in coro dei secondi. A volte la pratica è musicale, e nel tempo ha dato vita al genere della musica gospel. Soprattutto negli anni Sessanta le chiese afroamericane ebbero anche importanti funzioni sociali: rispondevano alle necessità dei fedeli e cercavano di aiutarli non solo economicamente, ma anche con iniziative legate all'istruzione e alla consapevolezza politica, e ottennero un ruolo fondamentale nei movimenti di lotta per i diritti civili.

Si riconosce nella Chiesa cattolica circa il venti per cento della popolazione statunitense, con concentrazioni più alte negli Stati del Nord-Est, storicamente caratterizzati da una forte immigrazione irlandese o italiana, e più recentemente in quelli meridionali (per esempio in California, New Mexico, Texas e Florida), come risultato dell'immigrazione messicana e sudamericana. Pur rispondendo al Vaticano e alle gerarchie romane, la Chiesa cattolica statunitense ha organizzato una propria struttura, considerata più conservatrice rispetto alle posizioni dell'attuale papato, con cui non di rado si scontra. Negli ultimi vent'anni è stata al centro di frequenti scandali a causa delle accuse di pedofilia avanzate nei confronti di alcuni suoi sacerdoti, e dello svelamento dei tentativi delle autorità ecclesiastiche locali di nasconderle.

La quasi totale libertà religiosa ha permesso poi nel corso dei secoli lo sviluppo di comunità religiose fra le più diverse, e con regole sociali proprie, come quella degli amish, che rifiutano quasi completamente la tecnologia e parlano un dialetto derivato dal tedesco come prima lingua, oppure come i fondamentalisti mormoni, che ammettono la poligamia maschile. I culti religiosi nati espressamente negli Stati Uniti sono numerosi e vari: spesso sono comunità molto coese e chiuse verso l'esterno, che a volte si contrappongono apertamente al resto della società.

Come molte delle società occidentali, anche quella americana sta vivendo però negli ultimi decenni una parziale secolarizzazione: secondo vari studi ogni anno negli Stati Uniti chiudono fra le seimila e le diecimila chiese, che vengono demolite oppure si trasformano in appartamenti, negozi o spazi pubblici. La diminuzione del numero di fedeli è dovuta principalmente a un calo della partecipazione organizzata e comunitaria, mentre la fede e gli interessi religiosi restano importanti a livello personale.

È una tendenza riconducibile a vari fattori. Secondo un'analisi dell'*Economist* c'entra l'età dei fedeli, che sta aumentando notevolmente: nel 2023 la maggior parte delle persone che si identificavano come cristiane aveva più di cinquant'anni, e un terzo più di 65 anni, mentre solo un fedele su dieci aveva meno di trent'anni. Inoltre oggi molte persone nascono in famiglie tradizionalmente religiose, ma decidono poi di non praticare la fede che è stata insegnata loro da bambini. Al contrario, solo il venti per cento delle persone che nascono in famiglie non religiose decide autonomamente di convertirsi. Anche le differenze geografiche sono rilevanti, e alcune aree del paese sono storicamente più religiose di altre. Per esempio la zona sudorientale degli Stati Uniti, che va dall'Oklahoma e dall'Arkansas fino alla Florida, viene definita *Bible belt* («cintura della Bibbia») proprio a causa della forte influenza che la religione ha da tempo sulla società e sulla politica.

Negli Stati Uniti Stato e Chiesa sono due entità separate, ma alcuni stati hanno provato ad aggirare il principio chiedendo ai candidati di affermare perlomeno che Dio esista. La Costituzione del Texas, per esempio, vieta di escludere una persona da un incarico istituzionale a causa della sua appartenenza religiosa, ma richiede comunque alle persone che ricoprono incarichi pubblici di «riconoscere l'esistenza di un essere supremo». Anche in Tennessee è in vigore una legge simile, così come in South Carolina, North Carolina, Mississippi, Maryland e Arkansas, tutti stati particolarmente conservatori.

Più in generale, la religione è un fattore che da tempo condiziona la vita politica e sociale degli Stati Uniti: uno dei temi più divisivi e più centrali delle contrapposizioni, l'aborto, ha a che fare con la natura religiosa di una delle posizioni. Solo pochi anni fa ci furono grandi confronti su darwinismo e creazionismo. Ma al tempo stesso l'autonomia dalle religioni si manifesta nelle libertà avanzate su diritti di riproduzione, matrimoni tra persone dello stesso sesso, liberalizzazione delle droghe leggere. Nell'attuale Congresso il 99 per cento dei Repubblicani e il 78 per cento dei Democratici si riconoscono come cristiani. Nella storia ci sono stati solo quattro rappresentanti alla Camera di fede musulmana, di cui tre attualmente in carica, e tutti sono stati eletti con il partito

Democratico. Quasi tutti i presidenti della storia statunitense sono stati cristiani protestanti, con una prevalenza di episcopaliani e presbiteriani, mentre Richard Nixon e Herbert Hoover erano quaccheri.

Ci sono stati solo due cattolici, John Fitzgerald Kennedy e Joe Biden, mentre gli unici due presidenti «non affiliati» ad alcuna confessione religiosa furono eletti nel XIX secolo: Abraham Lincoln, in carica tra il 1861 e il 1865, e Thomas Jefferson (1801-1809). Lincoln veniva considerato un deista, una concezione religiosa che contempla l'esistenza di un essere supremo ma rifiuta qualsiasi dogma, testo sacro o autorità religiosa. Jefferson invece non riconosceva la figura religiosa di Gesù Cristo: al tempo questo non fu un ostacolo decisivo per la sua elezione, mentre oggi le sue posizioni sulla religione potrebbero essere non altrettanto tollerate da una parte dell'elettorato.

Tutti i sondaggi sottolineano infatti che gli elettori americani considerano «più affidabile» un candidato che mostri una solida fede religiosa, mentre il quaranta per cento dichiara che non voterebbe mai per un candidato ateo, chiunque esso sia. A partire dagli anni Settanta i candidati alla presidenza hanno iniziato a parlare con costanza della propria fede religiosa, che è diventata un fattore importante all'interno delle campagne elettorali. Gli storici hanno interpretato questa tendenza come una risposta alla crescente secolarizzazione avvenuta negli anni Sessanta, grazie ai movimenti giovanili e studenteschi a favore dei diritti civili e dell'accesso all'aborto, oltre che a una crescente separazione fra la sfera pubblica e quella reli-

«A partire dagli anni Settanta i candidati alla presidenza hanno iniziato a parlare con costanza della propria fede religiosa, che è diventata un fattore importante all'interno delle campagne elettorali.»

giosa, con l'abolizione delle preghiere nelle scuole pubbliche e di tutte le festività religiose a livello federale, tranne il Natale.

In risposta a questi movimenti, considerati lontani da molti elementi tipici della religione, negli anni Ottanta è emersa una destra religiosa molto potente i cui interventi, fondi e capacità di mobilitazione furono decisivi per l'elezione dei presidenti Repubblicani Ronald Reagan, George H.W. Bush e il figlio George W. Bush. In quest'ambito è risultata fondamentale l'opera di Moral majority, un movimento della destra cristiana fondato nel 1979 dal battista Jerry Falwell, che contribuì a spingere vari movimenti protestanti verso posizioni sempre più vicine al partito Repubblicano.

Nelle elezioni presidenziali del 2004 uno dei principali fattori di debolezza del candidato Democratico John Kerry (che perse contro George W. Bush, in corsa per il secondo mandato) fu individuato proprio nella sua percepita «scarsa religiosità». Kerry, ufficialmente cattolico, tendeva a parlare poco di temi religiosi e venne percepito quasi come ateo, soprattutto fra gli elettori che indicavano i «valori morali del candidato» tra i motivi principali della propria scelta.

Secondo molte analisi questo finì col condizionare non solo la campagna di Kerry, ma anche la strategia adottata dai successivi candidati Democratici: Barack Obama e Hillary Clinton parlarono molto di fede, soprattutto cercando di proporre un'idea di cristianesimo differente da quella fortemente conservatrice che spesso viene presentata come dominante. Durante la campagna elettorale del 2015, per esempio, i media parlarono molto di un lungo scambio intercorso tra Clinton (che poi perse contro il Repubblicano Donald Trump) e un reverendo del South Carolina che stava leggendo la Bibbia in una panetteria: Clinton entrò casualmente nel locale e si mise a parlare con il reverendo, mostrando di conoscere alcuni passaggi dei testi sacri e in generale parlando a lungo della sua fede metodista, un'espressione del protestantesimo.

La religione ebbe un ruolo importante anche nelle elezioni

presidenziali del 2012, vinte da Obama contro il Repubblicano Mitt Romney, che è mormone: si tratta di un culto cristiano fondato sugli insegnamenti del profeta Joseph Smith, un uomo statunitense di inizio Ottocento che disse di aver ricevuto per rivelazione il Libro di Mormon, ancora oggi considerato un testo sacro dai mormoni, insieme alla Bibbia. Il mormonismo rifiuta il concetto di trinità divina, considerando padre, figlio e spirito santo come entità separate, e interpreta la rivelazione cristiana come un processo continuo che si concluderà con il ristabilimento del Regno di Dio sulla terra. I mormoni oggi rappresentano circa l'1,6 per cento della popolazione statunitense e sono presenti soprattutto nello Utah, in California e in Idaho. Secondo gli analisti presentarsi come mormone danneggiò Romney, allontanando molti elettori sia di destra che di sinistra.

La religione è presente anche nella campagna elettorale per le presidenziali del 2024. Molti comizi di Trump, per esempio, sono introdotti da un video intriso di retorica biblica nei quali Trump è presentato come una sorta di difensore dei valori cristiani, messi in pericolo da presunte «forze interne alla nazione che vogliono allontanare gli Stati Uniti dai propri valori tradizionali». La sua rielezione è presentata come una battaglia fra il «bene» e il «male», identificato nei Democratici e nelle loro istanze secolarizzatrici e progressiste nell'ambito dei diritti civili, una concezione presente anche nelle prediche online dei cristiani evangelici.

Trump è cresciuto come presbiteriano, ma dal 2020 si riconosce come cristiano aconfessionale, una definizione spesso associata all'evangelicalismo. È oggi percepito dalla gran parte dei sostenitori dei Repubblicani come un «uomo di fede», nonostante partecipi raramente alle funzioni religiose e abbia un passato per molti versi lontano dai valori cristiani, ma come avviene per molti suoi correligionari: tra le altre cose ha divorziato due volte e avuto diverse relazioni extraconiugali. —

C'è un mondo a sinistra dei Democratici

Il 17 settembre del 2011 centinaia di persone occuparono Zuccotti Park, nel centro del quartiere finanziario di Manhattan, a New York. Portarono con loro tende, sacchi a pelo, fornelletti da campeggio e cartelli con gli slogan «Questo è l'inizio dell'inizio» e «Siamo il 99 per cento!». Grazie ai nuovi servizi di streaming fecero ore di dirette sui social e riempirono i loro blog con indicazioni e proposte politiche: criticavano il sistema capitalista, considerato sbagliato e discriminatorio, ma dopo 59 giorni gli attivisti del movimento Occupy Wall Street furono sgomberati con la forza dalla polizia, che arrestò circa duecento persone. La protesta era finita, ma aveva ispirato manifestazioni in centinaia di altre città, negli Stati Uniti e all'estero: e delle ragioni che la causarono si parla ancora oggi.

Dopo secoli di trasformazioni, da qualche decennio il partito Democratico statunitense ha creato una sua identità ben precisa basata su posizioni progressiste, tanto che spesso si tende a identificarlo genericamente con la «sinistra» statunitense. Questa semplificazione tende però a far convergere su un'unica forza politica una moltitudine di idee anche molto diverse tra loro, e a volte contrastanti: da tempo negli Stati Uniti esiste un universo di movimenti e di partiti che si muove «a sinistra della sinistra», rivendicando posizioni diverse e in alcuni casi radicali.

Queste possono essere sostenute da membri del partito Democratico che dissentono su alcuni punti dalla linea generale del partito, da esponenti indipendenti o di altri partiti di sinistra, oppure da movimenti spontanei e apolitici. Da Bernie Sanders ad Alexandria Ocasio-Cortez, passando per Jill Stein e il movimento Black lives matter: a sinistra dei Democratici ci sono molte realtà, anche con un consistente seguito.

Proprio Occupy Wall Street è fondamentale per capire le tendenze progressiste che si sono sviluppate negli Stati Uniti negli ultimi vent'anni. La storia del movimento è legata al contesto sociale ed economico di allora: era il 2011, e gli Stati Uniti, come gran parte del mondo occidentale, stavano affrontando le conseguenze di una grave crisi economica e finanziaria iniziata tre anni prima, che aveva messo in difficoltà milioni di famiglie e accentuato ulteriormente il divario tra le fasce povere della popolazione e i pochi, fortunati ricchi. Il governo stava spendendo centinaia di miliardi di dollari per salvare le banche dal fallimento ed evitare il collasso del sistema finanziario.

Il movimento criticava il sistema capitalista, la ricchezza dei grandi gruppi industriali e le enormi disuguaglianze presenti a ogni livello della società. Lo slogan «Siamo il 99 per cento» faceva riferimento allo squilibrio presente nella distribuzione della ricchezza tra la maggior parte della popolazione appartenente alla classe bassa o medio-bassa e un'esigua minoranza molto ricca. L'uno per cento, appunto, che detiene gran parte della ricchezza del paese e la usa per condizionarne scelte politiche ed economiche, secondo il movimento.

Occupy Wall Street non aveva una struttura di leadership ben definita. Al contrario, rimase un movimento spontaneo e apartitico, critico sia del partito Repubblicano che di quello Democratico, e si pose su posizioni che nello spettro politico nazionale starebbero a sinistra dei Democratici. L'iniziativa diede però enorme rilievo mediatico alle rivendicazioni anticapitaliste e ai movimenti per la democrazia, e contribuì ad avvicinare molti giovani al mondo della politica e dell'attivismo.

Negli anni successivi parte delle richieste di Occupy Wall Street furono riprese e sostenute da esponenti politici diventati noti in tutto il paese. Tra loro c'è Alexandria Ocasio-Cortez, che nel 2018 a 29 anni divenne la più giovane deputata mai eletta. Si candidò con i Democratici nel 14esimo distretto della città di New York, una zona multietnica che comprende parti del Bronx e del Queens. Sfidò alle primarie Joe Crowley, un Democratico di lungo corso che dal 1999 in poi era sempre stato rieletto ed era diventato una figura nota nell'establishment del partito.

Ocasio-Cortez lavorava come cameriera in un ristorante messicano: non aveva alcuna esperienza in politica, e quando annunciò la sua candidatura in pochi la presero sul serio. La sua campagna elettorale, raccontata anche dal documentario di Netflix *Knock Down the House*, fu però molto partecipata, mentre Crowley non fece grandi sforzi per assicurarsi la rielezione, che era sicuro di ottenere. Il 26 giugno del 2018 Ocasio-Cortez venne eletta alla Camera con il 78,2 per cento dei voti, dopo aver sconfitto Crowley nelle primarie con un vantaggio di oltre 15 punti percentuali.

Fin da subito Ocasio-Cortez criticò alcune posizioni del partito Democratico – di cui comunque faceva e continua a fare parte – che considerava ormai superate e non sufficientemente attente ai bisogni di una società in continua trasformazione. Oggi fa parte di una sorta di «corrente» interna al partito, chiamata informalmente *The squad* («la squadra»), composta da cinque deputate e tre deputati con posizioni molto progressiste e in parziale disaccordo con il resto del partito su temi particolarmente divisivi come l'immigrazione, i diritti umani, il cambiamento climatico e il sistema sanitario.

Di recente il gruppo ha criticato il sostegno quasi incondizionato offerto a Israele dal presidente Democratico Joe Biden nella guerra tra Israele e Hamas nella Striscia di Gaza iniziata a ottobre del 2023. Ocasio-Cortez ha avuto sempre un atteggiamento molto critico nei confronti di Biden, tanto che alle elezioni primarie del 2020 sostenne la candidatura del suo avversario Bernie Sanders, un indipendente di idee socialiste (ci torneremo). A novembre del 2020, dopo la vittoria di Biden, Ocasio-Cortez criticò il partito sostenendo che non fosse in grado di affrontare in modo abbastanza deciso alcuni temi importanti, tra cui il razzismo: «Il problema è che le persone che prendono le decisioni più importanti nel partito hanno ormai preso una deriva antiattivista, e non vedono i benefici che l'attivismo potrebbe portare», disse al podcast *The Daily* del *New York Times*. Invitò anche l'establishment Democratico, rappresentato soprattutto da Biden, a smettere di vedere l'ala più progressista «come un nemico»: «Se continua a contrastare gli obiettivi sbagliati, il partito si sta solo costruendo la strada per la sua obsolescenza.»

Sinistra non vuol dire solo partito Democratico, nemmeno nelle sue frange più progressiste. Esiste un ricco universo di candidati indipendenti o affiliati ad altri gruppi politici minori, che una o più volte hanno provato a candidarsi alle presidenziali, senza mai riuscire a vincere. Il più noto, almeno negli ultimi anni, è Bernie Sanders, un senatore del Vermont di 82 anni. Ufficialmente è indipendente, anche se è da sempre vicino ai Democratici e ha spesso partecipato alle iniziative elettorali del partito. Da decenni si descrive come un «socialista Democratico»: in un discorso del 2015 spiegò che questo orientamento non ha nulla a che fare con la dottrina marxista, né con la pretesa di abolire il capitalismo, ma è basato sulla creazione di una società più equa per tutti i suoi membri tramite alcune riforme, a partire dal salario minimo e dal miglioramento dei sistemi fiscale, sanitario e universitario.

Sanders è sempre stato attratto dalle posizioni radicali: si avvicinò alla politica mentre studiava all'Università di Chicago, negli anni Sessanta, un periodo molto turbolento, caratterizzato dalle proteste contro la guerra in Vietnam e dalla lotta per i diritti civili. Tra il 1981 e il 1989 fu sindaco di Burlington, la città più popolosa del Vermont, nel 1990 fu eletto alla Camera e nel 2006 al Senato, sempre da indipendente ma con il sostegno del partito Democratico.

Pur mantenendo posizioni indipendenti, nel 2016 si candidò per la prima volta alle primarie dei Democratici: perse contro Hillary Clinton, ma ottenne comunque più del 43 per cento dei voti, un ottimo risultato per un candidato considerato lontano dalle istituzioni del partito e di posizioni dichiaratamente vicine al socialismo, un termine che negli Stati Uniti è sempre stato visto con diffidenza. Si candidò nuovamente alle primarie nel 2020, sfidando Joe Biden, ma si fermò al 26,2 per cento dei voti.

Nelle due campagne elettorali per le primarie che organizzò in giro per il paese, Sanders si presentava come un candidato piuttosto improbabile: era un politico di lungo corso del Vermont, uno stato della costa Est degli Stati Uniti grande come il Piemonte, era anziano, bianco e dal carattere burbero e scontroso. Le sue campagne però ebbero un enorme successo mediatico, i suoi comizi erano sempre affollati e Sanders riuscì ad attrarre i voti di molti elettori giovani e latinoamericani, che coniarono il motto *Feel the Bern* («senti il Bern», dal nome di Sanders).

Nonostante le sconfitte, negli ultimi anni gli ideali di Sanders hanno implicitamente spinto il partito Democratico a spostarsi più a sinistra e hanno contribuito ad aprire la discussione su temi a lungo considerati troppo estremi. «Fino a poco tempo fa erano proposte considerate radicali e minoritarie, mentre oggi sono largamente condivise e alcune sono già in corso di adozione», disse Sanders nel 2020, riferendosi fra l'altro all'introduzione di un salario minimo da 15 dollari l'ora e alla transizione verso fonti di energia rinnovabili. «Il nostro movimento ha vinto la lotta ideologica.»

Dichiararsi socialisti negli Stati Uniti non è mai stato facile, soprattutto se si decide di provare a vincere le elezioni. Oggi l'idea del socialismo come qualcosa di estraneo e nemico dei princìpi americani è ancora radicata in parte della società. Circa un secolo prima di Sanders ci provò Eugene V. Debs, un importante sindacalista e tra i più noti esponenti del partito Socialista d'America, che si dissolse ufficialmente nel 1972. Tra il 1904 e il 1920 Debs si candidò quattro volte alla presidenza, ottenendo al massimo il sei per cento dei voti, nel 1912.

Era un periodo storico non facile per i socialisti. Nel 1917 gli Stati Uniti entrarono nella Prima guerra mondiale contro l'impero tedesco e austroungarico: i socialisti erano fortemente contrari alla guerra, e migliaia furono arrestati per aver criticato le decisioni del governo. Anche Debs fu condannato a dieci anni di carcere, ma non rinnegò mai le sue idee.

Il 1917 fu anche l'anno della Rivoluzione bolscevica, da cui nacque l'Unione Sovietica comunista. Negli Stati Uniti iniziò il primo *red scare*, la «paura rossa», ossia l'opposizione e la repressione di qualsiasi ideale considerato vicino al comunismo o al socialismo, visti come teorie estranee e pericolose per gli ideali americani. Un secondo red scare, ancora più duro del primo, si verificò nella seconda metà del Novecento. Era il periodo della Guerra fredda, caratterizzato da un'intensa competizione tra le due superpotenze del tempo: gli Stati Uniti, capitalisti, e l'Unione Sovietica, comunista. Negli Stati Uniti il socialismo e gli ideali di sinistra vennero nuovamente associati con il nemico, i loro sostenitori furono considerati come potenziali minacce alla sicurezza nazionale e quindi arrestati e perseguitati.

Oltre a Sanders, nello scenario politico statunitense ci sono altri candidati indipendenti che si pongono a sinistra del partito Democratico e partecipano attivamente alle elezioni. Jill Stein nel 2024 si è candidata per la terza volta alle presidenziali con il partito dei Verdi, fondato ufficialmente nel 2001 ma presente in altre forme fin dagli anni Ottanta.

A differenza di Sanders, Stein si è sempre posta in netta contrapposizione sia con il partito Repubblicano che con quello Democratico: «Il sistema politico non funziona, abbiamo bisogno di un partito che ascolti le persone», disse nel discorso con cui annunciò la sua ultima candidatura. «I due partiti principali che ci hanno messo in questo pasticcio non ce ne tireranno fuori.» Nel 2012 Stein ottenne lo 0,4 per cento dei voti, e nel 2016 poco più dell'uno per cento.

Al di là dei candidati e dei partiti politici, sulla scia di Occupy Wall Street negli ultimi anni sono nati diversi movimenti apolitici che sostengono cause storicamente vicine alla sinistra. Nell'estate del 2020 migliaia di persone si riunirono nelle strade di tutto il paese per protestare contro la morte di George Floyd, un uomo afroamericano ucciso il 25 maggio a Minneapolis, in Minnesota, mentre veniva arrestato dalla polizia, che operò in modo molto violento. Le manifestazioni ridiedero slancio al movimento Black lives matter, nato nel 2013 per combattere le discriminazioni e l'ingiustizia razziale, e che oggi è sia lo slogan di battaglie antirazziste molto condivise, sia un'organizzazione più radicale con proposte distanti da quelle del partito Democratico.

Le proteste del 2020 furono un evento enorme: il 6 giugno mezzo milione di persone partecipò agli eventi in oltre cinquecento città in tutti gli Stati Uniti. Contribuirono a riportare il problema del razzismo al centro del dibattito pubblico e modificarono in parte la discussione politica in un momento molto delicato, durante la campagna elettorale per le presidenziali (poi vinte da Biden) e la pandemia di Covid-19. Durante la campagna elettorale per le presidenziali del 2020, Biden diffuse uno spot che iniziava con la frase: *Black lives matter, period*, ossia «Le vite dei neri contano, punto». A maggio del 2021, dopo essere stato eletto, Biden incontrò la famiglia di Floyd alla Casa Bianca.

L'omicidio di Floyd diede nuovo slancio anche a una proposta nota come Defund the police, «definanziare la polizia»: critica gli abusi delle forze dell'ordine contro i cittadini e chiede di ridurre i fondi a loro disposizione per dedicarli ad altri settori considerati più utili per la società, come la scuola o la sanità. È un movimento strettamente legato a Black lives matter e alle rivendicazioni per la giustizia razziale.

Dopo l'omicidio di Floyd la richiesta Defund the police ebbe attenzioni ma soprattutto critiche; in seguito tuttavia le sue rivendicazioni non hanno avuto effetti concreti e le città che provarono a modificare i finanziamenti a disposizione delle forze dell'ordine dovettero presto ripensarci. Il partito Repubblicano criticò molto le richieste, che diventarono un argomento per accusare i Democratici di non essere abbastanza severi nella repressione del crimine e di non sapere quindi mantenere la sicurezza pubblica. Gli stessi principali esponenti del partito, tra cui il presidente Biden, si dissero contrari. — 👍

Cosa significa *woke*

È un'offesa per alcuni, una rivendicazione per altri: una parola che in tempi recenti è circolata nella politica statunitense con grande enfasi e generando ambiguità e polemiche

WOKE.

Nell'ultimo decennio una nuova parola ha ottenuto nel dibattito pubblico statunitense un'attenzione estesa e una popolarità controversa: woke è traducibile letteralmente come «svegli» o «vigili» (è una derivazione di uso del verbo *to wake*), ma per molti aspetti senza corrispondenze affidabili in italiano. In origine era associata alle rivendicazioni delle cosiddette minoranze e utilizzata per descrivere un atteggiamento di maggiore consapevolezza delle ingiustizie sociali legate soprattutto alle questioni di genere e al razzismo, ma nel tempo ha assunto altre sfumature. Da un certo punto in poi, anziché riferirsi a rivendicazioni o ingiustizie, ha iniziato a essere utilizzata per riferirsi alle espressioni più intransigenti, aggressive e intolleranti della classe politica che di quelle minoranze si prefiggeva di tutelare i diritti: i progressisti. Dopo che a utilizzarla sono rimasti perlopiù i politici della destra statunitense, la definizione prevalente di woke è infine diventata quella più dispregiativa e sarcastica, e assai generica. Alcuni di loro l'hanno infatti nel frattempo resa uno slogan e un modo sintetico per definire e screditare politiche impopolari dei progressisti, reali o immaginarie che siano, e generare allarme nell'elettorato. Questa ambivalenza ha delle similitudini con il modo con cui prima si parlava del «politically correct», e con cui se ne parla ancora in Italia. Rivendicato dai suoi sostenitori, dispregiativo per i suoi detrattori: e oggi più spesso inteso come «eccessi del politically correct».

Prima di ritirare la sua candidatura alle primarie dei Repubblicani del 2024, in più occasioni il governatore della Florida Ron DeSantis aveva parlato in pubblico di «ideologia woke», descrivendola come una minaccia per il paese e «una forma di marxismo culturale». Nel 2023 il deputato Repubblicano Jim Banks, presidente della Sottocommissione per il personale delle forze armate, attribuì a un presunto «programma woke», portato avanti dai progressisti, la capacità di ostacolare il reclutamento dei militari. L'ex presidente Donald Trump ha usato la parola woke meno spesso di molti suoi avversari e colleghi di partito, e ha invece espresso una particolare avversione per la parola stessa, perché a suo dire la metà delle persone che la ascoltano ne ignora il significato.

Uno dei principali limiti della parola woke è proprio che significa cose diverse per persone diverse. Un sondaggio condotto a marzo 2023 negli Stati Uniti dalla società Ipsos indicava che per il 56 per cento delle persone intervistate essere woke significa «essere informati, istruiti e consapevoli delle ingiustizie sociali», mentre per il 39 per cento significa «essere troppo politicamente corretti e controllare l'uso altrui delle parole». La maggior parte degli elettori Repubblicani intervistati descriveva la parola come un insulto, e quasi metà di quelli Democratici come un complimento.

In Italia la parola woke è entrata nei vocabolari molto più tardi rispetto alla diffusione della sua accezione politica nel contesto anglosassone, a cui comunque fanno esplicitamente riferimento le definizioni. «Negli Stati Uniti, concezione, persona o gruppo attivi in battaglie per i diritti sociali e civili, spesso connotate da forme di radicalismo intollerante», scrive il dizionario Zanichelli, in cui la voce «woke» esiste solo dall'edizione del 2024. Ma, malgrado alcune occorrenze con connotazione offensiva sui quotidiani più di destra, è una parola che non si è mai davvero affermata nel dibattito italiano, dove nelle discussioni sulle questioni di genere o sul linguaggio inclusivo si fa più spesso ricorso ad altre espressioni con sfumature

«Woke fu a lungo un'espressione familiare soltanto nella cultura afroamericana, usata sia con l'accezione di fare attenzione ai pericoli, sia con quella più generica di essere a conoscenza di qualcosa.»

diverse, come «politicamente corretto» oppure *cancel culture* oppure il vecchio «radical chic», sottratto spesso a ogni suo significato originario per insultare generiche posizioni progressiste, anche quando non hanno niente di «radical» o di «chic».

Nel Novecento, molto tempo prima che diventasse popolare nel dibattito pubblico, woke fu a lungo un'espressione familiare soltanto nella cultura afroamericana, usata sia con l'accezione di fare attenzione ai pericoli, sia con quella più generica di essere a conoscenza di qualcosa. Alcuni attribuiscono a Lead Belly, uno dei primi e più importanti musicisti blues statunitensi, la responsabilità di averla resa popolare e comune nella canzone di protesta del 1938 «Scottsboro Boys». Dedicata a nove adolescenti afroamericani ingiustamente accusati e processati per stupro, invitava la «gente di colore» a «stare all'erta» se andava in Alabama.

Soltanto nel primo decennio del Duemila woke iniziò a indicare più in generale l'atteggiamento di chi non rimane indifferente alle ingiustizie sociali, e solidarizza, ed eventualmente si impegna, per aiutare chi le subisce. Circolò in particolare con questo senso nell'ambito delle proteste del movimento Black lives matter, per esprimere il concetto a cui è stata poi associata in seguito: la consapevolezza su una serie di questioni e problemi legati al razzismo e al sessismo sistemici – nel senso di radicati nelle istituzioni e nelle dinamiche sociali – della società americana (e per estensione di quelle occidentali). Ebbe quindi inizialmente un'accezione positiva, per chi lo usava riferendosi a un obiettivo e a un'ambizione: si definivano woke per esempio le persone – perlopiù della cosiddetta generazione dei *mil-*

lennials, cioè i nati tra gli anni Ottanta e l'inizio dei Novanta – che facevano attivismo in piazza e sui social network, che partecipavano alle proteste antirazziste o alle marce per i diritti delle donne, che sensibilizzavano gli altri sull'importanza di utilizzare un linguaggio rispettoso e inclusivo per riferirsi alle minoranze.

Poiché denunciavano di fatto lo status quo, le idee e i princìpi alla base di quelle forme di attivismo e manifestazioni di protesta – idee e princìpi a volte raggruppati e definiti con la forma sostantivata dell'aggettivo woke, *wokeness* – furono interpretati come un attacco indiscriminato alla classe politica: i Repubblicani, ma anche i Democratici. I primi si opponevano a quelle idee perché le consideravano una minaccia, sia per l'ordine sociale preesistente sia per l'ideale teorico dell'America come paese delle opportunità garantite a chiunque, indipendentemente da etnia e genere. Ma si opposero anche i Democratici, quantomeno i più moderati, che videro in una quota di intolleranza e di tendenze censorie della wokeness sia una parziale negazione dei princìpi che loro intendevano difendere, sia un dissenso «da sinistra» difficilmente recuperabile.

Prima di emergere nelle proteste di Black lives matter molte nozioni alla base della wokeness e della cancel culture erano già circolate per anni e meno rumorosamente nella cultura universitaria, in particolare nelle facoltà umanistiche delle università d'élite. Tra quelle nozioni, ancora oggi molto popolari tra i progressisti woke, c'era la convinzione che qualsiasi disparità tra gruppi sociali sia la prova di discriminazioni strutturali, e che anche posizioni apparentemente progressiste sulla difesa della libertà di parola, per esempio, mascherino in realtà quelle discriminazioni: perché ignorano o trascurano i concreti limiti nell'esercizio di quel diritto di parola da parte di determinate categorie di persone. Vari eventi precedenti l'uccisione di George Floyd da parte della polizia, tra cui la crisi finanziaria del 2008 e l'elezione di Trump, avevano peraltro accresciuto in generale una frustrazione per l'apparente incapacità del liberalismo tradizionale di eliminare le disuguaglianze. E questo aveva fomentato approcci più radicali e manichei, sostenuti dalla convinzione che le ingiustizie si sarebbero perpetuate finché i sistemi di privilegio non fossero stati smantellati, e che qualsiasi azione politica che non avesse ridotto attivamente i divari esistenti avrebbe concorso ad ampliarli.

Furono pertanto definiti woke i giovani studenti che si impegnarono nella ricerca attiva di ciò che identificavano come segni di aggressione e oppressione nascosti nel linguaggio quotidiano e nelle istituzioni, e che intendevano «cancellare» indipendentemente da ogni altra valutazione. Ma nel dibattito pubblico, anche da parte dei progressisti moderati, cominciarono a emergere non soltanto perplessità e ostilità per i toni intolleranti e bellicosi di questi approcci, ma anche valutazioni più approfondite ed estese riguardo ai vari fattori – non solo economici e sociali, ma anche psicologici – che avessero potuto influenzare alcune manifestazioni di intransigenza.

Nel libro del 2018 *The Coddling of the American Mind* lo psicologo sociale Jonathan Haidt e il giornalista Greg Lukianoff ipotizzarono che tra quei fattori ci fossero le conseguenze di un certo modello di genitorialità iperprotettiva diventato dominante durante la guerra al terrorismo e la grande recessione del 2006. Una forma di «sicurismo» (*safetyism*) alla base di quel modello aveva promosso una cultura in cui la sicurezza, inclusa quella emotiva, prevalesse su ogni altra preoccupazione pratica e morale, riducendo la disponibilità a scendere a compromessi. Molte espressioni della cancel culture nelle università potrebbero, secondo Haidt e Lukianoff, essere interpretate attraverso la chiave di lettura del sicurismo: dalle richieste di allontanamento dei professori accusati – a volte pretestuosamente o ingiustamente – di aver usato parole offensive, alle contestazioni delle opere letterarie del passato giudicate incompatibili con le sensibilità moderne.

Diverse altre obiezioni agli approcci delle persone definite woke nel dibattito pubblico si sono concentrate poi su alcune presunte ipocrisie, man mano che la parola si è diffusa fuori dalle proteste di Black lives matter e ha cominciato a essere usata in altri contesti. Con l'aumentare del coinvolgimento dei giovani americani nelle battaglie per i diritti, woke è diventata un'espressione riferita spesso a persone che sono considerate «alleate» delle minoranze ma appartengono a categorie identitarie ritenute in una posizione di maggiore potere. Con la parola woke si è cominciato ad alludere non più soltanto al loro impegno ma, per esempio, al loro essere bianche, di sesso maschile, eterosessuali, cisgender (cioè che si riconoscono nel genere associato al sesso di nascita) o ricche: tutte caratteristiche che nell'ambito dei discorsi su questi temi vengono associate spesso al concetto di «privilegio», inteso come vantaggio nella società contemporanea occidentale.

In tempi più recenti woke è diventata sempre meno una parola rivendicata dalle persone che teoricamente dovrebbe descrivere, e sempre più usata invece dai loro critici (o dai critici di una loro macchietta astratta) e dai conservatori americani per indicare quella che considerano una pericolosa tendenza della sinistra, dei progressisti e più in generale dei Democratici. È diventata quindi prevalente la definizione data dalla destra americana, che con woke intende solitamente quello che identifica come un atteggiamento di dogmatismo intollerante e censorio, applicato nei confronti di chi la pensa diversamente (o più banalmente non ci pensa) sulle questioni delle minoranze e dei diritti civili. Con l'intento di ridicolizzare e attaccare i movimenti giovanili progressisti in cui era emersa, la parola woke è stata associata alle espressioni più intransigenti e aggressive di quei movimenti: espressioni molto presenti e popolari soprattutto sui social network.

«In tempi più recenti woke è diventata sempre meno una parola rivendicata dalle persone che teoricamente dovrebbe descrivere, e sempre più usata invece dai loro critici.»

Alla wokeness e alla cancel culture sono associate, per esempio, le campagne che chiedono il licenziamento di personaggi pubblici di vario tipo per via di dichiarazioni considerate controverse, o che mobilitano grandi e bellicose masse di account social contro qualcuno che abbia detto una cosa considerata disdicevole rispetto alle suddette sensibilità. Queste dinamiche, che sono oggetto di riflessioni e studi anche preoccupati in ambito accademico, sono tuttavia legate, secondo molti, non tanto all'impostazione ideologica woke quanto alle modalità con cui le piattaforme dei social network hanno reso il confronto tra idee diverse spesso violento, intollerante e polarizzato nel corso degli anni.

Alcuni degli aspetti discussi e criticati dai conservatori alimentano da tempo un dibattito vivace anche tra progressisti e persone di sinistra sui problemi che derivano da questo tipo di approccio al confronto politico e alla ricerca accademica. Anche tra opinionisti liberal, la parola woke viene talvolta usata per riferirsi genericamente a questo atteggiamento, ritenuto in contrasto con i valori di tolleranza e dialogo a cui si ispira storicamente una parte progressista del pensiero di sinistra. E oltre che sui metodi (quando per esempio sono violenti o intimidatori), le critiche da sinistra si concentrano sul rischio di impoverire il dibattito intellettuale stabilendo criteri troppo rigidi su quello che si debba o non si debba dire, a prescindere dal contesto, e di travolgere sfumature e differenze.

L'utilizzo della parola woke tra i progressisti negli Stati Uniti è tuttavia sempre più raro. Oltre che con l'intenzione di offendere gli avversari politici, i principali utilizzatori – per esempio DeSantis – se ne servono spesso come strumento di propaganda e polemica, evocando con un termine efficace un pericolo disegnato come universale e prevalente, «un'ideologia» estremista che governerebbe il pensiero progressista: e che permette di creare un «nemico» e un pericolo, in una comunicazione di propaganda sempre efficace. È uno strumento

«Le critiche da sinistra si concentrano sul rischio di impoverire il dibattito intellettuale stabilendo criteri troppo rigidi su quello che si debba e non si debba dire.»

che sfrutta proprio la particolare e minacciosa visibilità degli atteggiamenti e dei toni aggressivi e perentori usati nelle polemiche sui social network, e ha permesso in più occasioni di stimolare il complesso di persecuzione e la reazione di parte dell'elettorato conservatore (una pratica di comunicazione simile è quella, familiare anche in Italia, attivata dai predicatori contro «la teoria gender»).

Chi invece difende le idee e le azioni politiche portate avanti dalle persone woke nel corso degli anni, magari anche ammettendo che alcune manifestazioni possano essere talvolta sbrigative e sommarie, sostiene che siano un mezzo necessario per combattere le disuguaglianze etniche, di genere e anche economiche, e che l'esistenza stessa di una discussione sull'essere woke e sulla cancel culture dipenda da fattori apprezzabili. E cioè che persone e gruppi che a lungo non hanno avuto la possibilità di intervenire nel dibattito pubblico e culturale stanno acquisendo crescenti spazi e influenza. E li stanno usando per fare pressioni affinché chi ha avuto per decenni gli spazi e il potere subisca infine le conseguenze di quelle parole e azioni che discriminano le minoranze.

Ma durante un incontro pubblico a Chicago nel 2019, prima che la parola woke diventasse straordinariamente presente nel dibattito politico, l'ex presidente degli Stati Uniti Barack Obama criticò alcuni aspetti dell'atteggiamento di chi «si sente sempre politicamente woke» e ha «quest'idea di purezza, che non si debba mai scendere a compromessi». Invitò i giovani a superare l'idea, resa popolare dai social media, «che il modo di cambiare le cose passi dall'essere più giudicanti possibile verso gli altri». —

Cosa ne dice il vicinato, Messico e Canada

Gli Stati Uniti sono un paese
con cui tutti gli altri fanno i conti,
ma due di più

Se le scelte politiche degli Stati Uniti sono in grado di condizionare gran parte del mondo, è ragionevole pensare che i confinanti Canada e Messico, prima di altri paesi, debbano confrontarsi con il loro potente vicino. La percezione di canadesi e messicani può cambiare a seconda del presidente in carica negli Stati Uniti, delle relazioni diplomatiche e delle aspirazioni dei cittadini.

Una recente rappresentazione di come i canadesi vedano gli Stati Uniti è emersa da un sondaggio del 2023 realizzato dall'organizzazione non profit canadese Angus Reid Institute. Il 67 per cento ritiene che gli Stati Uniti siano economicamente prosperi; il 47 per cento crede che abbiano un effetto positivo sulla scena mondiale, ma le percentuali scendono sensibilmente nel considerarli un paese inclusivo e accogliente (27 per cento), sicuro (34 per cento), con un buon sistema di governo (25 per cento) e coeso nella lotta alle discriminazioni razziali (20 per cento).

Il Canada è visto a volte come un'estensione degli Stati Uniti poiché con quel paese condivide parzialmente lingua, cultura e stili di vita. Tuttavia, la frontiera con gli Stati Uniti rappresenta più spesso la demarcazione di un'identità precisa. Fabrizio Nava, che ha lavorato per otto anni all'ambasciata italiana a Ottawa, nel suo saggio *True North. Viaggio dentro l'identità del Canada* (Rubbettino, 2020) ha spiegato che i canadesi «amano sottolineare le differenze che li separano dai vicini statunitensi, al punto da precisare a ogni occasione che

«I canadesi rimarcano l'importanza del loro sistema pensionistico e dell'assistenza sanitaria pubblica. Sono orgogliosi di conquiste che in molti stati del vicino meridionale sono ancora temi aspramente dibattuti.»

uno dei tratti salienti della loro identità è proprio che non sono statunitensi». C'è, infatti, una sorta di antiamericanismo che si esprime per contrapposizione su diversi temi. I canadesi rimarcano l'importanza del loro sistema pensionistico e dell'assistenza sanitaria pubblica. Sono orgogliosi di conquiste che in molti stati del vicino meridionale sono ancora temi aspramente dibattuti, come l'abolizione della pena di morte e il matrimonio tra persone dello stesso sesso. Sottolineano le differenze riguardo all'aborto (legale in Canada dalla fine degli anni Sessanta mentre negli Stati Uniti a gennaio 2024 era illegale in 15 stati), al controllo delle armi negli Stati Uniti (considerato troppo blando dai canadesi), al ruolo del governo canadese nel ridurre le disuguaglianze tra diverse aree del paese e nel proteggere le minoranze.

Le diversità non hanno impedito ai due popoli di guardarsi con rispetto almeno nel corso del secolo scorso e nei primi anni Duemila. Se si escludono rari casi isolati (per esempio la forte contrarietà canadese alla guerra in Vietnam e all'invasione dell'Iraq nel 2003), il rapporto di vicinato è stato positivo. A mettere a dura prova la relazione è stata invece la presidenza di Donald Trump: non solo perché ha creato attriti fra i due governi su questioni economiche, ma anche perché ha eroso la visione favorevole che il popolo canadese aveva avuto tradizionalmente dei propri vicini. Secondo un rapporto dell'istituto di ricerca Environics institute del dicembre 2022, l'opinione dei canadesi nei confronti degli Stati Uniti ha toccato il minimo storico con l'elezione di Donald Trump nel 2016, è poi leggermente migliorata con l'elezione di Joe Biden, ma non abbastanza da risalire ai livelli raggiunti durante le amministrazioni dei precedenti presidenti del partito Democratico statunitense.

Detto questo, i 37 milioni di canadesi non guardano i vicini Stati Uniti in maniera univoca. Dai sondaggi 2023 dell'Angus Reid institute emerge che gli elettori conservatori sarebbero più propensi a offrire valutazioni positive degli Usa rispetto a chi ha altri orientamenti politici. Nelle province occidentali, dove si trova la principale concentrazione di risorse naturali del paese, c'è una mentalità distinta rispetto a quella prevalente in Ontario e Québec; prevale una visione più vicina a valori conservatori statunitensi, come la fiducia nell'iniziativa individuale e l'idea che lo Stato debba avere un ruolo ridotto nell'economia. Significativo è il caso dell'Alberta, provincia ricchissima di riserve petrolifere, e dove c'è una cultura affine a quella di stati al di là della frontiera come il Texas, con il mito del petrolio e del ranch. Come ha spiegato Nava «l'Alberta crede che l'industria energetica, che è alla base del suo benessere, sia stata ingiustamente presa di mira quale unica responsabile per i cambiamenti climatici, e che ciò avvenga nel sostanziale disinteresse del governo, che sarebbe anzi ansioso di procedere verso una transizione energetica». Diverso è il punto di vista di popolazioni indigene come gli inuit, che vivono nei territori artici del Canada e considerano i cambiamenti climatici di vitale importanza perché la graduale scomparsa del ghiaccio minaccia i loro villaggi costruiti sul permafrost. Alberta e inuit rappresentano i due estremi opposti nel giudicare le politiche ambientali del Canada, ma anche degli Stati Uniti, prima fra tutte la necessità di applicare o meno il Protocollo di Kyoto sulla riduzione delle emissioni inquinanti. Negli ultimi vent'anni, inoltre, il Canada ha subìto cambiamenti nella composizione sociale con l'ingresso massiccio di persone provenienti soprattutto da Cina, Filippine, India e Pakistan. I nuovi immigrati hanno dimostrato una sintonia politica con i valori conservatori, e dunque una convergenza con la cultura delle province occidentali, in controtendenza rispetto alla visione tradizionale di un Canada più progressista. Il flusso migratorio è ancora in corso. Nel loro libro *The Big Shift* sui cambiamenti politici in Canada, i saggisti John Ibbitson e Darrell Bricker hanno previsto che entro il 2031 un terzo della popolazione canadese sarà composto da minoranze, di cui il 25 per cento proveniente dall'Asia Meridionale e il 24 per cento dalla Cina. A fronte di questo fenomeno, è plausibile che la percezione degli Stati Uniti da parte del Canada, in futuro, sarà meno uniforme.

Meno sfaccettata, invece, è la visione del Messico nei confronti del suo vicino settentrionale. Come spiega Stefano Luconi, docente di Storia degli Stati Uniti d'America all'Università di Padova e autore del saggio *La «nazione indispensabile». Storia degli Stati Uniti dalle origini a Trump* (Le Monnier Università, 2020), i messicani considerano gli Stati Uniti come una sorta di terra promessa: «C'è un retaggio di prevaricazioni da parte degli Usa risalente soprattutto alla guerra combattuta tra 1846 e 1848, conflitto che ha consentito agli Stati Uniti di strappare al paese confinante diversi territori. Ma quel ricordo è ormai sottotraccia da diversi decenni. La maggioranza della popolazione, oggi, considera gli Stati Uniti come un paese in cui si vive meglio.» Lo conferma un sondaggio del Pew research center pubblicato nel giugno 2023, secondo il quale per il 59 per cento dei messicani intervistati le persone che si trasferiscono dal Messico agli Stati Uniti avrebbero una vita più sicura e più ricca di possibilità. Il confine tra le due nazioni ha una porosità elevatissima. Le stime dell'ambasciata messicana lo indicano come uno dei più attraversati al mondo, con circa 250 milioni di passaggi di persone che ogni anno transitano da un paese all'altro legalmente. La frontiera tra Canada e Stati Uniti, pur essendo molto più «trasparente» e meno sorve-

«Per quanto sia difficile misurare con esattezza il fenomeno, si è stimato che nel solo mese di dicembre 2023 ci sono stati circa trecentomila ingressi irregolari dal Messico agli Usa.»

gliata, viene oltrepassata giornalmente nei due sensi da circa quattrocentomila persone: circa 146 milioni di passaggi all'anno. Ma i messicani regolari transitano meno agevolmente dei canadesi, poiché a differenza di questi ultimi, oltre al passaporto devono esibire anche un visto. Più problematico, per il Messico, è il tema dell'immigrazione irregolare verso gli Stati Uniti e dell'ormai celebre barriera per bloccare i flussi migratori, che si sviluppa per molti chilometri lungo la frontiera. «La questione continua a essere centrale», spiega Luconi. «Per quanto sia difficile misurare con esattezza il fenomeno, si è stimato che nel solo mese di dicembre 2023 ci sono stati circa trecentomila ingressi irregolari dal Messico agli Usa. Ma ormai a passare il confine sono persone di altri paesi del Centroamerica che cercano di entrare negli Usa attraverso il Messico. A partire dal 2008, invece, il saldo migratorio dei messicani irregolari si è quasi azzerato. Si sta anche verificando una progressiva integrazione dei messicani nella società statunitense, con un relativo flusso di rimesse che rappresenta un fenomeno sempre più rilevante per il Pil del Messico.»

Come è accaduto per il Canada, anche per il Messico la presidenza di Trump ha generato insoddisfazioni. Secondo i sondaggi del Pew Research Center, la percentuale che ha dichiarato di avere fiducia nel presidente Biden, nel giugno 2023, era del 43 per cento, mentre nella primavera del 2019 con Trump era soltanto dell'otto per cento. Il 77 per cento dei messicani afferma che le relazioni tra il loro paese e gli Stati Uniti sono buone, mentre durante la presidenza Trump la percentuale era di oltre venti punti più bassa. Trump aveva detto che il Messico avrebbe dovuto contribuire ai finanziamenti per la costruzione del muro anti-immigrati, creando tensioni diplomatiche. Durante la campagna elettorale delle presidenziali del 2020 Joe Biden aveva promesso che non avrebbe costruito altri muri al confine con il Messico, e il giorno del suo insediamento, nel gennaio 2021, si era impegnato a non destinare finanziamenti aggiuntivi. Tuttavia, nell'ottobre 2023 ha affermato di non poter bloccare i fondi già stanziati dal Congresso e dunque di non poter fermare la costruzione di un nuovo tratto, già previsto da Trump, al confine con il Texas.

Se gli Stati Uniti sono preoccupati per i migranti irregolari, il Messico si spaventa per il contrabbando di armi. Gli Stati Uniti sono la principale fonte del traffico illecito di armi da fuoco che finiscono nelle mani dei cartelli del narcotraffico. Nel settembre 2021, il Messico ha persino citato in giudizio i produttori di armi con sede negli Stati Uniti per traffico di armi nel paese centroamericano. Molto tesi sono stati infine i rapporti commerciali: soprattutto sul trattato di parziale libero scambio, chiamato con l'acronimo Usmca (United States-Mexico-Canada Agreement), firmato da Stati Uniti, Messico e Canada nel 2018 come rinegoziazione del precedente trattato Nafta (il North American free trade Agreement che era entrato in vigore nel 1994). Alcune modifiche imposte da Trump sono state ritenute penalizzanti da entrambi i paesi confinanti. «L'Usmca non ha risolto una serie di controversie commerciali che continuano a esistere tra Canada e Stati Uniti. Tra queste, il desiderio canadese di proteggere la produzione interna di latte e latticini arginando l'import dagli Stati Uniti, o più in generale di tutelare le proprie esportazioni soprattutto di acciaio», esemplifica Luconi. «Trump ha posto anche un freno alla delocalizzazione delle aziende del suo paese e ciò ha penalizzato fortemente il Messico. Alcune case automobilistiche statunitensi, per esempio, sono dovute tornare con i loro impianti negli Usa, con il conseguente danno al mantenimento e alla creazione di nuovi posti di lavoro in Messico.»

Per Canada e Messico gli accordi commerciali con gli Stati Uniti rappresentano una variabile significativa. Nel 2023 le esportazioni messicane verso il paese vicino hanno superato i 356 miliardi di dollari, in aumento del 4,3 per cento rispetto al 2022, facendone il primo partner commerciale, e superando persino il Canada che pure destina al vicino meridionale il 75 per cento del proprio export. Pierre Elliott Trudeau, primo ministro del Canada negli anni Ottanta e padre dell'attuale premier Justin Trudeau, diceva che stare vicino agli Stati Uniti è come dormire accanto a un elefante: inevitabilmente si è colpiti da ogni sussulto dell'animale. Lo stesso potrebbero dire i messicani. Nei prossimi anni, le decisioni statunitensi potranno avere molti effetti immediati e diretti sulla vita nei due paesi al confine, a cominciare dal passaggio di persone, merci, servizi e investimenti da una parte all'altra delle due frontiere. Negoziare con un presidente degli Stati Uniti Democratico, su ciascuno di quei temi, potrebbe essere meno difficile che affrontare nuovamente il neoisolazionismo di Trump. —

La storia di Flint e il declino del Midwest

Midwest, Heartland, Steel belt, Rust belt, Blue wall: esistono tanti modi per riferirsi alla regione degli Stati Uniti che a lungo fu considerata il cuore produttivo del paese, sede delle più grandi industrie manifatturiere e soprattutto di enormi aziende automobilistiche, tra cui Ford, General Motors e Chrysler. Oggi la situazione è cambiata, ma i soprannomi sono ancora associati all'immaginario di un'America fatta di operai e di grandi capannoni, di forni metallurgici e di villette di periferia con il giardino. Sono rappresentazioni stereotipate, ma che sono almeno in parte reali. O lo sono state, nella movimentata storia della zona.

Il Midwest non è una regione amministrativa, e quindi non ha confini precisi. Generalmente l'espressione si riferisce ad alcune zone di Iowa, Missouri, Illinois, Kansas, Indiana, Michigan, Minnesota, Nebraska, Ohio, Pennsylvania e South Dakota. È una zona poco frequentata dai turisti, tanto da essere spesso chiamata *flyover country*, ossia l'area che viene sorvolata in aereo per andare da una costa all'altra del paese, verso zone considerate molto più attrattive, come New York o la California.

Per gran parte del Novecento il Midwest ebbe un periodo di prosperità e un forte sviluppo economico e industriale, ma poi iniziarono i problemi: la delocalizzazione e l'automatizzazione dei processi produttivi spinsero molte fabbriche a chiudere o a licenziare migliaia di dipendenti, le città non seppero rinnovarsi, si spopolarono e in alcuni casi i livelli di criminalità aumentarono moltissimo. Per raccontare il Midwest è utile una storia relativamente piccola, ma rappresentativa della parabola dell'intera regione: l'acqua di Flint.

Flint è una città di ottantamila persone circa cento chilometri a nord-ovest di Detroit, in Michigan. Dall'inizio del Novecento e almeno fino agli anni Ottanta attirava costantemente nuovi abitanti, soprattutto grazie all'enorme sviluppo dell'industria automobilistica. General Motors (Gm), ancora oggi una delle principali aziende del settore, fu fondata proprio a Flint nel 1908. Per tutta la prima metà del secolo scorso portò in città moltissimi lavoratori che cercavano un lavoro sicuro e ben retribuito nelle fabbriche. Tra loro c'erano anche moltissimi afroamericani che si trasferivano in Michigan dagli stati del Sud, lasciando le maggiori discriminazioni e la segregazione razziale.

La popolazione di Flint crebbe moltissimo, così come quella di decine di altre aree del Michigan. Molti interventi urbanistici furono finanziati da General Motors, che negli anni Venti spostò la propria sede principale a Detroit, ma mantenne comunque molti uffici e attività produttive a Flint. Nel 1979 Gm era il principale datore di lavoro di tutti gli Stati Uniti, con oltre seicentomila dipendenti.

Verso gli anni Ottanta le cose iniziarono a cambiare. Le grandi aziende automobilistiche statunitensi – tra cui Gm, ma anche Ford e Chrysler, tutte con sede a Detroit – iniziarono a subire la concorrenza delle nuove aziende giapponesi e coreane, e l'automatizzazione dei processi indu-

«Per gran parte del Novecento il Midwest ebbe un periodo di prosperità e un forte sviluppo economico e industriale, ma poi iniziarono i problemi.»

striali permise di ridurre notevolmente il numero di dipendenti pur mantenendo gli stessi livelli di produzione. Nel 1986 Gm annunciò che avrebbe chiuso undici centri produttivi negli Stati Uniti e licenziato 29mila dipendenti, tra cui molti a Flint. L'azienda abbandonò gradualmente la città, che da ricca e ambita divenne sempre più povera. Chi ne aveva la possibilità si trasferì altrove: tra il 1950 e il 2010 la città perse quasi il quaranta per cento dei suoi abitanti, passando da oltre 160mila a poco più di centomila. Rimasero soprattutto i più poveri, che spesso erano afroamericani: oggi i neri costituiscono più del 56 per cento degli abitanti di Flint. Insieme ai tassi di povertà aumentò moltissimo la criminalità, e la città si trasformò in un posto da evitare.

Verso il 2010 il bilancio della città di Flint era disastroso, in perdita per oltre 14 milioni di dollari.

Nel 2014 il sindaco Dayne Walling decise che per risparmiare bisognava tagliare i costi dell'acqua potabile: fino a quel momento Flint comprava l'acqua dalla città di Detroit, che la prelevava dal vicino lago Huron. Walling voleva che la città sviluppasse le proprie infrastrutture per approvvigionarsene in modo autonomo. Per tagliare i costi però le autorità locali decisero di slacciare subito Flint dalla rete idrica di Detroit, prima che le nuove tubature fossero costruite, e stabilirono che nel frattempo l'acqua sarebbe stata prelevata dal fiume Flint, come succedeva fino agli anni Sessanta.

Ma i residenti iniziarono a lamentarsi dell'odore e dello strano colore dell'acqua che aveva iniziato a scorrere dai rubinetti, che era giallognola o addirittura marrone. Alcune analisi riscontrarono la presenza del batterio dell'*Escherichia coli*, che può causare malattie intestinali, ma anche infezioni al tratto urinario, polmoniti e meningiti. I primi a smettere di usare l'acqua del fiume Flint non furono i residenti, ma General Motors: nel giro di pochi mesi l'azienda si rese conto che l'acqua stava rovinando i macchinari e iniziò ad acquistarla da altri fornitori. L'acqua era teoricamente potabile, ma leggermente corrosiva, e non era stata trattata con gli ortofosfati come si fa di solito in questi casi per risolvere il problema. Iniziò a corrodere i tubi di distribuzione dell'acquedotto, arricchendosi di piombo e altre sostanze nocive che venivano poi bevute dagli abitanti della città. Nei primi mesi del 2015 le analisi rivelarono che l'acqua distribuita alle abitazioni conteneva varie sostanze dannose per l'organismo, e soprattutto livelli altissimi di piombo.

Il piombo ha effetti estremamente nocivi sul corpo umano e soprattutto sui bambini, nei quali può causare ritardi nello sviluppo, danni al sistema nervoso e alterazioni nell'apprendimento, nelle capacità di linguaggio e nel comportamento. Nel 2015 uno studio rilevò che, da quando la città aveva cominciato a usare l'acqua del fiume Flint, il numero dei bambini sotto i cinque anni che aveva livelli anomali di piombo nel sangue era raddoppiato rispetto a prima.

Molti residenti iniziarono a perdere i capelli e a sviluppare irritazioni cutanee, dovute proprio alle sostanze tossiche presenti nell'acqua che usavano anche per lavarsi. Quasi novanta persone si ammalarono di legionellosi, una particolare forma di polmonite causata dal batterio della legionella, e dodici morirono. Le indagini rivelarono che le autorità cittadine di Flint non avevano fatto controlli adeguati sull'acqua del fiume prima di iniziare a usarla come unica fonte di approvvigionamento. A ottobre del 2015, circa un anno e mezzo dopo il passaggio, il sindaco Walling e il governatore del Michigan Snyder decisero di riallacciare la rete idrica di Flint a quella di Detroit, un intervento che costò 12 milioni di dollari.

Ma i problemi continuarono: alla fine del 2015 la nuova sindaca, Karen Weaver, dichiarò lo stato di emergenza e nel

2016 fu emulata anche dall'Epa, l'Agenzia per la protezione dell'ambiente, dal governatore Snyder e persino dal presidente degli Stati Uniti, il Democratico Barack Obama.

Negli anni successivi furono aperte molte indagini. A marzo del 2023 le autorità locali negoziarono un patteggiamento e si impegnarono a pagare risarcimenti per 626 milioni di dollari, di cui 600 messi dallo stato e 20 dalla città di Flint, la maggior parte dei quali erogata a persone esposte all'acqua contaminata quando erano minorenni.

Oggi l'acqua di Flint è potabile, ma le conseguenze dell'emergenza sanitaria dureranno ancora a lungo. La crisi idrica ha causato anche un enorme danno d'immagine alla città, che viene spesso evitata dai turisti e da cui continua a scappare chi ne ha la possibilità.

La vicenda dell'impianto idrico di Flint fu un enorme disastro, da tutti i punti di vista, nonché il segno più evidente del declino economico dell'area, accompagnato da decisioni politiche sbagliate. La crisi profonda che si è trascinata fino a oggi è iniziata negli anni Ottanta, ma prima l'area industriale di Detroit e in generale la Rust belt vissero un periodo di grande ricchezza.

Nei primi decenni del Novecento, grazie alla presenza delle tre più grandi aziende automobilistiche degli Stati Uniti, General Motors, Ford e Chrysler, le attività industriali concentrate intorno a Detroit avevano attirato migliaia di lavoratori, e la sua popolazione crebbe enormemente passando da circa 285mila abitanti nel 1900 a un picco di 1,8 milioni nel 1950. La città aveva una scena culturale molto vivace e una popolazione multietnica: era un modello, e si guadagnò il soprannome di «Parigi del Midwest».

La crescita di Detroit favorì lo sviluppo di tutta la regione: non si producevano solo automobili, ma anche acciaio e altri materiali dell'industria pesante e della metallurgia.

La Rust belt era il cuore produttivo degli Stati Uniti, e l'altissima concentrazione di fabbriche favorì lo sviluppo di molti movimenti sindacali. Nel 1935 il Wagner Act permise la creazione dei sindacati, e negli anni successivi ci furono estese proteste e rivendicazioni in molte zone del Midwest. Proprio a Flint, per esempio, nel 1936 iniziò un lungo sciopero dei lavoratori della General Motors: occuparono e bloccarono la produzione in vari stabilimenti, e dopo 44 giorni di proteste l'azienda annunciò che avrebbe investito 25 milioni di dollari per aumentare gli stipendi.

Fu un'enorme vittoria che contribuì a trasformare la United automobile workers (Uaw), il sindacato dei lavoratori dell'industria automobilistica, in una grande sigla sindacale che nel 1952 raggiunse i 16 milioni di iscritti. La Uaw è attiva ancora oggi: a settembre del 2023, per la prima volta nella storia degli Stati Uniti, i lavoratori di Ford, General Motors e Stellantis (il gruppo a cui appartengono Fiat, Chrysler e Jeep, tra gli altri) hanno scioperato nello stesso momento, trovando poi vari accordi con le singole aziende.

Con la crisi degli anni Ottanta Detroit iniziò a spopolarsi e divenne un posto piuttosto degradato e con un alto livello di criminalità. Nel 2008 il sindaco Kwame Kilpatrick si dimise e nel 2013 fu condannato a un totale di 28 anni di carcere, per vari reati legati alla corruzione. Negli anni decine di edifici tra fabbriche, capannoni e attività commerciali di Detroit furono abbandonati, e molti lo sono ancora oggi, anche se negli ultimi anni la situazione sta migliorando.

Le storie di Flint e di Detroit si possono applicare a gran parte di quella che era la Steel belt, la cintura dell'acciaio,

«A lungo gli stati principali della regione – Minnesota, Wisconsin, Illinois, Michigan e Pennsylvania – erano stati considerati parte del cosiddetto Blue wall, il "muro blu", colore storicamente associato al partito Democratico.»

e che oggi viene chiamata Rust belt, la «cintura arrugginita». Durante la grave crisi economica e finanziaria del 2008 Chrysler e General Motors rischiarono il fallimento e furono salvate solo da una serie di generosi prestiti dal valore complessivo di quasi 81 miliardi di dollari, approvati durante le amministrazioni di George W. Bush e di Obama.

Molti abitanti del Midwest attribuiscono almeno parte della colpa del declino delle grandi fabbriche americane all'Accordo nordamericano per il libero scambio, il Nafta (North American free trade Agreement), che entrò in vigore nel 1994 ed eliminò tutte le barriere tariffarie tra Canada, Stati Uniti e Messico. In Messico il costo del lavoro era molto inferiore rispetto agli Stati Uniti e molte aziende, tra cui quelle automobilistiche, abbandonarono gradualmente il Midwest. Le reali conseguenze del Nafta rimangono però dibattute, e isolare l'impatto effettivo di un accordo così ampio e duraturo è molto difficile. Fattori sicuramente più rilevanti sono state le delocalizzazioni anche in altri stati americani, motivate tra l'altro da una maggiore sindacalizzazione in Michigan, e gli sviluppi dell'automazione industriale.

Durante la campagna elettorale per le presidenziali del 2016 Donald Trump puntò molto sulla promessa di eliminare il Nafta, un fatto che secondo alcuni analisti gli permise di vincere contro la candidata Democratica Hillary Clinton in molti stati della Rust belt. La promessa fu in parte mantenuta: durante il suo mandato l'accordo fu rinegoziato e cambiò anche nome, diventando noto come Usmca, ossia United States-Mexico-Canada Agreement. Tra le altre cose, la nuova versione dell'accordo include alcune regole che favoriscono l'industria automobilistica statunitense.

Negli ultimi anni il Midwest ha avuto un ruolo sempre più centrale nei processi politici e nel panorama elettorale degli Stati Uniti. A lungo gli stati principali della regione – Minnesota, Wisconsin, Illinois, Michigan e Pennsylvania – erano stati considerati parte del cosiddetto Blue wall, il «muro blu», colore storicamente associato al partito Democratico. Tra il 1992 e il 2012 avevano votato sempre per il candidato Democratico alle elezioni presidenziali, insieme ad altri come California, Oregon e New York.

Nel 2016 però cadde il Blue wall: Wisconsin, Michigan e Pennsylvania votarono per Trump, seppure con un margine molto ridotto, favorendo la sua vittoria contro Clinton. A dicembre, durante un comizio in Ohio, Trump rivendicò gli ottimi risultati ottenuti nella regione: «[Dicevano che] Donald Trump non poteva far cadere il Blue wall, giusto? Non lo abbiamo soltanto rotto, lo abbiamo distrutto.» Nel 2020 tutti e tre gli stati tornarono però a votare Democratico, e nelle elezioni del 2024 sono considerati tra quelli in bilico. —

Volevo fare una torta e invece ho fatto l'editore

Marco Cassini

271

Marco Cassini ha fondato le case editrici minimum fax (nel 1994) e SUR (nel 2011). Dirige la Scuola del libro e, con Gianmario Pilo, il festival La grande invasione a Ivrea. Con Martina Testa ha curato l'antologia *Burned children of America* (minimum fax, 2001; Penguin, 2003). Nel 2008 Laterza ha pubblicato il suo *Refusi. Diario di un editore incorreggibile*. La sua prima traduzione dallo spagnolo è *Salvo il crepuscolo* di Julio Cortázar (SUR, 2022).

Volevo scrivere una poesia
invece ho fatto una torta   ci ho messo
più o meno lo stesso tempo
GRACE PALEY
(Traduzione di Paolo Cognetti e Isabella Zani)

Il mercato editoriale statunitense è notoriamente restio ad accogliere libri in traduzione e viene perciò considerato piuttosto «provinciale»: da anni si ricorda la cifra del tre per cento come la fetta – una fettina, dunque – di libri tradotti rispetto alla «torta» totale delle opere pubblicate, al punto che Three percent è diventato il nome di un progetto che monitora la diffusione di opere straniere che riescono a trovare una breccia nel muro tirato su a difesa dei confini letterari nazionali.

Il tragitto speculare è di segno opposto: in Italia nel 2022 (ultimi dati Istat disponibili) la quota dei libri tradotti è superiore al 18 per cento. Più di metà degli oltre quindicimila titoli importati nel 2022 erano tradotti dall'inglese. Il dato non specifica quanti di questi 8.066 arrivino dagli Stati Uniti, ma è lecito immaginare che ne rappresentino una fetta significativa: una fettona.

La mia casa editrice, SUR, dà il suo piccolo contributo traducendone ogni anno una decina (nel 2022 sono stati undici): non mi azzarderei a definirli la ciliegina, diciamo uno sbuffo di panna su quella torta.

Ora che festeggio il mio trentesimo anno da editore, mi sono preso la briga di fare due conti: ho pubblicato finora 301 libri scritti da 142 tra autori e autrici provenienti dagli Stati Uniti, prima con minimum fax (1994-2014), e poi, dal 2015 a oggi, con SUR.

E come è successo? Vediamo il filmato.

Nel 1996 feci il mio primo viaggio negli Stati Uniti.

Era un viaggio che volevo fare da tempo: otto anni prima, l'estate della mia maturità, ci ero andato vicino, ma qualcosa – c'entrava la mia fidanzata dell'epoca – era andato storto. E qualcosa andò storto per diverse estati dopo quella.

Nel '96 insomma erano quasi dieci anni che andavo accumulando guide, mappe, riviste, e di New York credevo di sapere già tutto. Un altro pezzo di quel mondo avevano iniziato a raccontarmelo i romanzi americani letti dopo il liceo, che finalmente mi parlavano del mondo contemporaneo.

Quell'attesa cambiò le cose. Nel 1996 avevo già abbandonato l'università, organizzato i miei primi corsi di scrittura, fondato da solo una rivistina letteraria che spedivo via fax, e pubblicato i primi libri della mia casa editrice. Da un paio d'anni collaboravo alle pagine culturali del *Manifesto* (l'inserto *La talpa libri* ospitava una mia rubrica di recensioni di tascabili, dallo spericolato titolo «Pocket ma buoni») e più di recente avevo iniziato a scrivere di letteratura americana anche per *l'Unità*. Compresi allora che l'aggettivo «occasionale» era riferito, più che alla collaborazione, all'eventualità di essere retribuito; ma per me restava un'opportunità unica: ricevevo libri in omaggio dalle case editrici e riuscivo ad avvicinare scrittori che amavo, qualche volta addirittura a conversare con loro. Andare a New York ora, invece che a 17 anni, era diverso. Ci andavo da editore. Ingenuo e impacciato, ma pur sempre editore.

La sera prima della partenza, andai a trovare Fernanda Pivano, di cui avevo studiato forsennatamente il lavoro di mediazione culturale: saggi, articoli, traduzioni, interviste. L'avevo conosciuta perché l'anno prima ero diventato l'editore italiano di Lawrence Ferlinghetti, poeta, pittore e – con la sua libreria-casa editrice City Lights di San Francisco – animatore della cosiddetta beat generation, e come benedizione per questo mio primo libro americano le avevo chiesto un testo introduttivo, che mi ero trovato a battere a macchina sotto la dettatura di Pivano nella sua casa milanese.

La sera in cui le annunciai il mio primo viaggio americano, lei mi regalò un elegante quaderno di carta fiorentina a fiori bianchi e blu, e mi mise di nuovo al lavoro sotto dettatura: «Su, scrivi», mentre la vedevo sfogliare la sua mitica rubrica: «*A*. Allen Ginsberg; Auster, Paul». Voltò la paginetta, facendo tintinnare gli anelli di cui era tanto orgogliosa. «*B*. Bret Easton Ellis» e così via, dandomi di ognuno l'indirizzo, il numero di telefono, qualche piccola dritta e un messaggio particolare da parte sua che avrei dovuto recapitare.

Me ne tornai a casa sul mio Ciao bianco con in tasca quella rubrica che consideravo il passaporto per il mio primo viaggio americano.

Durante il volo lessi i due libri che avevo portato con me: *La musica del caso* di Paul Auster e *Così viviamo ora* di Susan Sontag. Avrei dormito nell'appartamento di un'amica italiana che mi aveva suggerito di comprare *Time Out New York* appena atterrato. Nel tragitto in metropolitana lo sfogliai e alla pagina degli appuntamenti trovai questa notizia: «A Union Square Park – la libreria Barnes & Noble presenta: reading di Paul Auster e Susan Sontag»: la musica del caso.

Insomma, arrivo all'indirizzo, recupero le chiavi dal *door-*

«ALLA PAGINA DEGLI APPUNTAMENTI TROVAI QUESTA NOTIZIA: "A UNION SQUARE PARK – LA LIBRERIA BARNES & NOBLE PRESENTA: READING DI PAUL AUSTER E SUSAN SONTAG".»

man, metto giù la valigia e, agendina floreale alla mano, faccio il numero di Auster. Durante i tre squilli, mi viene in mente che anche *Trilogia di New York* si apre con una telefonata che cambia il corso delle cose. Non faccio in tempo a pensare altro perché una voce risponde e io devo dire la frase che mi ero ben preparato: «*HelloIwouldliketospeaktoPaulAuster.*» Pausa. «*Speaking.*» Altra pausa. Gli dico che ho avuto il suo numero da Fernanda Pivano («*Nanda! How's she doing these days?*») e dopo i convenevoli gli dico che ho letto del suo incontro a Union Square... «Che incontro? Quando?»

Il reading sarebbe stato di lì a un paio d'ore, Auster mi ringrazia per la telefonata provvidenziale, mi spiega che lo avevano contattato sei mesi prima, aveva detto di sì ma poi nessuno si era più fatto vivo e credeva non se ne fosse fatto nulla. Mi ringrazia altre cento volte e mi invita a passare a salutarlo. Mi faccio una doccia e, ancora intontito dal fuso orario, inizio a familiarizzare con la mappa della metropolitana di New York per andare a Union Square, dove arrivo perfino in anticipo, in tempo per restare a bocca aperta davanti agli scoiattoli, come ogni primo visitatore a New York. Fotografo tutto, mi appunto qualunque cosa sulla moleskine che poi provvederò a farmi rubare alla fine di quella stessa estate su un treno notturno Venezia-Roma. Al termine dell'incontro, mentre Auster e Sontag prendono posto a un tavolo davanti al quale si sono già formate due lunghe file parallele di fan, compro *On Photography* e *The Red Notebook* e mi metto in coda, facendo in modo da essere l'ultimo così, se sono fortunato, riesco a strappare a Auster qualche battuta di conversazio-

«QUESTO È IL RIASSUNTO DEL MODO, CHE MI SONO INVENTATO, PERCHÉ NESSUNO ME LO AVEVA INSEGNATO, DI FARE IL MESTIERE DELL'EDITORE.»

ne in più. Quando arriva il mio turno, alle mie spalle non c'è nessuno, e timidamente mi faccio avanti: «Paul...?» Lui raggiante si alza e mi stringe la mano, poi si rivolge alla collega: «Susan, questo è *il mio amico italiano* di cui ti ho parlato! Mi ha salvato la vita! Be' io lo porto a bere una birra che devo offrirgli per ringraziarlo, ci raggiungi anche tu?»

E questa è stata la mia prima ora a New York. Abbastanza per volerci tornare per sempre. E così è stato, più o meno.

Durante quel viaggio e nei successivi, forte della rubrica Pivano aggiornata di anno in anno, avrei dormito sul pavimento del soggiorno di Ferlinghetti a San Francisco; sistemato i fiori sulla tomba di Raymond Carver a Port Angeles, nello stato di Washington; conversato per due ore con Bret Easton Ellis nel suo appartamento totalmente vuoto; incontrato per caso Grace Paley a Bryant Park, il giorno dopo aver sentito un suo reading a cinquanta isolati da lì; visto Allen Ginsberg *non* rispondere al telefono anche se si sentiva dalla segreteria telefonica che chi gli chiedeva di alzare la cornetta era Paul McCartney; chiesto spudoratamente a David Foster Wallace, nel parcheggio di un fast food in Illinois, di regalarmi la sua leggendaria bandana; e altre cose divertenti che non farò mai più.

Nell'ultimo viaggio, nel 2019, ho festeggiato – chiudendo un altro cerchio – il centesimo compleanno di Lawrence Ferlinghetti in quella stessa casa di San Francisco in cui mi aveva ospitato nel '96.

Ora, sembrerò uno stalker letterario, o un goffo presenzialista (e forse sono entrambe le cose) ma questo è il riassunto del modo, che mi sono inventato, perché nessuno me lo aveva insegnato, di fare il mestiere dell'editore, andando a cercarmi i libri e provando innanzitutto a instaurare un rapporto personale con chi li aveva scritti. Da *Scene italiane* di Ferlinghetti fino a *Pagine azzurre* di Eleanor Perry – a oggi, l'ultimo romanzo americano che ho scelto di pubblicare – sono passati trent'anni e centinaia di nomi, di volti, di vicende umane e letterarie.

Gli scrittori e le scrittrici che ho incontrato, o quelli del passato che ho letto, e che ho finito col pubblicare, hanno reso indimenticabile la metà più bella della mia vita: quella in cui un libro non è solo una storia che mi tiene avvinto alle sue pagine, ma mi emoziona e mi diverte così tanto da indurmi a lavorare, investire, impegnarmi, insomma *mettermi al suo servizio*, con la promessa di fare quanto è nelle mie possibilità per farle «varcare l'oceano» ed essere letta qui.

Lo sbuffo di panna sulla torta.

C'è un'elezione per qualunque cosa

Votare, negli Stati Uniti, non è obbligatorio né automatico. Chi vuole farlo deve iscriversi di propria iniziativa nei registri elettorali, che non comprendono d'ufficio tutti i cittadini maggiorenni, come succede in Italia. Motivare i potenziali elettori a registrarsi è uno dei compiti principali di chi gestisce una campagna elettorale. L'altro è poi spingerli effettivamente a votare, un fatto non scontato e spesso impegnativo, dato che nell'arco di un solo anno possono esserci molte elezioni diverse: si vota per le primarie, per le presidenziali, per la Camera e il Senato, per il governatore dello stato, per il parlamento statale, per il procuratore generale dello stato e in alcuni casi anche per la Corte suprema statale. Scendendo di livello, gli statunitensi votano per eleggere gli amministratori locali nelle contee e nei comuni, ma anche per i procuratori distrettuali, per il consiglio del distretto scolastico e per lo sceriffo.

Un così alto numero di cariche elettive è il risultato di due princìpi fondamentali su cui è basata la democrazia degli Stati Uniti: il federalismo, che ha creato amministrazioni locali molto forti e ruoli ambiti, e la responsabilità, a cui in inglese ci si riferisce con un termine preciso e quasi intraducibile in italiano, *accountability*. È il principio secondo cui ogni funzionario pubblico è tenuto a dare conto delle proprie azioni ai cittadini per cui lavora, e in base a questo può essere confermato nel suo ruolo oppure rimosso, proprio attraverso le elezioni. Per molti ruoli il mandato dura quattro anni, ma esistono anche incarichi elettivi di durata più breve, che devono essere rinnovati ogni uno o due anni.

I cinquanta stati americani e il District of Columbia (che corrisponde alla capitale Washington) hanno ognuno una propria Costituzione, nonché leggi e regolamenti che organizzano le amministrazioni locali. Le differenze da stato a stato – e in alcuni casi anche all'interno dello stesso stato – riguardo a forme e funzioni dei vari organismi possono essere molto ampie, cosa che rende il sistema di governo locale piuttosto complesso e variegato. Esistono però delle linee comuni.

Ogni stato è diviso in contee, un termine che i primi coloni mutuarono dal lessico usato nel Regno Unito. L'esigenza iniziale era di delegare alcuni poteri per governare zone di territorio che potevano essere poco popolate e molto lontane dalle principali città: più l'area era «selvaggia» e lontana dai centri amministrativi dello stato, più i poteri degli amministratori delle contee erano ampi. In Louisiana le contee si chiamano *parishes* («parrocchie», un'eredità della colonizzazione spagnola e francese, e del loro legame con la Chiesa cattolica), in Alaska sono *boroughs*, letteralmente «quartieri», in Rhode Island e Connecticut le contee sono divisioni geografiche e amministrative, ma senza strutture di governo. Oggi le contee o gli enti territoriali equivalenti sono in tutto 3.143, a cui se ne aggiungono cento relative ai territori americani come Porto Rico, le Samoa Americane, Guam e altre isole.

Le contee hanno dimensioni e popolazioni molto diverse fra loro: la più popolosa, quella di Los Angeles, conta dieci milioni di abitanti, mentre nel 2023 nella contea di Loving, in Texas, i residenti erano appena 57. In media hanno un'estensione di tremila chilometri quadrati (più o meno come la Valle d'Aosta) e una popolazione di centomila abitanti.

Le contee sono l'ente amministrativo che di solito ha meno poteri: meno dello stato e meno dei comuni, definiti *township* o *municipality*, a seconda delle zone degli Stati Uniti o delle dimensioni delle città. Le contee sono gestite da una commissione, i cui membri sono eletti direttamente dagli abitanti e si occupano di servizi pubblici, strade, parchi, prigioni (ma non dei grandi penitenziari federali o statali) e pubblica sicurezza. Ogni contea ha un ufficio dello sceriffo e spesso una sezione dei vigili del fuoco, ma nelle contee più popolose le competenze possono essere maggiori e riguardare anche porti e aeroporti, spiagge, istituzioni culturali, biblioteche, servizi sociali e gestione dei rifiuti. In parte degli stati c'è un presidente di commissione eletto direttamente, in altri è un membro della commissione che è solo rappresentante di un organo che resta prevalentemente collegiale, in altri ancora un manager non politico nominato dalla commissione. Il momento centrale della loro attività è l'approvazione del bilancio, che definisce come redistribuire fra le varie attività ed esigenze i fondi ottenuti soprattutto dalle tasse sulle proprietà immobiliari e dalla registrazione dei veicoli.

Dopo il governo federale, gli stati e le contee, il quarto livello di amministrazione locale è quello relativo ai comuni, siano essi *town* (di dimensioni contenute) o *city* (le grandi aree metropolitane): le loro competenze riguardano sa-

«Le contee sono gestite da una commissione, i cui membri sono eletti direttamente dagli abitanti e si occupano di servizi pubblici, strade, parchi, prigioni e pubblica sicurezza.»

nità, servizi, infrastrutture, sicurezza e definizione delle aree destinate a uso residenziale, commerciale, industriale, ricreativo, e così via. La definizione della destinazione delle aree cittadine è fondamentale soprattutto in quei centri in cui la domanda abitativa è molto superiore all'offerta, causando un notevole aumento dei prezzi e degli affitti. Costruire nuove case aiuterebbe a ridurre il problema, ma spesso si scontra con gli interessi di chi possiede già una casa e teme di vedere diminuire il valore della sua proprietà. È una dinamica presente in molte città, per esempio a San Francisco.

Il decimo emendamento della Costituzione statunitense delega agli stati tutti i poteri non espressamente riservati al governo federale. Questo principio si riflette anche sui livelli più bassi dell'ordinamento amministrativo, con la cosiddetta *home rule*: per esempio, gli stati possono concedere ai comuni la libertà di riscuotere tasse e legiferare su argomenti locali. Questo fa sì che molte città, specie quelle di grandi dimensioni, abbiano notevoli poteri e libertà. Le città possono anche organizzare dei referendum per decidere su singole questioni considerate di interesse comune, una pratica usata piuttosto di frequente soprattutto in California. Negli ultimi anni però lo strumento ha ricevuto diverse critiche: secondo i suoi oppositori sono state indette delle consultazioni su temi molto complessi e poco conosciuti dalla maggior parte dei cittadini, che hanno finito per favorire gli interessi di specifici gruppi.

Una parte del partito Repubblicano, soprattutto in stati come il Texas o la Florida, sta inoltre mettendo in discussione le libertà legislative delle città, considerate eccessive, e promuovendo azioni per limitarle. In questi stati, come in molti altri, il partito Democratico è più forte nelle grandi città, mentre quello Repubblicano vince con regolarità nelle zone rurali e periferiche.

I metodi di governo dei comuni variano da stato a stato,

ma quelli principali sono due. Uno prevede l'elezione diretta del sindaco, che ha un potere simile a quello del presidente su scala ridotta: rappresenta l'organo esecutivo, nomina i capi dei dipartimenti, gestisce il budget, ha diritto di veto sulle decisioni e sulle leggi approvate dal consiglio comunale, anche questo eletto direttamente. È un modello definito *mayor-council* (ossia «consiglio del sindaco»), ed è stato adottato da alcune grandi città come Los Angeles, Houston, Boston, Chicago, Detroit e New York, quest'ultima con alcune peculiarità (la principale è che ognuno dei cinque quartieri che la compongono è una contea, con ribaltamento della scala gerarchica fra comune e contee, che in questo caso hanno molti poteri).

Nella maggior parte dei casi non esiste un limite al numero di mandati che i sindaci possono ricoprire: in alcune piccole cittadine statunitensi ci sono sindaci in carica da quasi cinquant'anni, mentre nelle metropoli la più longeva è Carolyn Goodman, sindaca di Las Vegas dal 2011. Chicago fra il 1955 e il 2011 fu governata per 43 anni da un membro della famiglia Daley: il padre Richard J. governò dal 1955 al 1976, e il figlio Richard M. dal 1989 al 2011.

Il secondo modello di governo è definito *council manager* e fu introdotto per evitare la creazione di sistemi di potere troppo consolidati, legati a singole persone e più facilmente permeabili alla corruzione. In questo caso i componenti del consiglio comunale vengono eletti direttamente: il sindaco è uno di loro e ha poteri di sola rappresentanza, mentre la gestione operativa della città viene affidata a un cosiddetto *city manager*, una sorta di segretario comunale scelto dallo stesso consiglio, che può licenziarlo e sostituirlo in ogni momento con un voto a maggioranza semplice. Austin, Phoenix, Sacramento e Charlotte sono esempi di grandi città gestite con questo modello.

Nonostante la carica esistesse già da qualche anno, il primo city manager che finì sui quotidiani nazionali fu quello di

Dayton, in Ohio, nel 1913. A marzo di quell'anno un'inondazione causò enormi danni e, per uscire dall'emergenza e organizzare la ricostruzione, il consiglio comunale decise di far gestire la città da una figura non politica. Il primo city manager di Dayton fu l'ingegnere civile Henry Matson Waite, e la formula venne poi adottata da molte città americane di medie dimensioni, anche non in momenti di emergenza.

Esiste anche un terzo modello di gestione, che si applica però a città molto piccole e con meno poteri. Prevede una commissione composta generalmente da cinque membri, eletti per via diretta e incaricati di gestire sia il potere esecutivo che quello legislativo.

Oltre alla divisione in contee e comuni, gli stati possono anche definire dei distretti speciali incaricati di gestire su aree più ampie alcune questioni specifiche, come il funzionamento di acquedotti e reti fognarie, la salvaguardia dei parchi, la prevenzione degli incendi, l'edilizia popolare e la conservazione del suolo. I distretti speciali possono raccogliere tasse per finanziare le loro attività, e i loro dirigenti possono essere nominati oppure eletti. Numericamente sono molto cresciuti negli ultimi vent'anni: nel 2022 erano quasi quarantamila.

Un ultimo tipo di amministrazione locale riguarda le cosiddette riserve dei nativi americani, che in virtù della sovranità tribale hanno organi rappresentativi, giudiziari e in alcuni casi legislativi differenti e indipendenti dalle autorità statali. Possono avere leggi diverse da quelle dello stato di cui geograficamente fanno parte, una concessione che in alcuni casi ha prodotto delle storture: negli anni Ottanta, per esempio, all'interno delle riserve aprirono moltissimi casinò, visti come una fonte di entrate promettente dalle comunità locali. Oggi la riserva più grande è quella della nazione Navajo, che si estende per 71mila chilometri quadrati (una superficie quasi pari a quella dell'Austria) tra Arizona, New Mexico e Utah.

Ci sono molti ruoli, anche a livello locale, che in Italia e

«Sono cariche elettive anche i membri degli school board, i consigli che gestiscono i vari distretti scolastici nei quali sono suddivise tutte le scuole degli Stati Uniti.»

in Europa non siamo abituati a considerare elettivi e che invece negli Stati Uniti lo sono. L'esempio più evidente è quello delle cariche giudiziarie: i giudici federali e della Corte suprema sono nominati dal presidente e confermati dal Senato, ma i giudici dei tribunali statali possono essere sia nominati dai governatori che eletti direttamente dai cittadini, per un periodo di tempo limitato. In 43 stati viene eletto anche il procuratore generale, che è a capo del dipartimento statale di Giustizia, e in 47 i procuratori distrettuali, assimilabili ai nostri pubblici ministeri, che rappresentano l'accusa nei processi.

A differenza dell'Italia, negli Stati Uniti non esiste l'obbligatorietà dell'azione penale, e quindi i magistrati non sono obbligati a perseguire ogni possibile reato di cui vengono a conoscenza. Hanno quindi una notevole discrezionalità nella scelta delle inchieste da avviare, e il loro ruolo diventa quasi politico: per questo la natura elettiva degli incarichi è ritenuta giustificabile.

Sono cariche elettive anche i membri degli school board, i consigli che gestiscono i vari distretti scolastici nei quali sono suddivise tutte le scuole degli Stati Uniti. Generalmente i membri degli school board non ricevono uno stipendio, ma possono influenzare in modo rilevante il funzionamento delle scuole locali. Ogni school board elegge un sovrintendente, ma in ultima istanza i consigli dipendono dal governo federale, che può decidere di bloccare i finanziamenti nel caso in cui ritenga che il distretto scolastico non stia rispettando alcuni obblighi.

In 46 stati su 50 anche gli sceriffi, i funzionari di polizia responsabili del territorio di una contea, vengono scelti con voto popolare, nella maggior parte dei casi ogni quattro anni: in alcune zone del paese, soprattutto nel Sud e nell'Ovest, sono figure influenti e con molti poteri nell'ambito dell'ordine pubblico e del rispetto delle leggi. In altre contee lo sceriffo si limita a gestire la prigione locale e a garantire la sicurezza nei tribunali. Alcuni studi hanno evidenziato che lo sceriffo è la carica elettiva in cui è maggiore la probabilità di venire confermati: il candidato uscente ha il 45 per cento di possibilità in più dello sfidante di essere eletto.

In quasi tutte queste elezioni (giudiziarie, scolastiche, degli sceriffi) a competere sono quasi sempre un candidato Repubblicano e uno Democratico, in alcuni casi dopo affollate primarie. Gli effetti della crescente polarizzazione della politica americana si vedono quindi anche a livello di contee e città, anche se gli amministratori locali godono mediamente di una fiducia maggiore rispetto ai politici nazionali. In un recente sondaggio il 67 per cento degli intervistati ha detto di considerarli affidabili: la fiducia nel Congresso è del 32 per cento, quella nei giudici del 49 per cento. — ☜

LA CONVENTION DI CHICAGO DEL 1968

Though your brother's
bound and gagged
And they've chained him to a chair
Won't you please come to Chicago
Just to sing

Nel 1971 Graham Nash, celebrato e adorato cantautore statunitense (famoso nel mondo soprattutto per i suoi dischi e concerti con i colleghi Crosby, Stills e Young), scrisse la canzone che ricordava le manifestazioni, le proteste, le violenze e i processi intorno alla convention Democratica di Chicago del 1968. Solo una delle tantissime occasioni in cui è stata raccontata quella che negli Stati Uniti è considerata «la più disastrosa convention elettorale dell'ultimo secolo», di sicuro la più violenta, e quella che generò conseguenze, alcune delle quali rilevantissime ancora oggi.
La convention si tenne in un centro congressi nella parte meridionale di Chicago alla fine di agosto del 1968: a fare grandi pressioni e ottenerla era stato Richard Daley, leggendario e autoritario sindaco di Chicago (lo fu per 21 anni; superato poi da suo figlio omonimo che fu sindaco per altri 22), desideroso di mostrare al paese il suo potere e i suoi risultati. Ma la convention di Chicago divenne il luogo del fallimento della campagna elettorale Democratica, fuori e dentro l'International Amphitheatre che la ospitava.
Il partito Democratico ci era arrivato molto diviso e con sviluppi convulsi. Il presidente Lyndon Johnson si era ritirato dalla competizione dopo le prime primarie e serie prospettive di sconfitta, rinunciando a un secondo mandato. Uno dei due candidati favoriti era stato ucciso in un attentato meno di tre mesi prima, con enorme trauma del paese e dei suoi sostenitori: Robert Kennedy, senatore e ministro della Giustizia durante la presidenza di suo fratello John, a sua volta ucciso in un attentato nel 1963. Lyndon Johnson era stato vicepresidente di John Kennedy, era divenuto presidente alla sua morte, ed era stato eletto poi nel 1964.
Il maggiore candidato favorito era rimasto il vicepresidente Hubert Humphrey, ma diverse correnti del partito rifiutavano di sostenerlo. Fino ad allora i candidati erano scelti con un ricorso molto minore e «filtrato» al voto popolare e delle primarie: i leader dei partiti nei diversi stati orientavano le candidature e la composizione delle compagini di delegati che le avrebbero sostenute.
Le stesse convention erano quindi un luogo di competizione molto più incerto di quanto non siano oggi. Humphrey finì per ottenere la nomination senza avere partecipato alle primarie in nessuno degli stati in cui si tenevano. Questo sistema pilotato dai capi del partito fu molto

contestato durante la convention, soprattutto per le sproporzioni che generava nelle rappresentanze dei delegati: pochissimi erano neri o ispanici, pochissime erano le donne. E da quelle contestazioni nacque una commissione che propose e poi ottenne il sistema odierno delle primarie: che oggi molti accusano di avere consentito eccessi opposti, dando grande potere ai ridotti numeri di partecipazione alle primarie, ai populismi e ai candidati più capaci di mobilitare gli estremismi.
Politicamente il tema di maggior frattura tra le correnti e i candidati in quella convention fu il sostegno alla guerra in Vietnam e la posizione da tenere rispetto alle trattative di pace che erano in corso a Parigi. E la guerra in Vietnam fu soprattutto l'argomento centrale delle proteste che vennero organizzate dai movimenti giovanili per i diritti che nel 1968 ebbero un periodo di straordinario e mai visto protagonismo nel cambiare società e politica di molti paesi occidentali. Ma il sindaco Daley fece da subito una scelta di divieto e di repressione di qualunque manifestazione che potesse appannare la sua esibizione di successo nell'organizzazione della convention, e mobilitò uno schieramento di forze di polizia e Guardia nazionale senza precedenti, trasformando ampie parti della città in zone militarizzate, con una gestione che un senatore dal palco della convention definì «da Gestapo», tra le vivaci proteste di Daley e dei suoi sostenitori, in uno dei molti tumulti che avvennero all'interno della sala in quei giorni. Le violenze maggiori però avvennero per le strade della città, in pieno centro e vicino al Grant Park, dove si riunirono più spesso le migliaia di manifestanti arrivati a Chicago: la polizia li caricò bastonandoli e picchiandoli in più occasioni, ripresa dalle dirette televisive delle reti arrivate a seguire la convention. Ma malgrado i cori dei manifestanti, *the whole world's watching*, la gran parte del pubblico americano approvò quello che ritenne un necessario ristabilire l'ordine di fronte alle violazioni della legge e alle insurrezioni come vennero raccontate dall'establishment politico.
Solo nei decenni successivi la spietatezza e l'illegalità di quelle repressioni furono più ampiamente riconosciute, a cominciare dalle sentenze che assolsero da gran parte delle accuse più gravi i molti manifestanti arrestati in quei giorni (il processo più famoso, quello detto ai «Chicago seven», è raccontato in un film scritto e diretto da Aaron Sorkin, l'autore di *The West Wing*).
Alla fine la convention scelse Humphrey, anche grazie a una sua posizione di compromesso sulle trattative per il Vietnam che però gli alienò parte dell'elettorato. Questo e il disastro mostrato al paese in quei giorni a Chicago furono secondo molti storici quello che gli fece perdere le elezioni con solo lo 0,7 per cento di distacco a favore del candidato Repubblicano Richard Nixon, che divenne presidente nel gennaio 1969.

Come funzionano le assicurazioni sanitarie

In modi complicati, che hanno una lunga storia e diversi sviluppi e dati da raccontare

Il sistema sanitario degli Stati Uniti è organizzato in modo molto diverso rispetto a quello italiano. Spesso si discute dei suoi costi esorbitanti e delle sue tante storture, su cui circolano vari luoghi comuni basati su supposizioni approssimative: «se hai un infarto e non sei assicurato, ti lasciano per strada», oppure «prima di entrare in ospedale ti chiedono la carta di credito», per fare qualche esempio.

La realtà è più complicata e tiene insieme vantaggi e svantaggi. L'assistenza medica negli Stati Uniti è tra le migliori al mondo per qualità e innovazione, ma manca un'adeguata abitudine alla prevenzione, e l'assicurazione medica – praticamente indispensabile per ottenere cure – è ormai quasi sempre legata al posto di lavoro. È un grosso problema per milioni di persone, dato che i farmaci e le cure hanno prezzi molto alti: per fare un esempio il costo dell'insulina, una sostanza che aiuta le persone diabetiche a tenere sotto controllo la glicemia, è aumentato del duecento per cento tra il 2007 e il 2018, e le persone senza assicurazione possono arrivare a spendere oltre 1.000 dollari al mese per procurarsela. Le assicurazioni e i sussidi governativi riescono solo in parte a risolvere il problema dei costi legati all'assistenza medica.

Il sistema sanitario statunitense viene spesso interpretato come un tema difficile a cui avvicinarsi, e secoli di riforme hanno creato un quadro piuttosto complesso. Ci sono però dei punti fermi da cui possiamo iniziare.

«Negli Stati Uniti l'assistenza sanitaria dipende dal sistema delle assicurazioni, che possono essere finanziate da risorse pubbliche (quindi dal governo federale o dagli stati) o private.»

Negli Stati Uniti l'assistenza sanitaria dipende dal sistema delle assicurazioni, che possono essere finanziate da risorse pubbliche (quindi dal governo federale o dagli stati) o private. In Italia, come in molti altri paesi europei, il sistema è invece pubblico ed è finanziato da tutti i cittadini tramite le tasse. In sostanza, per pagare una visita o un intervento medico negli Stati Uniti ci sono due possibilità: sottoscrivere un'assicurazione che in caso di necessità si farà carico della maggior parte dei costi, oppure pagare l'intera spesa con i propri soldi.

L'assicurazione è per molti l'unica opzione, dato che le cure mediche possono avere costi altissimi. L'impianto di un pacemaker (il dispositivo che stimola elettricamente la contrazione del cuore) può costare più di 50mila dollari, un'operazione alla parte lombare della colonna vertebrale più di 70mila dollari e un trapianto di fegato più di 100mila dollari.

Hanno costi molto elevati anche procedure non emergenziali e più di routine: un parto costa in media più di 18mila dollari, che diventano più di 26mila in caso di cesareo, e una corsa in ambulanza può costare più di 1.000 dollari (per questo molte persone che non sono in condizione di assoluta emergenza preferiscono chiamare un taxi per andare in pronto soccorso, invece che un'ambulanza). Sono cifre inaccessibili per la maggior parte della popolazione, ma i costi calano notevolmente per i pazienti assicurati.

Anche le assicurazioni però vanno pagate, e possono avere costi rilevanti. I premi delle polizze assicurative, ossia l'importo che bisogna pagare ogni mese per mantenere la copertura, variano da circa 300 a più di 1.000 dollari al mese in base all'età, alle condizioni di salute e al numero di persone coperte dalla polizza. Moltissime persone però non pagano direttamente il costo dell'assicurazione, ma usufruiscono di una polizza messa a disposizione dal proprio datore di lavoro, che generalmente copre anche i familiari (il partner e i figli fino a 26 anni). In questo caso i costi dei premi mensili sono sostenuti in gran parte dall'azienda, mentre i dipendenti contribuiscono con una piccola detrazione dallo stipendio.

In alternativa esistono delle polizze pubbliche, finanziate in parte dal governo e con prezzi molto più accessibili, dedicate alle persone con più di 65 anni (il programma Medicare) o a basso reddito (il Medicaid). Dell'opportunità di estendere o ridurre l'accesso a queste polizze si discute da decenni e ogni amministrazione apporta cambiamenti più o meno grandi ai requisiti necessari per accedervi, ai livelli di copertura o ai finanziamenti.

Contrariamente a quello che si potrebbe pensare, oggi solo una parte relativamente piccola della popolazione statunitense non ha alcuna forma di assicurazione. Secondo i dati dell'Ufficio nazionale del censimento, nel 2022 il 92,1 per cento della popolazione era assicurato: il 65,6 per cento con piani privati (pagati soprattutto dal datore di lavoro, oppure acquistati in autonomia) e il 36,1 per cento con piani pubblici. Il 7,9 per cento della popolazione invece risultava non coperto: sono quasi 26 milioni di persone.

La fascia d'età con il maggior numero di persone non assicurate è quella tra i 19 e i 25 anni: si tratta di persone giovani che stanno completando gli studi, o che magari hanno lavori precari che difficilmente offrono una copertura sanitaria completa. Si tratta anche di una fascia d'età in cui è più probabile godere di buona salute, e quindi è più facile pensare di non dover ricorrere troppo spesso alle cure ospedaliere. Tra le varie etnie, le persone ispaniche risultano le meno coperte: nel 2022 il 17,2 per cento non aveva una polizza, contro il

ASSICURAZIONI SANITARIE NEGLI STATI UNITI
2022

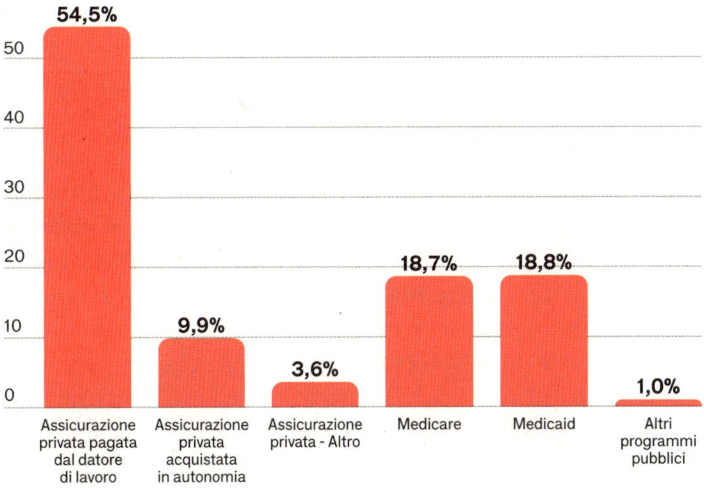

* Il totale è superiore al 100% perché alcune persone possono avere più di una polizza
Fonte: U.S. Census bureau

4,9 per cento delle persone bianche. Non è vero, in ogni caso, che gli ospedali si rifiutano di curare i pazienti non assicurati: le cure di emergenza sono garantite a tutti, ma dopo essersi sottoposti a un intervento sarà necessario pagare il conto.

Nella maggior parte dei casi le polizze assicurative non coprono interamente i costi di un intervento o di una visita. In base al premio mensile, ogni piano sanitario offre diversi livelli di copertura più o meno estesi: pagando di più mensilmente diminuiscono i costi da sostenere con i propri soldi, mentre un premio più basso permette di risparmiare quando si è in salute, ma fa salire i costi in caso di necessità.

Per questo esistono parametri specifici che è necessario valutare prima di sottoscrivere una polizza. Innanzitutto per far partire la copertura assicurativa è necessario raggiungere la soglia del *deductible*, ossia una sorta di franchigia, una cifra fissa che deve essere pagata dal cliente prima che l'assicurazione entri in gioco. Dopo il raggiungimento del deductible bisogna fare attenzione ai *copayments*, delle cifre fisse che il paziente dovrà continuare a pagare per ogni visita anche dopo il raggiungimento del deductible. C'è poi la *coinsurance*, che indica la percentuale di ogni visita o intervento che resterà sempre a carico dell'assicurato. Queste e molte altre variabili influenzano in modo significativo il prezzo di un'assicurazione e la sua effettiva capacità di coprire le spese in caso di necessità. Inoltre molte polizze generaliste escludono i trattamenti dentistici o oculistici, per i quali è necessario pagare a parte oppure sottoscrivere un'altra assicurazione.

Negli ultimi anni i costi a carico dei pazienti assicurati sono aumentati notevolmente, e sempre più persone che non riescono a sostenere le spese sanitarie finiscono per indebitarsi. Un'analisi condotta nel 2022 dalla radio *NPR* e dal sito di notizie indipendente *KFF Health News* ha stimato che cento milioni di statunitensi abbiano un debito legato alle cure mediche (su una popolazione di 336 milioni), e il venti per cento ritiene che non riuscirà mai a ripagarlo del tutto.

I problemi non si pongono solo nel caso di interventi urgenti e imprevisti, che si rendono necessari per esempio dopo un infarto o un incidente stradale. Diverse ricerche hanno dimostrato che la prospettiva di ritrovarsi indebitati spinge molti statunitensi a evitare i controlli medici di routine, rischiando quindi di far aggravare dei problemi di salute che sarebbero facilmente risolvibili se curati per tempo. La conseguenza è che chi può permetterselo fa prevenzione, mentre gli altri la trascurano.

Il sistema presenta quindi diverse storture, ma alcuni suoi aspetti funzionano meglio rispetto al modello di assistenza pubblica europeo. Per esempio, negli Stati Uniti i tempi di attesa al pronto soccorso o per le visite mediche sono generalmente più brevi: secondo l'ultimo rapporto di Cittadinanzattiva, un'associazione italiana che ogni anno raccoglie migliaia di dati e segnalazioni relativi all'accesso alle cure, nel 2022 in Italia il tempo medio di attesa per molte visite specialistiche di controllo nelle strutture pubbliche (quindi gratuite) era di sessanta giorni, ma si può arrivare a quasi un anno per alcune visite di endocrinologia o neurologia. Negli Stati Uniti il tempo medio di attesa era di 26 giorni secondo Merritt Hawkins, una società di offerta di personale medico. In generale il servizio sanitario degli Stati Uniti è estremamente avanzato ed è considerato tra i migliori al mondo per quanto riguarda la qualità degli interventi e le attività di ricerca.

L'attuale sistema è il risultato di decenni di riforme che si sono stratificate. All'inizio del secolo scorso gli ospedali erano molto meno utilizzati rispetto a oggi, anche perché la scienza medica era ancora piuttosto acerba. Al tempo le cure mediche dovevano essere pagate autonomamente dai pazienti, eventualmente con l'aiuto di associazioni di beneficenza. Gradualmente il ricorso a terapie e interventi divenne più frequente, ma molti pazienti non erano in grado di pagare: per questo negli anni Trenta l'associazione Blue cross iniziò a offrire dei piani assicurativi privati pensati per grandi gruppi. Partì dagli insegnanti di Dallas, in Texas, e si espanse poi su scala nazionale.

Al tempo però l'idea non riuscì a far presa sulla popolazione, anche a causa della contrarietà dei medici. Per anni l'American medical association – la più grande associazione nazionale di rappresentanza per i professionisti del settore – si oppose a ogni forma di copertura assicurativa, temendo che questo nuovo sistema di pagamenti potesse interferire con l'autonomia dei medici e far diventare la professione meno redditizia.

Nei decenni successivi diversi presidenti provarono a introdurre un sistema di assicurazioni pubbliche, in mol-

«Per attrarre i lavoratori e convincerli a restare, le aziende iniziarono a offrire benefit, tra cui la copertura sanitaria, che peraltro non erano tassati e quindi risultavano molto convenienti.»

ti casi senza successo. Il primo fu il Democratico Franklin Delano Roosevelt, in carica tra il 1933 e il 1945, anni in cui gli Stati Uniti affrontarono una grossa crisi finanziaria. Oggi Roosevelt viene ricordato soprattutto per il suo New deal, un grande programma di interventi e riforme economiche e sociali pensati per rispondere alle difficoltà economiche del momento. Roosevelt non riuscì a introdurre un programma di assicurazioni mediche pubbliche, ma il progetto fu ripreso dal suo successore, Harry Truman (anche lui Democratico), che inaspettatamente lo trasformò in una parte fondamentale della propria strategia politica.

Truman cercò in tutti i modi di far passare una riforma del sistema sanitario che garantisse cure mediche a tutti i cittadini, ma ancora una volta si scontrò con l'opposizione dei medici e con i critici degli interventi statali nelle attività private. Era un momento storico molto particolare: Truman rimase in carica tra il 1945 e il 1953, negli anni del secondo dopoguerra, quando le cure mediche divennero una necessità per milioni di militari che fecero ritorno nel paese dopo aver combattuto. Erano però anche gli anni della cosiddetta «paura rossa» (dall'inglese red scare), caratterizzati da una forte paranoia per qualsiasi tipo di tendenza comunista negli Stati Uniti, vista come una minaccia alla sicurezza nazionale: l'assicurazione pubblica fu presentata dai suoi oppositori come una misura che avrebbe avvicinato gli Stati Uniti a un sistema comunista, e quindi assolutamente da evitare. Nemmeno Truman riuscì a rendere universale l'assicurazione sanitaria.

Il suo successore Dwight Eisenhower, del partito Repubblicano, abbandonò la riforma sostenendo che l'assistenza sanitaria dovesse essere privata e non pubblica, e che il sistema in vigore stesse già funzionando in modo soddisfacente.

Parallelamente agli sforzi di Roosevelt e Truman di creare un sistema pubblico, durante la Seconda guerra mondiale nacque il sistema delle polizze private finanziate dai datori di lavoro. Negli anni Quaranta l'amministrazione Roosevelt impose un limite ai prezzi e ai salari che le aziende potevano pagare ai dipendenti. Per attrarre i lavoratori e convincerli a restare, le aziende iniziarono a offrire benefit, tra cui la copertura sanitaria, che peraltro non erano tassati e quindi risultavano molto convenienti. Si sviluppò così l'abitudine di offrire, insieme allo stipendio, un'assicurazione sanitaria privata.

Il sistema di assicurazioni pubbliche fu infine introdotto nel 1965, durante il mandato del presidente Democratico Lyndon Johnson. La riforma istituì i programmi Medicare e Medicaid, che ancora oggi rappresentano l'unica possibilità di accedere all'assistenza sanitaria per milioni di statunitensi anziani o con difficoltà economiche. Johnson firmò il testo il 30 luglio del 1965: all'evento fu invitato anche l'ex presidente Truman, di 81 anni, considerato il reale ideatore della riforma sanitaria. Fu lui a ottenere la prima tessera in assoluto del programma Medicare.

Nel 2010 un'altra grossa riforma del sistema sanitario fu introdotta dal presidente Democratico Barack Obama con il Patient protection and affordable care Act, un pacchetto di misure diventato noto semplicemente come Obamacare (dall'unione del cognome Obama e la parola *healthcare*, assistenza sanitaria). L'obiettivo era rendere l'assicurazione sanitaria accessibile a un numero ancora maggiore di persone, allargando anche la quota di destinatari del programma Medicaid tramite fondi statali.

Complessivamente Obamacare ha favorito la parte di popolazione più in difficoltà dal punto di vista economico, ma non ha fatto molto per ridurre i costi a carico delle persone di classe media: ci sono ancora moltissimi americani che pur essendo assicurati non riescono a pagare le visite di prevenzione e, in caso di reale necessità, rischiano di indebitarsi.

Tra le altre cose la riforma introdusse l'obbligo per tutti i cittadini (salvo alcune eccezioni) di sottoscrivere una polizza, pena il pagamento di una multa: ottenendo da una parte il sostegno delle compagnie assicurative, che la videro come un'opportunità per avere più clienti e quindi incassare più premi, e dall'altra la possibilità di estendere l'assistenza alle persone economicamente più svantaggiate. L'obbligo fu di fatto eliminato nel 2017 dall'amministrazione di Donald Trump, che ridusse a zero dollari l'importo della multa.

Inoltre Obamacare rese illegale per le compagnie assicurative negare o alzare il prezzo di una copertura ai pazienti con condizioni mediche pregresse, ossia che al momento di sottoscrivere la polizza soffrano di malattie croniche o per problemi di salute già diagnosticati. Fu un grande cambiamento, dato che fino a quel momento le compagnie assicurative erano autorizzate a rifiutare pazienti con malattie anche gravi, che naturalmente avrebbero avuto bisogno di molte cure e quindi avrebbero rappresentato per gli assicuratori un costo più alto rispetto a un paziente in salute.

Soprattutto, la riforma ha aumentato i fondi destinati al programma Medicaid e lo ha reso accessibile a tutte le persone il cui reddito familiare risulta inferiore al 138 per cento della soglia di povertà, un parametro che varia ogni anno in base all'inflazione e alla situazione economica. In base a questa regola nel 2023 in quasi tutti gli stati, con l'eccezione dell'Alaska e delle Hawaii, hanno potuto accedere a Medicaid le famiglie formate da un solo componente con un reddito fino a 20.120 dollari all'anno, ossia 1.677 dollari al mese (in

Alaska e alle Hawaii il costo della vita è mediamente più alto, e la soglia di povertà è aggiustata di conseguenza). Il programma Medicaid è finanziato congiuntamente dagli stati e dal governo federale: la riforma prevedeva che il governo coprisse interamente l'aumento dei costi dovuto alla riforma fino al 2016, per poi ridurre il proprio coinvolgimento economico fino ad arrivare a coprire il novanta per cento dei costi aggiuntivi dal 2020 in poi.

Grazie all'aumento dei fondi e all'allargamento dei criteri di ammissibilità, Obamacare riuscì ad ampliare la platea di persone assicurate: nel 2020, dieci anni dopo la sua adozione, il tasso di non assicurati era sceso dal 22,3 per cento al 13,3. Molti dei nuovi assicurati sono persone ispaniche, asiatiche e afroamericane in situazioni di difficoltà economica.

L'espansione del programma Medicaid però non è avvenuta in tutti gli stati. Inizialmente la riforma prevedeva che l'ampliamento dei criteri di accessibilità del programma dovesse essere obbligatorio, ma nel 2012 la Corte suprema decise che il governo federale non poteva obbligare gli stati ad adottare la misura. Ancora oggi circa dieci stati, governati dai Repubblicani, si rifiutano di approvare le modifiche per ragioni in gran parte ideologiche. In questi stati quasi due milioni di persone che rientrerebbero nei requisiti di reddito stabiliti dalla riforma sono senza assicurazione: hanno un reddito troppo alto per le leggi statali, ma allo stesso tempo troppo basso per gli altri sussidi federali.

Trump, che succedette a Obama come presidente nel 2016, disse più volte di voler abolire Obamacare, ma anche se la sua amministrazione apportò alcuni cambiamenti non riuscì davvero a eliminarla. Negli anni Obamacare è diventata molto popolare e anche il partito Repubblicano ha di fatto rinunciato a limitarla, pur criticando i costi delle polizze per le classi medie. Trump continua a sostenere che se verrà rieletto intende eliminarla ma senza offrire un suo piano alternativo. — 👍

IL CASO WATERGATE

La storia comincia sempre dal pezzo di scotch. È una storia pazzesca, piena di storie dentro, iniziata molto prima del pezzo di scotch, ma quando qualcuno va a raccontarla, alla fine decide sempre di cominciare dal pezzo di scotch.
Il pezzo di scotch è sullo scrocco di una porta, incollato lì perché la porta non si chiuda.
È la notte di sabato 17 giugno 1972, è da poco passata l'una e mezza. Frank Wills è la guardia di sicurezza di un grande e lussuoso complesso di condomini e uffici sulla riva del fiume Potomac, a Washington: è stato assunto da poco e sta facendo un giro di controlli, e trova che una delle porte che permettono di salire dal garage ai piani ha lo scrocco della serratura coperto da un pezzo di scotch da pacchi, perché non scatti e la porta non si chiuda.
A volte capita che lo mettano inservienti e operai che lavorano in giro nel corso della giornata, per potersi muovere liberamente tra i vari spazi: il garage sotterraneo è grandissimo, il complesso ospita anche un albergo, degli uffici, dei negozi, e tutti hanno bisogno di frequenti manutenzioni.
Se lo saranno dimenticato, pensa Frank Wills, e lo toglie, permettendo alla serratura di chiudersi. Poi prosegue i suoi giri, dopo mezz'ora ripassa di lì, e sullo scrocco della stessa porta c'è un pezzo di scotch identico. Qualcuno l'ha bloccata di nuovo perché non si chiudesse.
Wills raggiunge un telefono, chiama la polizia, e chiede che venga qualcuno, perché c'è qualcosa di strano, lì al Watergate.
Il Watergate è ancora oggi, mezzo secolo dopo quella notte, una cosa diversa per Washington, DC, rispetto al resto del mondo.
A Washington è infatti il nome di quel complesso di edifici lungo il Potomac progettato da un ammirato architetto italiano, Luigi Moretti, e costruito dopo molte vicissitudini finanziarie e urbanistiche nel 1965. Lussuoso, luminoso, moderno, divenne rapidamente una delle residenze

più ambite delle classi politiche e dirigenti di Washington. E durante la campagna elettorale del 1972 ci mise la propria sede anche il Comitato nazionale del partito Democratico. Quella notte del pezzo di scotch, la polizia chiamata da Frank Wills scoprì e arrestò cinque uomini che vi si erano introdotti, e da lì iniziò il più famoso e devastante scandalo politico della storia americana, che portò solo due anni dopo alle dimissioni di Richard Nixon, presidente degli Stati Uniti: era stato rieletto nel 1972 anche grazie a una serie di pratiche scorrette e illegali adottate durante quella campagna, compresi la consultazione di documenti e la registrazione di telefonate nella sede dei suoi avversari per cui i cinque arrestati – assoldati dallo staff di Nixon – si trovavano dentro gli uffici del Watergate. Ma la responsabilità maggiore e più evidente di Nixon, quando infine fu rivelata, fu quella di un protratto lavoro di insabbiamento e ostacolo alle indagini sull'effrazione da parte sua e dei più importanti tra i suoi collaboratori e membri dell'amministrazione: e fu rivelata in buona parte grazie all'iniziale lavoro di due giovani giornalisti del *Washington Post* – Bob Woodward e Carl Bernstein – che insistettero solitari per mesi a indagare sulle anomalie della versione originale, per cui i cinque arrestati erano dei comuni ladri, e la notizia un semplice «furto di quart'ordine», come era stato minimizzato dal portavoce della Casa Bianca Ron Ziegler (e come è intitolato il podcast del *Post* che racconta più estesamente approfonditamente tutta la storia, iniziando proprio dallo scotch, come nel più celebre film *Tutti gli uomini del presidente* dedicato alle inchieste di Woodward e Bernstein).
Quelle inchieste – con i loro errori e ingenuità, e con i rigori del *Washington Post* nel pubblicarle – sono diventate una leggenda del giornalismo e il modello esemplare dei grandi reportage giornalistici nella cultura popolare.
Frank Wills morì a soli 52 anni, per un tumore, nel 2000: era rimasto povero, solo e malato. Per avere trovato quello scotch e avere chiamato la polizia ricevette un aumento di appena 2 dollari e 50 e diverse targhe commemorative: ma si lamentò sempre del fatto che la fama gli avesse complicato la vita, ridotto le opportunità, senza offrirgli nessun riconoscimento concreto e utile. Passò il resto della sua breve vita a occuparsi di sua madre malata e a cercare lavori migliori senza riuscirci, e a farsi conoscere come una brava persona e semplice. Nel 1982 fu arrestato dentro un negozio e accusato del furto di un paio di sneakers: lui disse che le aveva nascoste nello zaino per fare una sorpresa a un ragazzino a cui voleva regalarle, ma lo condannarono e passò tre settimane in carcere.
È stato più tempo in carcere lui per quelle scarpe che Nixon – graziato dal suo successore Gerald Ford – per l'illegalità più prolungata e grave della storia della presidenza degli Stati Uniti.

Per approfondire

COSE DA VEDERE

Mr. Smith va a Washington, 1939

Il dottor Stranamore. Ovvero: come imparai a non preoccuparmi e ad amare la bomba, 1964

L'amaro sapore del potere, 1964

La calda notte dell'ispettore Tibbs, 1967

Il candidato, 1972

Nashville, 1975

Tutti gli uomini del presidente, 1976

Apocalypse Now, 1979

Oltre il giardino, 1979

Mississippi Burning. Le radici dell'odio, 1988

Sesso e potere, 1997

The West Wing – Tutti gli uomini del presidente, 1999-2006

Thirteen Days, 2000

Frost/Nixon – Il duello, 2008

Milk, 2008

Le idi di marzo, 2011

The Newsroom, 2012-2014

12 anni schiavo, 2013

House of Cards – Gli intrighi del potere, 2013-2018

Selma – La strada per la libertà, 2014

Designated Survivor, 2016-2019

The Post, 2017

The Looming Tower, 2018

The Report, 2019

Il processo ai Chicago 7, 2020

Gaslit, 2022

COSE DA LEGGERE

Oliviero Bergamini
Storia degli Stati Uniti
Laterza, 2010

Joe Biden
Papà fammi una promessa
NR Edizioni, 2018

Francesco Costa
Questa è l'America
Mondadori, 2020

Francesco Costa
Frontiera
Mondadori, 2024

Don DeLillo
Underworld
Einaudi, 1999

Joan Didion
Finzioni politiche
Il Saggiatore, 2020

Ezra Klein
Why we're polarized
Avid Reader Press, 2020

John Lewis, Andrew Aydin, Nate Powell
March. La trilogia
Mondadori, 2018

Arlie Russell Hochschild
Strangers in their own Land
The New Press, 2016

Robert Penn Warren
Tutti gli uomini del re
Feltrinelli, 2014

Philip Roth
Pastorale americana
Einaudi, 1998

Massimo Teodori
Il sistema politico americano
Newton Compton, 1996

Arnaldo Testi
Il secolo degli Stati Uniti
il Mulino, 2022

Alexis de Tocqueville
La democrazia in America
Rizzoli, 1999

J.D. Vance
Elegia americana
Garzanti, 2017

Gore Vidal
Impero
Fazi, 2019

Bob Woodward, Carl Bernstein
Tutti gli uomini del presidente
Res Gestae, 2012

COSE SPIEGATE BENE
OGNI QUATTRO ANNI

A cura di:
Nicola Sofri

Progetto grafico e art direction:
Tomo Tomo

Illustrazioni:
Simon Landrein

www.ilpost.it
www.cosespiegatebene.it

Stampato per conto di
Iperborea da Esperia SRL.

Gli interni di questo libro
sono stampati su carta
con il 100% di fibre riciclate.

FSC
www.fsc.org
MISTO
Carta | A sostegno della
gestione forestale responsabile
FSC® C021437

Prodotto di stampa finanzia
contributo per il clima
ClimatePartner.com/10882-2403-1005